KB048076

돈의
맛

돈의 맛

초판 1쇄 발행 2022년 3월 21일

초판 3쇄 발행 2022년 5월 9일

지은이 요시에 마사루
옮긴이 이정환
펴낸이 김선준

기획·책임편집 송병규
디자인 엄재선
마케팅 권두리, 신동빈
홍보 조아란, 이은정, 유채원, 권희, 유준상
경영관리 송현주, 권송이

펴낸곳 ㈜콘텐츠그룹 포레스트 출판등록 2021년 4월 16일 제2021-000079호
주소 서울시 영등포구 여의대로 108 파크원타워1 28층
전화 02) 332-5855 팩스 070) 4170-4865
홈페이지 www.forestbooks.co.kr 이메일 forest@forestbooks.co.kr
종이 ㈜월드페이퍼 인쇄·제본 한영문화사

ISBN 979-11-91347-72-2 (03320)

㈜콘텐츠그룹 포레스트는 독자 여러분의 책에 관한 아이디어와 원고 투고를 기다리고 있습니다. 책 출간을 원하시는 분은 이메일 writer@forestbooks.co.kr로 간단한 개요와 취지, 연락처 등을 보내주세요. '독자의 꿈이 이뤄지는 숲, 포레스트'에서 작가의 꿈을 이루세요.

돈의 맛

요시에 마사루 지음 — 이정환 옮김

포레스트북스

지옥에 끌려가서 깨우친 돈의 '찐맛'

나는 경영컨설턴트 요시에 마사루다.

우선 이 책을 선택해준 독자 여러분께 감사드린다.

갑작스럽지만 질문 하나. 여러분은 일이나 인생이 잘 풀리려면 무엇이 가장 중요하다고 생각하는가?

여기서 '중요하다'는 말의 의미는 More가 아닌 Must이며, 인생을 유리한 쪽으로 끌고 가기 위해 반드시 필요한 것이라고 정의하자.

다른 사람을 웃도는 탁월한 기술이나 실력?

아니면 뛰어난 머리, 지식, 능력?

또는 누구나 인정히는 입도직인 실석이나 브랜드 파워?

돈, 운, 인맥을 꼽는 사람도 있을 것이다.

이 모든 것은 없는 것보다는 있는 것이 좋지만, 제로 상태에서 이것들을 만들기는 쉬운 일이 아니다. 그리고 이 모든 것이 반드시 필요한 것도 아니다. 그보다 더 중요한 것이 있다.

'인생의 절대 법칙'을 활용하는 것!

나는 도박과 낭비벽 때문에 1천만 엔의 빚을 지게 되었고, 그로 인해 우울증이 발병해서 회사를 그만두게 되었다. 뿐만 아니라 은둔생활까지 하게 된, 완전히 수렁에 빠진 상태였다. 그러다 우연히 알게 된 멘토에게 배운 '인생의 절대 법칙'을 활용하여 단기간에 빚을 모두 변제했다.

정신적, 육체적으로 건강을 되찾았을 뿐 아니라 나의 천직이라고 말할 수 있는 사명과 역할을 충실하게 수행하여 경제적으로 풍요로워지면서 인생을 역전할 수 있었던 방법을 이 책에서 전하려고 한다.

실천해야 할 일은 간단한 것들뿐이지만 이것들 하나하나를 조합하면 엄청난 에너지를 얻게 된다. 그리고 지금까지는 도저히 불가능하다고 생각했던 것들도 가볍게 달성할 수 있다.

책의 내용은 이야기 형식으로 이루어져 있어서 처음에는 전체적으로 한 차례 훑어보는 게 좋다. 그 후 요소요소에 정리되어 있는 '인생의 절대 법칙'을 가능한 것부터 일상생활에서 하나씩 실천해보기 바란다.

여러분은 그 효과에 깜짝 놀랄 것이다. 그리고 성과를 얻었다면 이번에는 이 '인생의 절대 법칙'을 주변 사람들에게 전해주기 바란다.

이 책을 읽은 사람이 아직 읽지 않은 사람에게 이 법칙을 가르쳐주고 그렇게 배운 사람이 또 다른 누군가에게 전달하는 과정을 거쳐 자기 긍정감이나 셀프이미지가 전보다 훨씬 더 높아진 사람들이 증가하기를 바란다. 그러면 2020년 초부터 시작된 코로나19 재앙이나 그에 의한 경제 정체로 많은 사람이 끌어안고 있는 힘든 상황, 장래에 대한 막연한 불안감, 공포를 불식시킬 수 있을 것이다.

피로감이 만연해 있는 현대사회(지금의 지구)를 활성화하고 한 명이라도 더 많은 사람에게 정열과 희망을 되찾게 해주는 것이 내게 '인생의 절대 법칙'을 가르쳐준 멘토의 바람이며, 내가 이 책을 쓰는 이유(사명과 역할)이기도 하다.

아마 현 시점에서는 "정말 그렇게 바람직한 법칙 있다고?" "책을 팔기 위해 적당히 만들어낸 이야기 아니야?"라는 식으로 반신반의하는 사람도 있을 것이다. 나도 멘토에게 처음 '인생의 절대 법칙'을 들었을 때에는 '그럴듯하기는 하지만 지금은 막연하기만 할 뿐 딱히 와 닿는 게 없는데…'라는 느낌이었다. 무엇보다 어떤 사정에 의해 내가 멘토의 부하들에게 감금당한 직후라는 매우 특별한 상황에서 전해들은 이야기이기도 했으니까(상세한 내용은 본문에서)….

그러나 그 직후에 이 법칙들을 활용하여 일, 돈, 건강, 인간관계 등 당시에 끌어안고 있던 수많은 문제를 극복하고 인생이 긍정적으로 원활하게 돌아가게 된 나 자신을 경험했다. 마찬가지로 '인생의 절대 법칙'을 가르쳐주자 인생이 호전된 수많은 클라이언트의 모습을 확인하면서 이 법칙의 절대성을 확신하게 되었다.

부디 소중한 여러분 자신을 위해, 지금부터 시작되는 이 이야기를 마음을 활짝 열고 받아들여주기 바란다.

이 책을 다 읽고 나면 의욕이 끓어오르고 에너지가 가득 충전되어 여러분이 이 세상에서 삶을 부여받은 의미이기도 한, 사명과 역할을 어떻게든 표현하고 싶어 견딜 수 없을 것이다.
자, 이제 준비가 되었는가?
지금부터 부자 아저씨가 진정한 돈의 속성과 살아있는 돈의 맛을 알려주는 부자 수업이 시작된다.

요시에 마사루

차례

1교시 돈은 버는 게 아니라 빌리는 거다

2교시 좋은 머리보다 좋은 감각에 돈이 붙는다

3교시 돈은 핵심을 알고 즉시 실행하는 사람 편이다

4교시 돈 버는 데 단연코 노력 따윈 필요 없다

5교시 에고(Ego)를 적이 아닌 아군으로 만들어라

6교시 기록하는 자의 지갑은 돈이 마르지 않는다

7교시 고객을 왕으로 모시면 돈은 달아난다

8교시 돈은 부정을 긍정으로 바꾸는 자에게 미소 짓는다

모든 것은 수수께끼 노인과의 만남에서 시작되었다!

어떤 영업사원이 야쿠자 사무실에 감금된 이야기

"너, 우리를 속이다니 무슨 배짱이냐?"

낮고 굵은 목소리가 울려 퍼진다. 나는 이미 몇 차례 폭행을 당한 상태다. 얼굴 주변은 전혀 건드리지 않고 옷에 가려 드러나지 않는 복부 쪽에만 폭행을 가한다는 데서 어둠의 세계에서 생활하는 이 남자의 자존심이 느껴진다.

처음에는 공포 때문에 통증을 거의 느끼지 못했지만 시간이 지나고 평정심을 되찾으면서 얻어맞은 부위가 욱신거리며 통증이 밀려왔다. 그것은 마치 권투에서 보디블로(권투에서 상대편의 배와 가슴 부분을 치는 것)를 맞은 듯한…. 아니, 진짜 보디블로였다.

내 이름은 요시이 마사루다.

상품이나 서비스를 팔고 싶어 하는 회사의 사장이나 개인사업자를 대상으로 전화번호부 광고를 판매하는 것이 주된 일이다. 그런 내가 지금 야쿠자 사무실에 감금되어 몇 명의 폭력배들로부터 폭행을 당하고 있다.

이런 상황에 빠지게 된 것은 반년 전에 내가 이 야쿠자 사무실을 찾아와 영업을 했기 때문이다. 물론 그때는 야쿠자 사무실이라는 사실을 모르고 회사 앞에 진열되어 있는 단백질 식품이나 자양강장제를 보고 내 멋대로 '건강식품 소매점인가 보다'라고 판단했던 것이지만….

그즈음 나는 일 때문에 상당히 초조한 상태였다. 반년 동안이나 영업 목표를 달성하지 못하고 있었기 때문이다. 과장은 "이번 달 목표를 달성하지 못하면 임금을 삭감할 거야"라고 못을 박았다.

그렇지 않아도 경마와 파친코 때문에 진 빚이 아직 1천만 엔 가까이 남아 있어서 숨도 쉬기 힘든 상태인데, 얼마 되지 않는 급료마저 삭감된다면 생활은 더 어려워질 것이다. 때문에 '오늘은 수단을 가리지 말고 어떻게든 실적을 올려야 돼'라는 견딜 수 없는 초조감에 휩싸여 있었다. 하지만 초조할수록 일은 더 풀리지 않는 법이다.

그날도 방문하는 기업마다 문전박대를 당했다. 아마 상대방은 나의 영업용 말투나 행동에 '무슨 일이 있더라도 팔 것이다'라는 이기심이 깃들어 있음을 간파한 듯하다. 내가 고객이라고 해도 이익만 생각하는 영업사원은 사양할 것이다.

그런데 내가 판매하는 입장에 서면 나 스스로의 주관에 흠뻑 취해 초등학생도 이해할 수 있는 이런 간단한 논리조차도 놓쳐 버린다. 인간은 정말 어리석고 불쌍할 정도로 독선적인 생물이다. 아무리 철학적 사고를 한다고 해도 단돈 1엔도 손에 넣을 수 없다.

그때의 나는 영업할 회사를 선별하지도 않고 '빨리 광고를 낼 사업주를 만나야 해…'라는 생각에만 사로잡혀 눈에 보이는 대로 회사에 뛰어들어가 영업을 하고 있었다.

이런 비뚤어진 마음을 가지고 있으면 비슷한 파장을 가진 사람을 끌어들이게 된다. 그것이 건강식품 회사로 착각하여 뛰어 들어간 이 야쿠자 사무실의 사장 이누이 아키라(乾あきら) 씨와의 만남이었다.

부자 아저씨의 '찐' 부자 수업 – 인생의 절대 법칙

사람은 같은 에너지를 가진 사람들끼리 모인다.

좋은 사람과 인연을 맺고 싶으면 자신이 좋은 에너지를 가져야 한다.

요시이   바쁘신데 정말 죄송합니다. 저는 이 지역에서 전화번호부 광고 영업을 담당하고 있는 요시이라고 합니다.

이누이   전화번호부 광고 영업사원? 요즘 세상에 그런 영업이 먹히나?

요시이   당연하지요. 우선 사장님, 전화번호부 광고를 보는 사람의 특성을 생각해보십시오.

이누이   전화번호부 광고를 보는 사람의 특성? 그게 뭔데?

요시이   네. 전화번호부 광고를 보는 사람은 서점이나 아마존에서 팔리는 책을 읽는 사람들과는 목적 의식이 명백히 다릅니다. 예를 들어, 만화를 읽는 사람처럼 즐기려 한다거나 비즈니스 서적을 읽는 사람처럼 무엇인가 지식을 얻기 위해 보는 것이 아니지요.

이누이　그야 당연하잖아. 전화번호부는 뭔가 상품이나 서비스를 원하는 사람이 그것을 제공할 수 있는 회사를 찾기 위해 보는 것이니까.

요시이　네, 그렇습니다. 그 말은, 즉 전화번호부 광고를 보는 사람은 처음부터 구매의욕이 왕성한 고객이라는 의미입니다. 실제로 스마트폰이나 컴퓨터를 이용해서 인터넷으로 검색한 뒤에 상품을 구입하는 사람보다 구매 확률이 높다는 통계 결과도 있습니다. 그렇게 구매의욕이 높은 사람들이 건강식품을 찾고 있는데 전화번호부 맨 앞쪽에 사장님 회사의 광고가 실려 있다면 어떻게 되겠습니까?

이누이　맨 앞쪽에 실려 있다면 구입할 수도 있겠지.

요시이　그렇습니다. 전화번호부 광고는 그런 이상적인 고객을 대상으로 24시간 연중무휴로 상품과 서비스를 판매하는 영업사원 같은 역할을 하는 매우 우수한 광고매체입니다.

이누이　하지만 전화번호부에는 건강식품 회사가 지겨울 정도로 많이 실려 있잖아. 그런 상황에서 우리 회사가 맨 앞쪽에 실리게 한다는 건 불가능하지 않은가?

요시이　아닙니다, 사장님. 맨 앞쪽에 실리게 할 수 있는 멋진 방법이 있습니다.

이누이　그래? 그 방법이 뭔데?

요시이　네, 전화번호부 광고는 아이우에오(가나다) 순으로 게재됩니다. 그러니까 회사 이름이 아행에 가까울수록 앞쪽에 게재되죠. 사장님 회사의 사명은 뭔가요?

이누이 　회장님의 이름을 따서 야마모토(山本)이고 영어로 YAMAMOTO 이지. 아이우에오 순으로 말하면 야행이니까 꽤 뒤쪽에 해당하는데.

요시이 　네, 그대로 싣는다면 확실히 뒤쪽에 해당하겠군요. 더구나 영어 이름으로 싣는다면 더 뒤쪽이 되겠네요.

이누이 　그렇다면 최악이잖아.

요시이 　아니지요. 앞쪽에 실릴 수 있도록 사명을 바꾸면 됩니다.

이누이 　무슨 말이야. 회사 이름은 그렇게 간단히 바꿀 수 있는 게 아냐.

요시이 　네, 물론입니다. 정말로 사명을 바꿀 수 있다면 가장 바람직하겠지만 그렇게 하면 관공서에 사명 변경 신청서도 제출해야 하고 도장이나 명함도 바꾸어야 할 테니까 너무 번거롭지요. 그러니까 다른 방법을 사용해야 하지요. 현재의 사명은 그대로 사용하고 새로운 사명을 만들어서 그 이름을 전화번호부 광고에 게재하는 것입니다.

이누이 　새로운 이름? 오, 그거 멋진 아이디어인데. 예를 들어 '아'로 시작하는 이름을 만들면 전화번호부 광고 맨 앞에 실리겠군.

요시이 　그렇습니다. 단 '아'라고만 하면 뭔가 놀랐을 때 나오는 말 같아서 이상하니까 좀 더 그럴 듯한 이름이 좋겠지요.

이누이 　그렇다면 '아이노 프로틴(사랑의 프로틴)'이나 '아오이 콜라겐(파란 콜라겐)'은 어떨까?

요시이 　흐음…. 의미가 확 다가오지는 않습니다만 앞쪽에 광고가 실리는 게 목적이니까 달리 좋은 이름이 없다면 나쁘지 않을 것 같군요.

이누이 좋아, 이름은 나중에 생각하기로 하고 일단 광고를 할 광고박스를 구입도록 하지. 가장 크고 눈에 잘 띄는 박스를 권해주게. 그리고 우리는 전국에 20군데의 직영점이 있으니까 그곳들을 소개할 박스도 구입하도록 하지. 전부 얼마인가?

요시이 네? 대대적으로 영업을 하고 계시는군요. 알겠습니다. 그렇다면 바로 광고계약서를 작성하시지요.

그래서 '아나타토 와타시노 겐코쇼쿠힌(당신과 나의 건강식품)'이라는, 크게 만족스럽지는 않지만, 새로운 회사의 이름으로 계약하게 되었다. 이누이는 가장 비싼 광고박스를 구입해주었다. 나아가 20개나 되는 직영점까지 광고에 싣게 되면서 나는 그달의 영업목표를 무사히 달성할 수 있었다.

만약 내가 고객이었다면 '이렇게 이상한 이름의 회사에는 절대로 전화를 걸지 않을 것'이라고 생각했지만, 당시의 나는 이누이의 회사를 고객들이 찾건 말건 신경 쓸 여유가 없었다. 영업목표만 달성하면 과장에게 혼이 날 일도 없고 급여도 삭감되지 않는다. 최소한의 생활수준을 지키는 것이 나의 최우선 과제였다.

그런 속마음을 엿본 것일까? 계약서에 도장을 찍기 직전에 이누이는 이렇게 못박았다.

"정말 고객들로부터 전화가 쇄도하겠지?"

계약을 취소하면 큰일이었기 때문에 나는 이렇게 마무리짓는 것도 잊지 않았다.

"물론입니다. 전화가 밀려들면 소화하기 어려울 테니까 미리 한두 개 정도 새로운 번호를 가입해두는 게 좋을 것입니다."

지금 생각해보면 이것이 정말 잘못된 선택이었지만….

절체절명의 순간에 등장한 수수께끼의 노인

그로부터 반년 후, 이 건강식품회사의 광고가 게재된 새로운 전화번호부가 발매되었다. 전화번호부가 발매된 날 저녁, 이누이로부터 전화가 걸려 왔다.

요시이 아, 이누이 사장님. 잘 지내셨지요? 그동안….

이누이 (말을 차단하며) 이봐, 지금 당장 우리 회사로 와.

요시이 네? 무슨 일 있으십니까?

이누이 문제가 있으니까 이러는 거 아냐! 잔말 말고 1초라도 빨리 튀어 오라고!

이누이는 고함을 지르듯 말하고 거칠게 전화를 끊었다.

"왜 이래…. 일방적으로."

나는 이누이의 고압적인 태도에 불쾌했다. 하지만 상대방이 화를 내는 것은 분명했기 때문에 즉시 롯폰기(六本木)에 있는 이누이의 건강식품 회사로 달려갔다.

회사에 도착한 순간, 사내의 분위기가 이전과는 분명히 다르다는 사실을 깨달았다. 반년 전, 처음으로 영업하기 위해 방문했을 때에는 이런 식으로 뭔가 오싹한 느낌은 받지 못했다….

다음 순간, 내 머릿속에 '이 무거운 분위기는 언젠가 느껴본 적이 있다'라는 생각이 들면서 과거에 경험했던 기분 나쁜 기억이 되살아났다. 이것은 몇 년 전, 술에 취한 상태에서 나도 모르게 들어섰던 신주쿠의 술집과 비슷한 파동(분위기)이었다. 이때 처음으로 '아무래도 이 회사는 건실한 회사는 아닌 것 같다'라는 생각이 들었지만 이미 때는 늦었다.

사무실로 들어선 나를 보자마자 이누이는 인상을 험악하게 일그러뜨리며 마치 포효하듯 침을 튀기며 단숨에 말을 내뱉었다.

"이봐, 광고를 냈는데 전화가 한 통도 오지 않는 이유는 뭐야? 전화가 정신없이 걸려올 거라고 해서 회선도 늘렸는데 기껏해야 업자들의 영업용 전화밖에 안 오잖아. 대체 이게 뭐냐고!"

그러더니 나의 멱살을 힘주어 움켜쥐고 옆에 있는 약간 넓은 방으로 끌고 갔다. 방 안에는 서너 명의 젊은 남성들이 모여 있다가 내 얼굴을 보더니 인상을 험악하게 일그러뜨리며 다가왔다. 그 후 앞에서 설명한 폭행을 당하는 상황이 발생한 것이다. 하지만 '그렇다고 이 정도 일로 죽이지는 않겠지'라고 생각했다. 그때만 해도 이게 얼마가 큰 문제인지 제대로 인식하지 못했다.

잠시 후, 이누이는 조금 전과는 전혀 다른 차분히 가라앉은 목소리로 불가능한 선택을 강요했다.

"이봐, 어떻게 할 거야? 배상금으로 1천만 엔을 지불할래, 아니면 사과의 의미로 새끼손가락 한 개를 놓고 갈래?"

'1천만 엔? 그렇지 않아도 도박 빚 때문에 정신이 없는데 더 이상 빚을 질 수는 없어.'

'그래, 왼쪽 새끼손가락 정도라면 생활하는 데 큰 지장은 없을 거야.'

'하지만 고통스러울 텐데. 손가락을 자를 때 마취는 해줄까?'

나는 그 순간 이런 생각을 하고 있었다.

"무슨 일인가? 왜 이렇게 소란스러워?"

그때 예순은 넘어 보이는 풍채 좋은 노인이 방으로 들어왔다.

"아, 회장님 안녕하십니까."

이누이를 비롯한 방에 있던 젊은 사람들 모두가 차려 자세로 노인을 맞이했다. 아무래도 노인은 이 회사(정식명칭 야마모토)의 창업자인 야마모토 오사무(山本修)인 듯했다. 노인의 등장으로 방 안의 분위기는 한층 더 긴박하게 바뀌었다.

노인 무슨 일인가, 이누이?

이누이 네, 이 녀석이 전화번호부에 광고를 실으면 상품이 엄청나게 잘 팔린다고 사기를 쳐서 돈을 가로챘습니다.

노인은 내 쪽으로 고개를 돌리고 날카로운 눈빛으로 답변을 요구했다.

요시이   아닙니다. 사기라니 당치 않습니다. 전화번호부에 실으면 상품이 잘 팔릴 것이라는 말은 했습니다. 하지만 광고는 운에 좌우되는 것이니까 100% 확신할 수는 없지 않습니까. 그러니까 앞으로 어떤 식으로 개선하면 좋을지 그 방법을 의논할 생각으로 찾아온 것입니다.

이누이   전화번호부 광고는 1년 동안은 바꿀 수도 없는데 개선은 무슨 개선! 지난번에 영업하러 왔을 때 그럴 듯하게 달콤한 말만 늘어놓고는 무슨 소리야, 이 사기꾼 녀석이!

다시 나의 배에 펀치를 날리려는 순간, 노인은 부드러운 말투로 이누이를 제지했다.

"이봐, 이제 그만해. 일반인을 그런 식으로 위협하면 안 되지."

그리고 나를 향하여 "자네, 잠깐 나 좀 보세" 하고 빠르게 방을 나갔다. 이누이는 아직도 뭔가 할 말이 있는 듯했지만 눈빛으로 따라가라는 신호를 보냈다.

나는 "죄송합니다. 이번 문제는 반드시 어떻게든 제가 해결을…" 하고 이누이에게 고개를 숙여 인사하고 사무실을 나와 노인이 기다리는 고급 외제 승용차에 올라탔다.

운전석에는 마흔 살 정도의 운전기사가 있었다. 나는 뒷좌석의 노인 옆에 앉았다. 그리고 "도와주셔서 감사합니다"라고 인사했지만 노인은

"내가 뭘 도와줘?"라고 가볍게 한마디 내뱉고는 그대로 입을 다물었다.

침묵이 수수께끼에 싸인 이 노인의 묘한 존재감을 더욱 부풀렸다. 그에 대해서는 전혀 모르지만 왠지 지금까지 수많은 인생 경험을 쌓아온 사람인 듯한 느낌이 들었다.

동시에 머릿속에 '앞으로 어떻게 되는 거지?' '이 차는 어디로 가는 거야?' '이 노인은 대체 누굴까?' 등 수많은 의문이 샘솟았지만 노인의 분위기에 압도되어 말을 건네기가 어려웠다.

10분에서 15분 정도 무거운 침묵이 이어진 뒤에 어떤 집 앞에서 자동차가 멈추었다. 조용한 주택가에서 주변의 집들을 완전히 압도하는 거대한 위용을 자랑하는 저택이었다.

'멋진 집이야. 야쿠자들은 사람들을 괴롭히는 나쁜 짓들로 부정한 돈을 마음껏 긁어모으니까 이렇게 멋진 집에서 살 수 있는 것이겠지.'

이런 생각에 화려한 저택에 거부감을 느끼면서 노인을 따라 안으로 들어갔다.

인생을 완전히 뒤바꾼 수업의 시작

아쿠자의 집이니까 칼이나 호랑이 박제 등이 장식되어 있을 것이라고 상상했지만 방 안은 불필요한 도구들은 보이지 않았고, 깨끗하게 정리되어 있었다. 열 평은 되어 보이는 넓은 거실로 들어서자 한가운데에는 지나

칠 정도로 품격이 느껴지는 모던풍의 갈색 소파가 놓여 있었다. 나는 그곳에 앉았다.

　잠시 침묵이 이어진 뒤에 노인은 처음으로 싱긋 미소를 지어 보이며 이렇게 말했다.

　"아까는 미안했네. 맞은 데는 괜찮은가? 내가 이누이를 잘못 가르쳤어. 그 녀석은 조폭 영화를 너무 많이 봤어."

　뜻밖에도 그 얼굴에는 소박한 소년 같은 애교가 보여서 순간적으로 마음이 놓인 나도 미소를 지었다. 하지만 그 순간, 함부로 긴장을 풀어서는 안 된다는 생각에 다시 진지한 표정으로 사과했다.

　"아닙니다. 이번 일은 제가 광고를 경솔하게 처리해서 생긴 문제이니까…. 저야말로 피해를 끼쳐 죄송합니다."

　그러자 노인은 "하! 하! 하! 하!" 하고 아까보다 열 배 이상 얼굴을 잔뜩 일그러뜨리며 큰소리로 웃음을 터뜨렸다. 그리고 이번 일의 진상을 설명하기 시작했다.

　"자네, 아직 모르겠나? 그건 전부 이누이의 연극이야. 일부러 문제를 일으킨 다음 상대방으로부터 돈을 뜯어내는 것이 그 녀석의 방식이지."

　"네? 거짓말이라고요? 그럼 전국에 20개의 직영점이 있다는 말도?"

　"없어, 그런 건 없다고. 건강식품 회사는 그 녀석의 취미 같은 거야. 거기선 돈이 거의 벌리지 않아."

노인은 지금까지 나의 영업 행위 전체를 부정했다. 그 말을 듣고 보니 경리과에서 "이누이 씨가 계약한 회사에서 광고료가 들어오지 않았으니까 독촉 좀 해보세요"라고 말했던 이유를 이해할 수 있었다. 처음부터 계획적으로 속였다는 사실을 알게 된 나는 점차 화가 치밀어 올랐다.

그것은 협박을 당하거나 얻어맞은 것에 대한 분노라기보다 그다지 머리가 좋아 보이지 않는 이누이 같은 사람에게 당했다는 나 자신에 대한 한심함 때문에 치밀어 오르는 분노였다.

내 감정을 읽은 것인지, 이번에는 노인이 진지한 표정으로 돌아와 머리를 숙였다.

"미안하게 됐네. 그 녀석은 나중에 충분히 야단을 칠 테니까 이번에는 내 얼굴을 봐서 용서해주지 않겠나?"

내가 어떻게 대답해야 좋을지 몰라 망설이고 있자 노인은 다시 소년 같은 미소를 띠며 뜻밖의 제안을 해왔다.

"하지만 이누이에게 이런 식으로 당하다니, 자네는 세상을 너무 모르는군. 지금까지 어떤 인생을 살아왔는지, 내게 말해주지 않겠나?"

나의 인생을 180도로 바꾸어줄 신기하고 기묘한 '부자 수업'이 시작된다. 노인, 아니 야마모토 회장님은 그전까지 생각해본 적도 없는 돈의 원리와 돈의 진짜 속성에 대해 알려주었다. 그리고 부자가 되는 길을 보여주었다. 이제부터 회장님을 나의 멘토인 '부자 아저씨'라고 부를 것이다.

1 교시

돈은 버는 게 아니라 빌리는 거다

빚만 늘어나는
'진짜 이유'

허영기가 있었던 나는 보통 때 같으면 나의 단점이나 창피한 경험은 절대로 드러내 보이지 않았을 것이다. 하지만 이때는 왠지 부자 아저씨에게 모든 것을 있는 그대로 솔직하게 털어놓고 싶다는 충동에 이끌렸다. 그리고 전화번호부 광고회사 이전에 대학을 졸업하고 처음으로 취직한 무역상사 시절의 이야기부터 시작해서 나의 모든 이력을 차례로 털어놓기 시작했다.

요시이   대학을 졸업하고 입사한 회사가 저의 능력보다 훨씬 우수한 기업이었습니다. 학생들 사이에서도 인기가 좋은 무역상사로, 친구들은 "이야, 요시이가 그렇게 좋은 회사에 취업을 하다니"라면서 부러워했지요. 그때까지는 다른 사람에게 사랑할 만한 것이 하나도 없었기 때문에 그런 말을 들을 때마다 정말 기분이 좋았습니다.

부자 아저씨 인생 첫 성공 체험이었겠군?

요시이 네, 당시에 '꽤 괜찮다'고 생각했던 동기 여성과 사이가 좋아져 데이트를 했던 것도 바로 그 시기였습니다. 잿빛이었던 인생이 갑자기 총천연색으로 빛나기 시작한 느낌이었지요. 하지만… 그런 기쁨도 오래가지 못했습니다. 무역상사에 입사한 이후 얼마 지나지 않아 저와 동료들과의 차이가 매우 크다는 사실을 깨닫고 좌절감을 맛보아야 했거든요. 저를 제외하고 다른 동료들은 대부분 도쿄대학, 교토대학, 와세다대학, 게이오대학 등 일류대학 출신자들이었으니까요. 지금까지 상대했던 사람들과는 인종 자체가 다른 느낌이었습니다. 이 무역상사에서는 사무직으로 일했는데, 동료가 한 번에 외우는 것을 저는 세 번을 반복해도 외울 수 없었습니다. 직속상사는 "정말 쓸모없는 신입사원이 들어왔어"라며 저를 무시하기 시작했고, 사내에서 저의 입지는 점차 축소되었습니다.

부자 아저씨 입사하자마자 나락으로 떨어진 꼴이군. 그래서?

요시이 회사에서 입지가 축소된 저는 방향을 바꾸었습니다. 일은 적당히 하면 된다고 결론을 내리고 개인적인 시간을 즐기기로 한 것이지요. 정시에 일이 끝나면 친구들과 매일 저녁 클럽을 드나들었는데 그곳에서 재미있는 경험들을 했습니다.

부자 아저씨 호오, 어떤 경험이었나?

요시이 저는 어린 시절부터 공부는 물론이고 운동도 할 줄 몰라서 여성에게 인기가 없었는데 무역상사에 입사한 덕분에 클럽에서 여성들에게 쉽게 인기를 얻을 수 있었습니다. 제가 회사 이름을 말하면 그녀들은 갑자기 "네? M상사에 다니신다고요? 대단하네요"라며 눈을 빛냈습니다. 뭐, 여성의 입장에서 보면 남성으로서의 저보다는 회사에 관심이 있었겠죠.

부자 아저씨 그럴 수 있지. 여자는 남성 자체뿐만 아니라 그 배경에도 관심을 가지니까.

요시이 하지만 여성들과의 관계에 익숙하지 않았던 저는 그런 관심이 저를 좋아하는 것이라고 착각했죠. 한껏 기분이 들떠서 클럽에서 만난 여성들에게 아낌없이 돈을 썼습니다.

부자 아저씨 계산적인 여성들의 돈줄이 되었다는 말이군.

요시이 네, 아무리 일류 무역상사라고 해도 신입사원의 급여가 그렇게 많은 편은 아니었지요. 그런데 허세를 부리고 클럽에서 알게 된 여성들과 고급 레스토랑에서 식사하거나 값비싼 선물을 해댔으니 돈은 금방 바닥이 났습니다.

부자 아저씨 흐음, 그래서 데이트 비용을 충당하기 위해 파친코나 경마 같은 도박에도 손을 대게 되었고?

요시이 네, 맞습니다. 어떻게 그렇게 잘 아시지요? 점성술 같은 것이라도 하십니까?

부자 아저씨 허세나 부리는 어리석은 남자의 말로가 다 그러니까. 어쨌든 도박에서도 큰 손해를 보고 빚을 지게 되었겠지?

요시이 네, 맞습니다. 처음에는 한 군데에서만 돈을 빌렸습니다만 흥청

망청 쓰다 보니 한도액을 초과하게 되었지요. 정신을 차려 보니 여기 저기 잔뜩 빚을 지고 있어서 옴짝달싹 할 수 없는 상황에 빠지게 되었습니다. 매달 이자를 지불하는 것만으로도 급여의 대부분이 사라질 정도였지요.

부자 아저씨 하지만 원금은 전혀 줄어들지 않았겠지. 아무리 시간이 흘러도 계속 빚을 변제해야 하는 생활에 지치게 되었고, 결국에는 이자도 체납하게 되었겠지. 그러자 빚쟁이들이 직장까지 찾아와 독촉했고 자네는 엄청난 스트레스를 받았을 거야. 그 결과, 몸과 마음이 모두 지쳐 우울증 증세까지 나타나게 되었겠지. 첫 회사를 그만둔 이유는 대강 그런 것 아닌가?

요시이 정말 놀랐습니다. 제가 우울증에 걸린 일까지 알아맞히시다니…. 역시 점성술 같은 것을 하시는 분이군요. 그게 아니라면 타로카드나 혈액형점?

부자 아저씨 자네의 생년월일은커녕 혈액형도 모르는데 무슨 말이야. 빚을 지면서까지 흥청망청 놀러 다닌 사람의 종착역은 다 그런 것이지. 그래서 지금은 전화번호부 광고회사로 이직해서 영업활동을 하고 있는데 지금까지 영업은 해본 적이 없을 테니까 실적을 올릴 수 없었겠지. 그래서 초조감에 싸여 있다가 이누이의 서투른 연기에 제대로 걸려들게 된 것이군.

요시이 네, 맞습니다. 그나저나 정말 놀랐습니다. 이렇게까지 제 인생을 정확하게 알아맞힐 줄은 정말 몰랐습니다.

부자 아저씨　특별히 놀랄 일은 아냐. 빚을 진 사람들은 대부분 그런 과정을 밟으니까. 하지만 잘 알아두어야 할 게 있어. 빚은 안 지는 것보다 지는 쪽이 더 낫다는 거야.

요시이　네? 무슨 말씀입니까? 그건 말도 안 되지요. 저는 빚이 원인이 되어 우울증까지 걸렸고 그 때문에 회사까지 그만두었는데요⋯.

부자 아저씨　아니, 자네가 회사를 그만둔 건 빚을 졌기 때문이 아냐. 원래 그 회사를 그만두고 싶었기 때문에 빚을 지면서까지 놀러 다닌 거였지.

요시이　그렇지 않습니다. 저는 빚 때문에 회사를 그만둔 것이었습니다. 빚이 없었다면 회사에 계속 남아 있었을 겁니다. 힘들게 들어간 인기 있는 대기업 무역상사였으니까요⋯.

부자 아저씨　아니, 인기 있는 회사건 대기업이건 그런 건 전혀 관계없어. 자네는 그 회사를 그만두고 싶었기 때문에 빚까지 지면서까지 놀러 다닌 거야. 빚쟁이들이 회사로 찾아와 독촉을 한다는, 더 이상 물러설 곳이 없는 명확한 현상을 만들어 놓은 것이지.

요시이　제가 의도적으로 빚쟁이들이 회사로 찾아오게 만들었다고요?

부자 아저씨　그래, 실제로 돈을 갚지 않아서 회사로 빚 독촉을 왔잖아? 그리고 자네는 회사를 그만두었고. 그런데 지금은 우울증도 나았고 이전처럼 빚을 지면서까지 놀러 다니지도 않잖아?

요시이　네, 확실히 우울증은 나았고 컨디션도 좋습니다. 하지만 그건 우연히 그런 결과가 나온 것이고. 놀러 다니지 않는 것이 아니라 아직 많이 남아 있는 빚을 변제해야 하기 때문에 놀러 다니고 싶어도 다니지 못하는 것이지요.

부자 아저씨　아니, 그렇지 않아. 인간의 본성은 그렇게 간단히 바뀌는 게 아니야. 아무리 빚이 있다고 해도 놀고 싶은 사람은 어떻게든 돈을 마련해서 놀러 다녀. 적어도 자네는 처음에 근무한 상사에서 하던 일보다 현재의 영업이라는 직업에서 더 큰 보람을 느끼는 거야. 그렇기 때문에 우울증도 나았고, 일에서도 어느 정도 예전의 성실한 모습으로 돌아왔지만 그건 모두 자네가 진 빚 덕분이라고. 빚이 없었다면 아직도 클럽을 돌아다니며 유흥에 빠져 있을걸. '일이 마음에 들지 않는다, 힘들어서 못 해먹겠다'라는 식으로 불평을 늘어놓으면서 말이야. 그런 정신상태에 놓여 있으면 당연히 우울증에 빠지지. 몸과 마음은 밀접하게 연결되어 있으니까. 그러니까 자네는 빚을 원망해서는 안 돼. 불행한 환경에서 자신을 구원해준 은인이라고 생각하고 빚에 감사해야 한다고.

요시이　아니, 빚에 감사할 수는 없어요. 빚 때문에 지금 제 생활이 힘든 것이니까요.

부자 아저씨　구체적으로 어떻게 힘든데?

요시이　예를 들면, 돈이 없으니까 식사는 늘 편의점 도시락으로 때우고 있고, 옷이나 신발도 유행하는 것으로 사고 싶지만 벌써 몇 년 동안 같은 것만 사용하고 있습니다. 살고 있는 집도 세 평 남짓한 좁은 원룸이고….

부자 아저씨 　그렇군. 확실히 편의점 도시락만 먹어서는 건강에 좋지 않겠지. 매일의 식사가 자네의 생명을 만드는 것이니까 영양에는 신경을 써야겠지. 감수성을 유지하려면 유행도 중요해. 가뜩이나 빼어나지 않은 외모인데 유행에 뒤처지기까지 한다면 더욱 주눅이 들 테니까. 그리고 가난한 상태에서는 애인도 만들기 어렵겠지? 좋아. 지금부터 내가 돈을 늘리는 좋은 방법을 자네에게 가르쳐주겠네.

사람이 없는 장소에
깃발을 세운다

요시이　네? 돈을 늘리는 방법이라니, 그런 게 있습니까?

부자 아저씨　그래. 이 세상에는 일정한 원리원칙이라는 것이 존재해. 충실하게 실행하면 어떤 사람이건 반드시 좋은 결과를 낼 수 있는 법칙 말이야. 나는 그것을 '인생의 절대 법칙'이라고 부르지.

요시이　'인생의 절대 법칙'이라고요? 꽤 거창한 이름이군요. 하지만 모든 사람이 반드시 좋은 결과를 낼 수 있다니, 그렇게 좋은 법칙이 정말 존재합니까?

부자 아저씨　앞으로 내가 가르쳐주는 내용을 순수하게 실천해보라고. 그렇게 하면 자네는 내게 크게 고마워하게 될 거야.

부자 아저씨는 자신감이 넘치는 목소리로 잘라 말했지만 그렇게 좋은 법칙이 있다는 말은 도저히 믿어지지 않았다.

"그렇게 되기만 한다면 더할 나위 없겠지만…."

의심스러워하는 나의 마음을 읽은 것인지 부자 아저씨가 갑자기 질문을 던졌다.

부자 아저씨 자네는 내가 어떻게 해서 이렇게 풍족한 생활을 하고 있다고 생각하나?

요시이 그건, 성실한 사람들에게 금품을 빼앗았기 때문 아닙니까?

부자 아저씨 그런 짓을 해서는 이 세상에 살아남기 어렵지. 정직한 방법으로 돈을 늘리는 방법이 있어. 알고 싶지 않은가?

요시이 물론 알고 싶습니다. 어떻게 하는 것입니까?

부자 아저씨 그게 자네의 문제야. 무조건 해답을 요구하지 말고 처음에는 자네 머리로 생각해봐야지. 다른 사람에게 배우겠다는 생각만 해서는 주체성이나 창조성을 갖추기 어려워.

부자 아저씨의 '찐' 부자 수업 – 인생의 절대 법칙

우선 스스로 가설을 세우고 생각한다.

다른 사람에게 무조건 해답을 요구하지 말고 처음에는 본인의 머리로 생각해보려고 노력한다. 다른 사람에게 배우려고만 해서는 주체성이나 창조성을 갖출 수 없다.

요시이 네, 죄송합니다…. 하지만 늘 돈에 쪼들리는 상태에서 돈을 늘리는 방법을 생각해보라고 하면 쉽게 떠올릴 수 없지요.

부자 아저씨　흠, 그도 그렇군. 좋아, 자네가 주체적으로 해답을 발견하기 쉽도록 먼저 내가 질문을 하지. 그걸 계기로 해답을 도출해내는 거야.

요시이　네, 부탁드립니다.

부자 아저씨　우선 자네가 빚을 진 원인인 파친코에서 가장 많은 이익을 올리는 사람은 누구라고 생각하나?

요시이　파친코에서 가장 많은 이익을 올리는 사람이요? 글쎄요, 그게 누구일지….

부자 아저씨　있을 것 아닌가? 자네가 큰 손해를 보았다면 큰 이익을 본 사람이 있겠지.

요시이　아, 있습니다. 전문가들이지요. 그들은 매일 아침이면 가게 앞에 줄을 서서 기다렸다가 대박이 터질 것 같은 기계를 선택하는데 꽤 높은 확률로 이익을 올리는 것 같았습니다.

부자 아저씨　아니, 아니야. 자네보다 높은 확률로 이익을 올릴지는 모르지만 그들 역시 돈을 딸 때가 있으면 잃을 때도 있어. 아마 전체적인 평균을 내면 이익을 거뒀다고 보기 어려울걸. 가장 많은 이익을 올리는 쪽은 파친코 회사야. 실제로, 가게 안에 있는 기계의 80% 정도가 경계와 비슷한 정도이거나 그 이하 수준으로 설정되어 있으니까. 자네가 큰 이익을 올릴 수 있는 기계는 전체에서 기껏해야 20%도 되지 않을걸. 그러니까 파친코이건 경마이건, 또는 경륜이나 경정이건 그리고 복권도 마찬가지야. 도박에서 가장 많은 이익을 올리는 쪽은 그걸 주최하는 주최자 쪽이라고.

요시이　그렇습니까? 우리가 이길 수 있는 기계가 20% 정도밖에 되지 않는다면 이익을 올리기는 어렵겠네요. 이제 알겠습니다. 앞으로는 파친코는 절대로 하지 말아야겠군요.

부자 아저씨　그게 좋지. 그리고 자네가 부자가 되기 위해 하지 말아야 할 것은 파친코만이 아니야.

요시이　네? 또 무엇을 그만두어야 합니까?

부자 아저씨　샐러리맨이야. 알겠나. 샐러리맨은 파친코 회사와 마찬가지로 열심히 일한 돈을 매일 회사에 착취당하고 있는 거라고. 그 증거로 자네는 아침 일찍 만원 전철을 타고 출근해서 저녁 늦게까지 완전히 지칠 정도로 일을 하지만 여전히 가난하지? 보통의 샐러리맨으로 지내는 한평생 연봉 1천만 엔을 넘기기는 쉽지 않아.

요시이　네, 아마 어렵겠지요. 제 주변을 둘러보아도 1천만 엔이 넘는 연봉을 받는 사람은 없습니다.

부자 아저씨　그건 자네 회사뿐만 아니야. 이름이 잘 알려진 대기업 샐러리맨 이외에는 거의 없을 거야. 이런 상황에서 본격적으로 AI도 도입되고 있으니까 설사 대기업 샐러리맨이라고 해도 급여가 지금보다 훨씬 줄어들게 될걸. 그러니까 즉시 샐러리맨 따위는 그만두고 창업을 하는 게 도움이 돼.

요시이　창업이요?

부자 아서씨　그래, 장사를 하면 수익을 크게 향상시킬 수 있지. 회사에 빼앗기는 일 없이 벌면 버는 만큼 전부 자네 것이 되니까.

요시이 네, 물론 돈을 벌 수만 있다면 창업을 해서 사장이 되는 쪽이 큰 이익을 올릴 수 있겠지요. 하지만 현실적으로는 창업을 해서 돈을 버는 게 가장 어렵지 않습니까?

부자 아저씨 그건 자네 생각이야. 돈을 버는 건 그렇게 어려운 게 아냐. 아니, 오히려 '너무 간단하다'라고 생각하지 않으면 돈은 벌기 어렵지.

요시이 네… 그런가요? 하지만 우리 회사도 이익을 올리기 위해 늘 힘겨워하고 있는 것 같고…. 저는 역시 돈을 버는 게 가장 어려운 일이라고 생각합니다. 돈을 버는 일이 간단하다면 국민 전체가 억만장자가 되어 있어야 하는 것 아닙니까?

부자 아저씨 그래, 그렇지. 그런데 왜 국민 전체가 억만장자가 되어 있지 않을까? 그 이유는 다른 사람들도 자네처럼 '돈을 버는 건 힘들다'라고 믿기 때문이지. 이 우주에는 생각한 것이 현실로 나타난다는 확고한 법칙이 있어. 이런 법칙 때문에 수많은 사람이 돈을 버는 일에 엄청난 고생을 강요당하고 있는 거야. 물론 이건 주변의 영향도 있어서 어쩔 수 없는 일이야. 자네도 예전부터 부모님이나 선생님 등 주변 어른들에게 '일은 힘든 것이다'라거나 '돈을 버는 건 힘들다'라는 말을 들으면서 자랐겠지?

요시이 네, 맞습니다. 뭔가를 조르면 부모님은 늘 '돈은 그냥 생기는 게 아냐' '집에 무슨 화수분이 있는 것도 아니고'라는 식으로 돈을 절약하라고 교육받았습니다.

부자 아저씨 아이의 입장에서 부모님의 말씀은 가장 큰 영향을 미치지.

자네의 마음속에는 그런 식으로 돈에 대한 상당히 잘못된 관념이 자리 잡고 있는 거야.

요시이 하지만 창업은 더욱 어렵지 않겠습니까? 매달 정해진 날에 급여가 은행계좌로 들어오지 않는 상황은 상상만 해도 두렵습니다. 역시 제게는 성실한 샐러리맨이 가장 잘 어울리는 것 같습니다.

부자 아저씨 그렇게 성실한 사람이 유흥에 빠져서 1천만 엔이나 되는 빚을 졌나? 자네는 창업이 어울리는 타입이야.

요시이 그렇게 단정하지 마십시오. 그리고 저의 집안은 부모님도 친척도 모두 샐러리맨이었습니다.

부자 아저씨 말은 그렇게 하지만 마음속으로는 '아버지나 친척들처럼 시시한 인생을 보내고 싶지는 않아'라고 생각하고 있지 않은가?

부자 아저씨의 한마디 한마디는 나의 진심을 자극하고 있었다. 학창시절부터 평범했던 나는 확실히 '다른 사람과는 다른 삶을 살고 싶어'라거나 '반드시 성공해서 나를 우습게 여겼던 녀석들을 깜짝 놀라게 만들고 싶어'라는 강렬한 바람을 가지고 있었다.

요시이 네, 솔직히 말하면 창업에 대한 동경 같은 것은 있습니다만, 만약 창업을 해서 실패라도 한다면 큰일 아니겠습니까? 그렇게 되면 지금 상황 이상으로 돈 때문에 엄청난 스트레스를 받게 될 테고….

부자 아저씨 실패하지 않으면 되는 것 아닌가? 나처럼 돈을 많이 벌면 이누이가 취미로 건강식품을 팔아서 적자를 내더라도 꿈쩍도 안 하지.

요시이 네, 그런 식으로 본인이 하고 싶은 것을 마음대로 할 수 있는 환경은 정말 부럽습니다. 회장님은 정말 경영에 탁월한 수완이 있으신 것 같습니다.

부자 아저씨 뭐, 수완이라기보다 착안점이 다른 사람들과 다르다고 표현할 수 있겠지.

요시이 착안점이요?

부자 아저씨 그래, 돈을 벌려면 시장이 원하는 걸 재빨리 발견해야 돼. 그게 열쇠야.

요시이 시장이 원하는 것이요? 회장님은 그걸 발견할 수 있다는 말씀입니까?

부자 아저씨 그렇지. 자네는 우리 회사가 무엇으로 수익을 올리는지 알고 있나?

요시이 그야, 성실한 사람들한테 돈을 빼앗아서….

부자 아저씨 이 사람이 무슨 말이야! 우리는 부동산업을 하고 있어.

요시이 네? 그 사무실에는 부동산중개와 관련된 물건은 하나도 없었는데요….

부자 아저씨 그래, 부동산업이라고 하지만 우리는 일반적인 부동산중개업과는 다르지. 다른 곳과 똑같이 일을 해서는 약간의 수수료가 들어올 뿐 큰돈은 벌기 어려우니까. 경매물건을 싼값에 구입해서 깨끗한 상태로 만들어 비싼 값에 매매하는 게 우리가 하는 일이라고.

요시이 깨끗한 상태로 만든다? 아, 리폼을 말씀하시는 건가요?

부자 아저씨 아냐. 자네, 사회나 경제에 관한 공부를 하지 않았나? 경매 물건이 무엇인지 그 의미는 알고 있어?

요시이 아뇨, 처음 들었습니다.

부자 아저씨 경매물건이라는 건 어떤 이유가 있어서 강제로 매물로 나온 물건을 말하는 거야. 불황 때문에 주인이 대출을 갚지 못하게 되었다거나, 그 집에서 뭔가 안 좋은 사건 사고가 발생해서 어쩔 수 없이 매물로 나온 것이야. 그런 물건은 아무리 시세가 낮아도 성실한 부동산업자는 손을 대기 어렵지. 일반적으로는 우리 같은 야쿠자들이 중간에 끼어드는 경우가 많아.

요시이 그렇군요. 적이 없는 장소에서 한탕을 하는 것이군요?

부자 아저씨 자네, 고운 말 좀 사용하면 안 되겠나? 물론, 틀린 말은 아니지만. 돈을 벌려면 적이 없는 장소를 발견해서 적극적으로 사업을 시작하는 것이 가장 바람직한 방법이야. 만약 적이 있다고 하면 함부로 덤빌 수 없도록 상대방의 약점을 찾아야지. 그걸 빨리 찾아서 먼저 깃발을 세우면 실패하는 경우는 거의 없어.

부자 아저씨의 '찐' 부자 수업 – 인생의 절대 법칙

경쟁자가 없는 장소에 깃발을 세운다.

다른 사람이 하지 않는 일, 또는 다른 사람이 함부로 넘빌 수 없도록 약점을 찾는다.

자신이 원하는 것을 최대한 빨리 시작하면 실패할 가능성은 크게 줄어든다.

요시이 　다른 사람이 없는 장소에 깃발을 세운다고요? 확실히 일리는 있는 말씀입니다만 그래도 그건 역시 성실하다기보다는 야쿠자 일을 하고 있는 회장님이어서 가능하다고 생각합니다. 보통 사람은 경매물건은 무서워서 함부로 덤벼들기 어렵거든요. 저는 역시 창업은 불가능합니다.

부자 아저씨 　정말 나약하군! 그렇다면 자네가 그렇게 강조하는 '창업은 무리'인 이유를 말해보게.

요시이 　네. 애당초 저는 샐러리맨으로서도 능력이 뛰어난 편이 아닙니다. 먼저 다니던 회사에서는 완전히 쓸모없는 사원이라는 낙인이 찍혔고요. 지금 이 회사도 힘겹게 계약을 체결해서 좋아했더니 완전히 사기수법에 놀아났고…. 그런 사람이 창업을 한다고 제대로 이끌어갈 자신이 있겠습니까? 자신감은커녕 제가 할 수 없는 이유만 떠오릅니다.

부자 아저씨 　이봐, 왜 아까부터 자신을 부정적으로 말하는 거야? 그런 식으로 스스로 자신을 부정하거나 비하해서는 안 돼. 자네는 우선 그 부정적인 사고를 근본적으로 바꿔야겠어. 그렇지 않으면 창업은커녕 어떤 일도 할 수 없어. 좋아, 우선 스스로에게 자신감을 불어넣는 것부터 시작해보자고.

'근거 없는 자신감'이야말로
최강의 자신감

요시이   자신감은 그렇게 간단히 갖출 수 있는 게 아니지 않습니까? 우선, 제게는 자신감을 가질 수 있는 근거가 없습니다.

부자 아저씨   자신감을 가지는 데 근거 따위는 필요 없어. 아니, 오히려 근거가 있으면 자신감이 즉시 무너져버리는 경우도 있지.

요시이   네? 무슨 말씀이신지 그 의미를 모르겠습니다….

부자 아저씨   예를 들어 자네가 계약을 잘 성사시키는 톱 세일즈맨이라고 하자고. 그 정도라면 자신감을 가질 근거는 충분하겠지?

요시이   네, 그런 상태라면 당연히 자신감을 가질 수 있지요.

부자 아저씨   하지만 그건 컨디션이 좋을 때의 실적이야. 컨디션이 좋을 때에는 좋은 결과를 내지만 모든 사람에게는 바이오리듬이라는 것이 있어. 컨디션이 무너져서 계약을 못 하는 상황이 오면 근거가 있었던 그 자신감도 완전히 무너져서 영업은 물론이고 다른 것들에도 영향을 미쳐 완전히 풀이 죽게 되는 거야. 자신감이 컸던 만큼 그 격차는 더 심하겠지. 그대로 두 번 다시 일어설 수 없게 되어버린 사람도 적지 않을걸.

요시이 아, 그건 최악이네요.

부자 아저씨 그런데 반대로 근거는 없더라도 항상 가슴을 펴고 당당하게 행동하는 경우라면 어떨까? 그런 근거 없는 자신감은 영원히 잃어버릴 염려가 없지. 그렇지 않은가? 처음부터 잃어버릴 전제가 없었으니까 말이야. 루팡도 다이아몬드가 없었으면 도둑질 자체를 할 수 없었을 것 아닌가. 이것이 '근거 없는 자신감이야말로 최강의 자신감'이라고 말하는 이유야.

부자 아저씨의 '찐' 부자 수업 – 인생의 절대 법칙

'근거 없는 자신감'을 가진다.

근거가 있는 자신감은 그 전제인 근거가 사라지면 매우 위태로운 상황에 빠질 수 있다.

따라서 잃어버릴 전제가 없는 '근거 없는 자신감'이야말로 최강의 자신감이다.

요시이 흠, 말씀의 의미는 이해할 수 있습니다만…. 역시 근거도 없는데 자신감을 가진다는 건 어려운 일 아니겠습니까? 내세울 수 있는 근거가 없으면 가슴을 펴고 당당하게 행동하기도 쉽지 않고….

부자 아저씨 안심해. 근거가 없어도 자신감을 가질 수 있는 방법이 있으니까.

요시이　그렇습니까? 대체 어떻게 하면 근거가 없어도 자신감을 갖고 당당하게 행동할 수 있습니까?

부자 아저씨　그건 말이야. 설사 자신감이 없더라도 자신감이 있는 척하는 거야.

요시이　네? 척을 한다고요? 척을 하는 것만으로 그렇게 간단하게 일이 잘 풀린다는 말씀입니까?

부자 아저씨　아까부터 이 말을 하고 싶었는데, 자네는 부정적으로 생각하는 그 버릇을 즉시 버려야 돼. 사람은 생각과 확신이 현실로 나타나는 법이니까.

요시이　아, '끌어당김의 법칙' 말씀이군요? 전에 책에서 읽은 적이 있습니다.

부자 아저씨　뭐야, 자네 '끌어당김의 법칙'을 알고 있나? 그걸 알고 있으면서 왜 활용하지 않는 거야?

요시이　천성적으로 부정적인 성격이기 때문에…. 좋은 생각을 하려고 해도 이상하게 나쁜 생각만 머릿속에 떠오릅니다. 어떻게 하면 보다 긍정적인 인간이 될 수 있을까요?

부자 아저씨　그것 역시 간단해. 긍정적인 척하면 되는 거야.

요시이　또 척입니까? 하지만 그 척하는 게 어렵지 않습니까?

부자 아저씨　이것 봐. 또 그 부정적인 나쁜 버릇이 나왔군. '하지만, 아니, 그러나'로 시작되는 자네의 부정적인 말투 말이야. 그러니까 늘 현실이 자네의 말처럼 부정적으로 나타나는 거야. 어쨌든 척하는 건 간단해. 실제로 그렇게 하지 않아도 생각하는 것만으로 충분하니까. 익숙해지면 그야말로 초등학생도 할 수 있지. 거짓말도 백 번 이상 반복하면 진실이 된다는 말 들어보지 못했나?

요시이   아니, 그건 아니지요. 거짓말은 몇 번을 거듭해도 거짓말입니다. 절대로 진실이 될 수 없습니다.

부자 아저씨   또, 또! 자네의 부정적인 말버릇이 또 나왔군. 아무래도 자네의 마음속에는 부정적인 사고가 상당히 깊게 뿌리 내리고 있는 것 같아.

요시이   네, 저의 부정적인 사고는 평생 없앨 수 없을 것 같습니다.

부자 아저씨   그렇지 않아. 사람은 누구나 바뀔 수 있어. 지금부터 내가 자네의 부정적인 사고를 뿌리째 뽑아버릴 수 있는 중요한 이야기를 해주지.

그렇게 시작된 부자 아저씨의 고백을 통하여 그의 뜻밖의 과거를 알게 되었다.

부자 아저씨의
뜻밖의 소년 시절

부자 아저씨　나는 초등학생 시절에 자유의 위대함을 알게 되었지.

요시이　초등학생 시절에요?

그가 책가방을 메고 있는 모습을 떠올려 보려 했지만 쉽게 상상이 되지 않았다.

부자 아저씨　왜 그렇게 신기하다는 표정을 짓는 것인가? 나도 순진무구했던 소년 시절이 있었다고. 어린 시절에는 피부가 뽀얗고 단정한 얼굴이어서 근처 어른들은 "오사무는 나중에 틀림없이 아이돌 가수나 인기배우가 될 거야"라고 말했었지.

요시이　정말이요? 지금의 회장님에게서는 그런 느낌이 전혀 없는데…. 성인이 된 이후에 고생을 많이 하셔서 그런가요?

부자 아저씨   자네는 정말 섬세함이 결여된 사람이군. 그러니까 일도 제대로 못 하고 여자에게도 인기가 없지. 아, 하지만 걱정하지 마. 앞으로 내가 하는 말을 충실하게 실행하면 자네의 미래는 지금과는 180도 바뀔 테니까. 그건 그렇고 자네는 초등학생 시절에 어떤 소년이었나?

요시이   어떤 소년이라고 하기에는… 그냥 평범한 아이였습니다.

부자 아저씨   학교에서는 괴롭힘을 당했나, 아니면 괴롭히는 쪽이었나?

요시이   특별히 어느 쪽도 아니었습니다.

부자 아저씨   그래? 괴롭히는 쪽이었으면 한 대 때려줄까 했더니…. 사실 나는 초등학생 시절에 줄곧 괴롭힘을 당했거든.

요시이   네? 거짓말이겠지요. 어린 시절부터 부하들을 몇 명씩 데리고 다녔을 것 같은 얼굴인데…. 책가방을 멘 모습보다는 훨씬 더 상상하기 쉬운데요.

부자 아저씨   응? 책가방을 멘 모습보다 상상하기 쉽다니, 그게 무슨 말이야?

요시이   아, 아닙니다. 신경 쓰지 말고 계속 말씀하십시오.

부자 아저씨   뭔가 찝찝하기는 하지만, 뭐 좋아. 이야기를 계속하지. 학교에는 나와 철저하게 궁합이 맞지 않는 다쓰미 지로라는 동급생이 있었어. 자네도 아마 어린 시절에 그런 친구가 있었을 거야. 다른 친구들이 하는 말은 전혀 신경 쓰이지 않는데 그 친구가 말을 하면 왠지 기분이 나쁜, 왠지 마음이 맞지 않는 그런 친구 말이야. 지로와 나는 그런 사이로 늘 삐걱거렸는데 그 녀석에게는 이치로라는 형이 있었어. 그런데 그 이치로가 굉장히 난폭한 녀석이었지. 그 시절에는 친구끼리 야구를 하면서 노는 경우가 많았는데 두 형제는 늘 내게 공을 던지거나 야구 방망이로 때리며 끊임없이 괴롭혔어.

요시이 야구방망이로 때렸다고요? 그건 정말 심한데요. 왜 그냥 맞고만 계셨습니까?

부자 아저씨 그런 짓을 하면 몇 배로 더 보복당할 것이라고 생각했으니까. 특히 형인 이치로는 골목대장 같은 존재로 불량배 친구들이 많았기 때문에 나는 괴롭힘을 그냥 참아내는 수밖에 없었어. 그러자 점차 그 형제의 괴롭힘에 가담하는 녀석들이 많아지기 시작했지. 6학년이 되자 반 친구들 거의 전부가 나를 괴롭히게 되었어. 하지만 당시의 나는 '이 상황도 중학교에 가면 틀림없이 바뀔 거야. 그때까지만 참자'라는 생각으로 견뎠어.

요시이 부모님이나 선생님과 상담해보지는 않았나요?

부자 아저씨 부모님에게는 걱정 끼치고 싶지 않아서 말씀을 드리지 않았고, 학교 선생님은 전혀 의지가 되지 않았어. 한번 상담하러 갔더니 "네 문제는 너 스스로 해결해야지"라며 노골적으로 회피했거든. 물론, 그 덕분에 어린 나이에 자주성과 인내력을 꽤 갖추게 되기는 했지만. '다른 사람은 의지할 대상이 아니다. 이 세상에서 의지할 수 있는 대상은 자기 자신뿐이다'라는 사실을 그때 분명하게 배웠지.

부자 아저씨의 그런 과거의 비참한 경험이 현재의 범상치 않은 분위기를 만들어낸 토대가 되었는지도 모른다.

발생하는 모든 일에는 의미가 있다.

나는 처음에 이 우락부락한 남자가 어린 시절에 괴롭힘의 대상이었다는 사실에 놀라 동정심을 느끼게 되었다. 한편, 현재의 모습과 전혀 어울리지 않는 그의 어린 시절 이야기에 흥미와 재미도 느끼고 있었다.

요시이　꽤 긍정적인 성격을 가진 아이였군요. 그런데도 반 친구들 대부분에게 괴롭힘을 당하셨다니….

부자 아저씨　자네, 칭찬인가, 아니면 한심하다는 뜻인가?

요시이　아, 아닙니다. 정말 정신력이 강한 아이였다고 감탄하고 있습니다.

부자 아저씨　그래, 확실히 괴롭힘을 당한 일은 정신력 강화에는 도움이 되었지. 지금 생각해보면 어떤 경험이건 자신을 단련하기 위한 도구라고 생각하면 귀중한 체험이 될 수 있는 거야. 물론 괴롭힘을 당하고 있던 당시에는 그런 여유 있는 생각은 도저히 할 수 없었지만.

요시이　그래서 어떻게 되었습니까? 회장님은 그 형제들에게 얼마나 심한 괴롭힘을 당했습니까?

부자 아저씨　자네, 얼굴에 갑자기 생기가 도는데? 상체까지 앞으로 기울이고…. 역시 내가 괴롭힘을 당했다는 이야기가 재미있나 보군?

요시이　(이런, 들켜버렸다.) 아닙니다. 그럴 리가요. 회장님은 어떤 식으로 자유의 위대함을 깨닫게 되었는지, 아까부터 그 부분이 궁금해서 여쭤보는 것입니다.

부자 아저씨   아, 그랬지. 내가 즐겁지도 않은 과거를 기억해내고 완전히 부정적인 분위기에 빠져버렸었네. 그래, 내가 자유의 위대함을 근본적으로 이해하게 된 건 초등학생 시기가 끝나갈 무렵인 6학년 여름이 지나고 가을로 접어들었을 때였어….

제로 상태인 사람이 행동을 하면
반드시 플러스가 된다

부자 아저씨 중학생이 될 때까지는 괴롭힘을 참고 견뎌내려고 생각했는데, 어느 날 뜻밖의 사건이 있었어.

요시이 사건이요? 어떤 일이 있었나요?

부자 아저씨에게 재미있어 하는 모습을 들키지 않기 위해 최대한 감정을 드러내지 않고 평정을 가장하고 있었다. 하지만 뜻밖의 사건에 대한 강한 호기심으로 나는 다시 상체를 더욱 앞으로 기울였다.

부자 아저씨 아무래도 아까부터 자네가 묘하게 생기를 띠는 모습이 마음에 들지 않지만…. 뭐, 좋아. 그런데 자네, 내가 중학교에 들어갈 때까지 괴롭힘을 참아야겠다고 생각한 이유가 무엇이라고 생각하나?

요시이 모르겠습니다. 이유가 무엇입니까?

부자 아저씨　정말 학습능력이 없는 사람이야. 이런 경우에는 즉시 대답하면 안 된다고 몇 번을 말해야 알아듣겠나. 가설이라도 좋으니까 우선 본인의 머리로 생각해봐야지.

요시이　아, 그렇군요…. 음, 괴롭히는 아이들과 다른 중학교에 들어가면 되니까 그랬던 것 아닙니까?

부자 아저씨　아니, 우리 동네에서는 모두 같은 중학교에 진학했어. 당시에는 시험을 보고 입학하지 않았거든.

요시이　그렇습니까. 그럼 괴롭히는 아이의 부모님에게 말씀을 드리고….

부자 아저씨　그렇게 하면 괴롭힘이 더 심해질 뿐이지.

요시이　경찰에 호소하면?

부자 아저씨　초등학생의 괴롭힘 문제는 상대해주지 않아.

요시이　보디가드를 고용하면?

부자 아저씨　조폭영화 찍나?

요시이　글쎄요…. 음, 이유가 뭘까요. 아무리 생각해도 더 이상 떠오르는 게 없습니다. 도저히 모르겠습니다.

부자 아저씨　뭐, 좋아. 부족한 지성이지만 그런 식으로 최대한 활용해서 철저하게 생각해보는 태도가 중요하니까. 양이 질로 바뀐다는 말이 있지. 자주적이고 능동적인 사고를 반복하면 어떤 시점부터 스스로 아이디어를 떠올릴 수 있게 되는 거야.

부자 아저씨의 '찐' 부자 수업 – 인생의 절대 법칙

안일하게 남에게 해답을 요구하지 말고 능동적으로 다양한 가설을 세우다 보면 어느 순간 양이 질로 바뀌어 아이디어가 떠오르게 된다.

요시이 네, 앞으로 그렇게 하겠습니다. 그건 그렇고 회장님이 중학교에 들어갈 때까지 괴롭힘을 참으려 했던 이유는 무엇입니까?

부자 아저씨 그 전에, 괴롭힘이 발생하는 근본적인 원인에 대해서 이야기해보자고. 이 부분을 모르면 괴롭힘의 본질을 이해하기 어려우니까.

요시이 네? 네….

사실 괴롭힘의 본질 따위는 알고 싶지 않았지만 그 마음을 솔직하게 표현하면 또 화를 낼 것 같아서 일단 순순히 따르기로 했다.

부자 아저씨 괴롭힘이 발생하면 사람들 대부분은 어떻게든 괴롭히는 쪽의 아이를 개선하려고 생각하지. 하지만 그런 단편적인 생각이 세상에 괴롭힘이 사라지지 않고 끊임없이 지속되는 가장 큰 요인이야.

요시이 네? 당연히 괴롭히는 아이를 개선해야 하는 것 아닌가요?

부자 아저씨 아니, 그 반대야. 괴롭힘은 괴롭힘을 당하는 쪽에 문제가 있는 경우가 많아.

요시이 괴롭힘을 당하는 쪽이요? 즉 회장님에게 문제가 있었다는 말씀입니까?

부자 아저씨   그렇지. 내가 늘 괴롭히는 아이에게 겁을 먹고 '저 녀석들이 또 괴롭힐 거야'라고 두려워했어. 때문에 상대방은 그런 나의 생각을 무의식적으로 감지하고 그 기대대로 지속적으로 괴롭힘을 반복했다고 말할 수 있지.

요시이   즉 강한 생각이 현실로 나타난다는 말씀이군요. 그야말로 '끌 어당김의 법칙'이네요.

부자 아저씨   그렇지. 이때 내가 끌어당김의 법칙을 알고 있었다면 아무 런 문제가 일어나지 않았겠지만, 유감스럽게도 어린아이가 그런 걸 알 고 있었을 리가 없지. 괴롭힘을 당하는 원인은 내가 힘이 약하기 때문 이라고만 생각하고 있었거든. 내가 강해지면 그런 문제도 사라질 것이 라고 믿었지.

요시이   그렇군요.

부자 아저씨   그래서 나는 가라테를 배우기로 했어.

요시이   네? 가라테요?

부자 아저씨   왜, 뭐 마음에 안 드는 거라도 있나?

요시이   아뇨, 그게 아니라 가라테를 배워서 힘이 강해지면 괴롭혔던 아 이들을 혼내주겠다고 생각했다니 그야말로 B급 영화 같아서…. 너무 단순하다고 해야 할까, 단편적인 발상이라고 해야 할까, 그런 생각이 들어서….

부자 아저씨   뭐라고? 순수한 어린아이가 열심히 생각해서 이끌어낸 해 답을 무시하는 건가?

부자 아저씨의 언성이 높아졌다. 역시 이 사람에게 솔직하게 대답하면 화를 낸다. 앞으로 말을 할 때에는 세심하게 신경을 써야 할 것 같다.

요시이　아뇨, 결코 그런 의미가 아닙니다. 그렇게 느끼셨다면 사과드립니다. 빨리 다음 이야기를 들려주시지요.

부자 아저씨　그래서 근처에 있는 가라테 도장을 찾아갔더니 사범이 "우리는 초등학생은 받지 않으니까 중학생이 되면 와라"고 말하더군.

요시이　그래서 중학교에 입학할 때까지 견뎌야겠다고 생각하셨던 것이군요? 하지만 괴롭힘을 당하지 않게 될 수 있다는 것은 가라테를 배워서 회장님이 강해져야 한다는 전제조건이 있는 것 아닌가요?

부자 아저씨　당연하지. 가라테를 하면 누구나 강해질 수 있잖아?

요시이　아니, 꼭 그렇다고 말할 수는 없지요. 무엇을 하건 재능이나 소질 문제가 있지 않습니까. 가라테를 해서 강해지는 사람도 있지만 별 진전이 없는 사람도 있다고 생각합니다.

부자 아저씨　그렇지 않아. 제로인 상태에서 행동을 시작하면 반드시 플러스가 되는 거야. 물론, 가라테를 배워서 강해지기까지 걸리는 시간에는 개인적으로 차이가 있겠지만 마이너스가 되는 일은 절대로 없어. 알겠나? 자네도 그런 식으로 해보지도 않은 것에 대해 이렇다 저렇다 생각할 한가한 시간이 있으면 일단 무엇이든 좋으니까 실천해보는 게 중요해. 그 후의 일은 그때 가서 생각하면 되니까.

요시이　네, 뭐 말씀을 듣고 보니 그럴 수도 있겠군요. 소질이 있건 없건 실행해보지 않고는 알 수 없는 일이니까요. 아무래도 저는 행동하기 전에 너무 많은 것을 생각하는 버릇이 있는 것 같습니다.

부자 아저씨　자네만 그런 게 아냐. 대부분의 사람이 그렇지. 고대로부터 인간의 DNA에는 무엇인가를 하기 전에 '이렇게 해도 정말 괜찮을까?' 하고 의심하는 방어의식이라는 것이 있으니까. 단, 자네처럼 부정적인 사고를 가진 사람은 생각하면 할수록 행동할 수 없는 요인만 찾게 되기 때문에 일단 실행하는 것이 좋아. 미래의 문제는 아무도 알 수 없으니까 망설여질 때에는 일단 실행하는 쪽을 선택해야 해.

부자 아저씨의 '찐' 부자 수업 – 인생의 절대 법칙

망설여진다면 행동을 한다. 아무리 열심히 생각한다고 해도 미래의 결과는 아무도 알 수 없다. 이것저것 생각하고 있을 한가한 시간이 있으면 즉시 행동을 해서 경험을 쌓는 것이 낫다. 그 후 어떤 결과가 나오건 그것은 그때 생각하면 된다.

요시이　'망설여지면 행동을 한다'고요? 긍정적인 사고를 가질 수 있는 좋은 말씀이군요. 앞으로는 가능하면 그렇게 하도록 하겠습니다. 그래서 그 후 어떻게 하셨습니까? 결국 가라테는 배우지 못하셨군요? 그게 자유나 척하는 연기에 어떻게 연결되었지요?

부자 아저씨　아, 그 이후부터 내가 생각하지도 못한 전개가 펼쳐졌어. 내가 가라테 사범에게 거절당하고 도장을 나오는 순간, 문 앞에서 그 다쓰미 형제와 딱 마주쳤지.

요시이   허어, 부자 아저씨를 괴롭힌 장본인들과 가라테 도장 문 앞에서 맞닥뜨렸다고요? 그거 정말 우연이네요?

부자 아저씨   아니, 그건 결코 우연이 아니었어. 오히려 그때 그 녀석들과 마주치게 된 건 필연이었다고 말할 수 있지.

그 후 부자 아저씨는 괴롭힘의 중심인물인 다쓰미 형제와 마주쳤던 당시의 기억을 보다 생생하게 떠올리려는 듯 허공을 지그시 응시한 채 말을 이었다. 무슨 이유에서인지 갑자기 대화 형식으로….

이치로(다쓰미 형제의 형)   야, 너 가라테 배우냐?

이치로가 상당히 놀란 모습으로 가라테 도장에서 나온 소년 시절의 부자 아저씨에게 말을 걸었다.

소년 시절의 부자 아저씨   응, 6년 정도 됐어.

(순간적으로 거짓말을 한 부자 아저씨, 다쓰미 형제의 동생 지로도 놀란 표정을 감추지 못하고 끼어들었다.)

지로(다쓰미 형제의 동생)   가라테를 할 줄 알면서 왜 맞고만 있었는데?

소년 시절의 부자 아저씨   사범님이 가라테를 싸움에 사용하면 절대로 안 된다고 했거든.

이치로&지로   그, 그래?

(형제는 둘 다 조금 안도하는 모습이었다.)

소년 시절의 부자 아저씨   하지만 그것도 앞으로 몇 개월이면 끝나.

이치로&지로 응?

(형제의 표정에 다시 동요하는 모습이 나타났다.)

소년 시절의 부자 아저씨 "중학생이 되면 가라테를 사용해도 좋다. 특히 친구들을 괴롭히는 아이들이 있다면 그건 용서할 수 없으니까 마음껏 때려줘도 된다!"라고 오늘 사범님이 승낙해주셨으니까.

이치로&지로 뭐라고?

소년 시절의 부자 아저씨 너희들이 지금까지 내게 했던 폭력의 수십 배, 수백 배로 갚아줄 테니까 각오해!

(심하게 동요하는 표정을 보이는 다쓰미 형제)

당시를 회상하면서 이야기를 끝낸 부자 아저씨는 현실로 의식을 되돌리고 우쭐한 표정으로 내게 말을 걸었다.

부자 아저씨 그렇게 말하고 나는 씩씩한 모습으로 그 자리를 떴지. 어때, 꽤 멋있지?

요시이 멋있는지는 잘 모르겠습니다만…. 그래서 그 형제는 그 후에 어떻게 되었습니까?

부자 아저씨 다음 날부터 태도가 완전히 바뀌었지.

요시이 더 이상 괴롭히지 않았습니까?

부자 아저씨 응, 괴롭히기는커녕 그 녀석들은 태도가 180도 돌변해서 내 비위를 맞추게 되었어. 가라테로 두들겨 맞을 생각을 하니 엄청 무서웠겠지. 그 돌변한 모습은 정말 불쌍할 정도였지.

요시이 학급의 다른 친구들의 괴롭힘도 사라졌습니까?

부자 아저씨 응. 모든 악의 근원을 차단해버리면 나머지는 부화뇌동하는 한심한 녀석들뿐이니까. 내가 가라테를 배운다는 소문은 순식간에 학급 전체에 퍼졌고, 그날 이후 아무도 나를 건드리지 않았어.

예상과 달리 너무 허무하게 문제가 해결되어 나는 약간 맥이 빠졌다.

요시이 그렇습니까. 더 이상 괴롭힘을 당하지 않으셨다고요?

부자 아저씨 응? 왠지 실망한 듯한 표정인데? 내가 그 후에도 괴롭힘을 계속 당했어야 했나?

아, 위험하다…. 뭔가 생각을 하면 그 생각이 즉시 표정에 드러나는 나의 정직한 태도는 분명히 마이너스로 작용한다.

요시이 아닙니다, 무슨 말씀을. 절대로 그런 뜻이 아닙니다. 다만, 솔직하게 말해서 그렇게 간단히 상황이 바뀌었다는 게 뜻밖이어서….

부자 아저씨 응? 그게 무슨 말이야?

요시이 예를 들면 말입니다. 그 후에 중학생이 되고 나서 밤낮으로 열심히 가라테를 배워 그동안 괴롭혔던 친구들에게 체육관이나 뭐 그런 장소에서 결투를 신청해서 뜨거운 맛을 보여주고 "너희들 덕분에 몸과 마음이 이렇게 강해진 거야. 고맙다" 하고 멋지게 떠나는 그런 전개를 기대하고 있었거든요…. 그런데 현실은 뜻밖으로 너무 간단히 해결되어서요.

부자 아저씨 자네는 드라마나 영화를 너무 많이 본 것 같아. 그런 식으로 피나는 고생을 하지 않으면 현실은 바뀌지 않는다는 식의 전개는 시대착오적인 발상이라는 사실을 잘 기억해두라고.

요시이 그런가요? 하지만 인생을 바꾸려면 그야말로 피를 토할 정도의 노력이 있어야 하는 것 아닌가요?

부자 아저씨 그렇지 않아. 인생은 뜻밖으로 간단히 바뀌는 거야. 인생을 바꾸려면 자네처럼 '인생을 바꾸는 건 정말 어려운 일이다'라는 고루한 고정관념을 버리고 '이상적인 자신'이 된 척 행동하면 돼. 처음에는 어색하겠지만 어떤 인물이 되고 싶은지 그런 인물이 된 척 연기를 계속하다 보면 이윽고 그런 이상적인 모습이 당연한 것으로 받아들여지게 되고, 현실도 그렇게 바뀌어가는 거야.

부자 아저씨의 '찐' 부자 수업 – 인생의 절대 법칙

'이상적인 자신'이 된 척 행동한다.

'인생을 바꾸는 건 정말 어려운 일이다'라는 고정관념을 버리고 '이상적인 자신'이 된 것처럼 연기한다. 처음에는 어색하더라도 '이상적인 자신'이 된 척 연기를 계속하다 보면 이윽고 그런 이상적인 모습이 당연한 것으로 받아들여지게 되고 현실도 그렇게 바뀐다.

요시이　정말입니까? 그렇게 간단하다고요? 척하는 것만으로 현실이 바뀐다면 누구나 고생할 필요가 없을 텐데….

부자 아저씨　그렇지. 본래는 누구나 고생할 필요는 없어. 그런데 '현실을 바꾸는 건 너무 힘들다'라고 믿고 있기 때문에 그 믿음대로 힘든 현실을 살고 있는 것이지.

요시이　네… 그렇군요.

부자 아저씨　아직 납득하지 못하는 것 같군. 그렇다면 이미지로 그린 것이 현실이 되는 비밀을 이야기해주지. 이건 '아무도 없는 장소에 깃발을 세운다'거나 '근거 없는 자신감을 가진다'는 것 이상의 연금술이니까 귀를 활짝 열고 잘 들으라고.

좋은 머리보다 좋은 감각에 돈이 붙는다

부자가 되는 길은
'자문자답'에서 시작된다

부자 아저씨　내가 가르쳐주는 방법은 지금까지의 사고방식이나 인식과
는 다른, 상당히 구체적인 이야기가 될 거야.

요시이　네, 사고방식이나 인식도 중요하지만 지금 당장 돈이 필요한 제
게는 구체적인 쪽이 훨씬 더 도움이 됩니다.

부자 아저씨　첫 질문. 자네는 돈을 좋아하나?

요시이　네? 돈이요? 흠, 글쎄요. 어떨까요?

부자 아저씨　'글쎄요, 어떨까요?'라니, 지금 내게 묻는 거야? 자네에게
질문을 했으니까 스스로 생각해봐야지.

요시이　네, 하지만 그런 건 지금까지 진지하게 생각해본 적이 없어서….

부자 아저씨　좋은 기회이니까 진지하게 생각해봐. 자네는 돈을 사랑하
나? 아니면 돈은 나쁜 짓을 하지 않는 한 손에 넣을 수 없는 더러운 것
이라고 생각하나? 평소에 자네가 돈에 대해 느끼는 생각을 솔직하게

말하면 돼.

요시이 네, 그게… 돈이 있으면 당연히 좋겠지만 '사랑하는' 것과는 좀 다른 느낌도 듭니다. 돈이 인생의 전부라고 생각하지는 않기 때문에….

부자 아저씨 그렇군. 자네가 가난한 이유를 분명히 알겠어. 그런 사고방식을 가지고 있는 한 자네는 평생 돈을 모을 수 없을 거야.

요시이 네? 왜 평생 돈을 모을 수 없습니까?

부자 아저씨 잘 들어봐. 예를 들어 자네에게 좋아하는 여자가 생겼다고 해보자고. 그 여자에게 "○○이 옆에 있으면 정말 좋지만 ○○이 전부는 아니야"라고 말한다면 어떻게 될까?

요시이 그건 아니지요. 당연히 여자가 싫어하겠지요.

부자 아저씨 그렇지? 우선 '나는 너를 좋아한다' '네가 있어서 나는 행복하다' '네가 없는 세상은 생각하기도 싫다'라는 식으로 좋아하는 여자를 사랑하듯 돈도 사랑해야 하는 거야.

요시이 하지만 돈과 여자는 다르지 않습니까?

부자 아저씨 다르지 않아. 돈, 여자, 남자, 물건, 자연, 동물…. 이 세상에 존재하는 모든 것은 같은 에너지로 형성되어 있고 서로 연결되어 있으니까. 자네가 하는 말이나 행동은 물론이고 생각도 잠재적으로는 전부 상대방에게 전달되는 거야. 당연히 돈에도 자네의 생각이 모두 전달되지.

요시이 아니, 그건 아니라고 생각합니다. 물론 사람에게는 이쪽의 마음이 전해질 수 있을지 모르지만 지폐나 동전 같은 돈이 사람의 마음을 어떻게 알 수 있겠습니까?

부자 아저씨 아, 가난뱅이는 이래서 싫어. 세상의 본질을 전혀 이해하지 못하고 있다니까. 이봐, 모든 존재에는 마음이 있는 거야. 돈은 물론이고 지금 자네가 앉아 있는 소파에도, 자네가 입고 있는 그 싸구려 셔츠나 바지, 넥타이에도 감정이 있다고. 그러니까 소중하게 대하지 않으면 전부 자네에게서 떠나버리는 거야.

요시이 정말이요? 저는 도저히 믿을 수 없습니다….

부자 아저씨 잘 들어. 예를 들어 매일 반려동물인 개나 고양이에게 '네가 정말 좋다. 건강해야 된다'라고 머리를 쓰다듬어주거나 꽃이나 식물에게 '오늘도 아름답네, 멋져'라고 말을 건네면서 물을 주면 개나 고양이는 자네를 잘 따르게 되고 꽃이나 식물도 계속 아름다운 꽃을 피운다는 말을 들어본 적 없나?

요시이 그 말은 들어본 적이 있습니다.

부자 아저씨 마찬가지야. 자동차의 엔진이 걸리지 않을 때 '이 고물 자동차, 속 좀 썩이지 말라고!'라면서 핸들을 때리고 발로 차는 식으로 난폭하게 다루는 사람과 '오늘 피곤했나? 그래, 좀 쉬어라'는 식으로 소중하게 대하는 사람 중에서 누가 더 차를 오래 탈 것 같은가?

요시이 그야 역시 소중하게 대하는 후자 쪽이겠지요.

부자 아저씨 그렇지? 요미우리 자이언트의 명 선수 왕정치(王貞治)나 나가시마 시게오(長嶋茂雄), 메이저리그에서 활약한 스즈키 이치로(鈴木一朗), 마쓰이 히데키(松井秀喜)는 자신의 글러브나 배트를 다른 어떤 선수들보다 소중하게 다루었다고 해. 당연히 글러브나 배트도 자신을 소중하게 대해주는 그들에게 최고의 퍼포먼스를 돌려준 거야. 그 덕분에 그들은 위대한 성적을 남길 수 있었던 거라고.

요시이 　네, 일류 운동선수는 자신의 도구를 소중하게 다룬다는 이야기는 자주 들었습니다.

부자 아저씨 　돈도 마찬가지야. 자신을 좋아하고 소중하게 여겨주는 사람 곁에 있고 싶어 하는 거라고. 자네처럼 도박에 빠져 파친코 구슬을 구입하는 데 함부로 사용하는 사람 곁에는 있고 싶어 하지 않아.

부자 아저씨의 '찐' 부자 수업 – 인생의 절대 법칙

돈에 깊은 애정을 쏟는다. 인간과 마찬가지로 돈에도 감정이 있기 때문에 소중하게 대해주는 사람 곁에 있고 싶어 한다. 이성을 사랑하듯 돈도 사랑해야 한다.

요시이 　네, 확실히 돈을 소중하게 여기지 않았으니까 제가 돈의 사랑을 받지 못한다는 말씀은 이해할 것 같습니다. 그렇다면 제가 돈을 좋아하기 위해 구체적으로 무엇을 해야 하나요?

부자 아저씨 　돈의 사랑을 받는 구체적인 방법은….

지금 당장 돈을 낳는
초실천적 방법

부자 아저씨   돈의 사랑을 받는 구체적인 방법은 두 가지가 있어. 첫 번째
는 초실천적인 방법이지. 이 방법을 사용하면 자네도 지금 당장 돈을
낳을 수 있게 돼.

요시이   제가 지금 당장이요? 그런 마법 같은 연금술이 있다고요? 역
시… 처음부터 회장님은 평범한 분이 아닐 것이라고 생각했습니다. 그
럼 지금 당장 돈을 낳기 위해 제가 무엇을 해야 합니까?

부자 아저씨의 대답을 기다릴 수 없을 정도로 나는 최고조의 흥분 상
태에 이르러 있었다.

부자 아저씨   간단해. 돈을 빌리면 돼.

요시이   네? 돈을 빌려요? 그건… 빚을 지라고요?

부자 아저씨 그래. 어때, 왠지 갑자기 기운이 나지?

요시이 그게 무슨. 좀 더 획기적인 방법을 가르쳐주실 거라고 기대하고 있었는데 돈을 빌리라니요…. 우선, 돈은 그렇게 쉽게 빌릴 수 있는 게 아닙니다. 그 때문에 먼저 다니던 회사도 그만두었고 우울증에 걸려 큰 고생을 했으니까요.

부자 아저씨 자네는 아직도 모르는군. 자네가 회사를 그만두고 우울증에 걸리거나 지금도 힘들게 살고 있는 이유는 빚을 졌기 때문이 아니라니까. 자네가 회사를 그만두고 싶었기 때문에 우울증에 걸릴 정도까지 빚을 지면서 유흥에 빠져 있었던 거라고 조금 전에도 가르쳐주었을 텐데.

요시이 네, 그 말씀은 기억합니다. 하지만 설사 회사를 그만두고 싶었다고 해도 지금 제가 이렇게까지 고생하고 있는 원인이 빚 때문이라는 점은 명백한 사실입니다. 이자만으로도 매달 집세 이상이 나가고 있으니까요.

부자 아저씨 그러니까 자네는 전보다 돈을 더 늘리는 방법을 진지하게 생각하고 영업이라는, 자신에게 좀 더 어울리는 일로 이직한 것 아닌가? 적어도 먼저 다니던 회사에 다닐 때보다 금전적으로 어느 정도 더 벌고 있지 않나?

요시이 아니, 별 차이 없습니다. 과거에 너무 심하게 낭비하고 살았기 때문에 지금은 낭비하지 않는 만큼 좀 더 나아 보일 뿐이지요.

부자 아저씨 과거와 비교하지 마. 과거 따위는 관계없어. 알겠나? 자네는 툭 하면 '과거의 나는 혜택을 받지 못했다'라는 식으로 비극의 주인 공이라도 된 것처럼 말하는데 자네의 과거 따위는 아무도 관심 없어. 뭐, 겉으로 '안됐다'는 식으로 동정해주는 사람이 있을지 모르지만 그런 사람들도 자네에게 뭔가 특별한 도움을 주지는 않아. 본인의 문제는 스스로 해결하는 수밖에 없는 거야.

요시이   네, 말씀대로 다른 사람은 아무것도 해주지 않지요. 제가 빚을 지고 돈 때문에 고통받고 있을 때에도 누구 하나 도와주는 사람이 없었으니까요. 그건 경험을 통해서 충분히 알고 있습니다. 그렇다면 저는 대체 어떻게 해야 합니까?

부자 아저씨   '지금 이 순간'을 진지하게 살겠다고 결심해야지.

요시이   '지금 이 순간'을 진지하게 살겠다?

부자 아저씨   그래. 어떤 일이 잘 풀리느냐, 잘 풀리지 않느냐 하는 차이는 자네가 마음먹기에 달린 문제야. 자네가 에너지 넘치고 의욕이 넘치면 그만큼 퍼포먼스도 강화되고 지금보다 확실히 더 큰 성과를 기대할 수 있게 되지. 반대로 자네가 현재를 소홀히 하면 똑같은 미래가 기다리고 있을 뿐이야. 자네의 미래를 결정하는 건 말할 필요도 없이 '지금 이 순간' 자네의 마음이라고.

부자 아저씨의 '찐' 부자 수업 – 인생의 절대 법칙

'지금 이 순간'을 진지하게 살겠다고 결심한다.

미래를 결정하는 건 '지금 이 순간' 자신의 마음이다.

긍정적인 미래를 만들고 싶다면 '지금 이 순간'을 진지하게 살겠다고 결심해야 한다.

지금까지 나쁜 일만 있었던 나도 '마음먹기에 따라 미래를 바꿀 수 있다'라는 부자 아저씨의 충고에 어느 정도 마음이 가벼워졌다.

부자 아저씨　자네가 전보다 조금이라도 더 많은 돈을 벌 수 있게 된 것은 빚이 좋은 영향을 끼쳤기 때문이야. 빚을 져서 회사를 그만두지 않았다면 자네의 적성에 더 어울리는 영업이라는 직업을 선택하지도 못하고, 이전의 회사에서 어울리지 않는 사무만 보았을 테니까. 만약 그랬다면 적성에도 맞지 않는 일을 앞으로 30년 이상 지속할 수 있었을 것이라고 생각하나?

요시이　그건 절대로 무리입니다. 생각하는 것만으로도 다시 우울증이 찾아올 것 같습니다.

부자 아저씨　그렇지? 그런 최악의 시나리오를 피해서 지금의 일을 할 수 있게 된 것도 모두 자네가 만든 빚 덕분이라고.

요시이　뭐, 그렇게 말씀하신다면 그럴 수도 있겠네요.

부자 아저씨　그렇게 말하지 않아도 그런 거야. 단, 자네가 지금 하고 있는 일이 전화번호부 광고라고 했지? 그거라면 1천만 엔의 빚을 갚으려면 꽤 많은 시간이 걸릴 거야. 뭐, 죽어라 열심히 노력한다면 갚을 수도 있기는 하겠지만, 그 전에 자네가 지쳐버릴 가능성 더 크지. 내가 보기에 자네는 근성도 별로 없어 보이거든.

요시이   네, 근성이 없는 걸로는 누구에게도 뒤지지 않을 자신이 있습니다.

부자 아저씨   한심한! 그런 자신감은 가지지 않아도 돼.

요시이   네, 그렇지요? 죄송합니다…. 그럼 저는 앞으로 무엇을 하면 됩니까?

부자 아저씨   남은 빚을 변제하기 위해 지금보다 훨씬 더 효율적으로 돈을 벌 수 있는 일을 찾아야지. 그 시기는 자네가 알아서 선택해야겠지만…. 나는 가까운 시일 안에 자네가 반드시 그런 일을 찾게 될 것이라고 생각하네.

요시이   제가 그런 일을 찾을 수 있을까요?

부자 아저씨   당연하지. 찾지 못하면 빚을 갚을 수 없어 파산해야 할 테니까. 인간은 더 이상 물러설 곳이 없으면 무슨 일이건 할 수 있지. 그건 그렇고, 근성도 없는 자네가 그렇게 많은 돈을 벌 수 있는 수단을 발견하도록 이끌어주는 동기는 무엇일까?

요시이   그게 빚이라는 말씀입니까?

부자 아저씨   그렇지. 빚이 자네에게 동기를 부여해주고 이끌어주고 도와주는 거야. 어때, 빚을 미워하고 원망하기만 할 게 아니라 오히려 감사해야 할 이유가 무엇인지 이해하겠나?

부자 아저씨의 논리에 빚에 대한 나의 혐오감도 어느 정도 완화되었지만 그래도 아직 의문은 남았기 때문에 질문을 던져보기로 했다.

요시이 　네, 회장님 말씀은 이해되는 부분도 있습니다만 이해하기 어려운 부분도 있기는 합니다. 예를 들어 회장님은 빚을 지는 것이 돈을 늘리는 방법 중 하나라고 말씀하시지만···. 빚은 다른 사람의 돈이니까 언젠가 갚아야 하는 것 아닙니까? 일시적으로 돈이 생긴 것처럼 느껴지겠지만 그건 내 돈은 아니지요. 그렇게 생각하면 지금 회장님이 말씀하신 내용도 언뜻 그럴듯해 보이기는 하지만, 사실은 교묘한 궤변으로밖에 생각되지 않습니다.

부자 아저씨 　그렇군. 자네가 왜 제대로 풀리지 않는지 그 이유가 명백하게 판명이 났어. 잘 들어, 누가 뭐라고 해도 자네가 빚을 진 건 정답이었어. 하지만 돈에 대한 자네의 사고방식에 커다란 문제가 있지. 더구나 지금은 더욱 그 잘못된 감정에 사로잡혀서 문제 있는 사고방식을 버리지 못하고 있어. 그렇기 때문에 안타까운 결과만 이끌어내는, 완전히 마이너스의 연쇄고리에 빠져 있다는 사실을 자네는 빨리 깨달아야 해.

요시이 　네? 무슨 말씀입니까? 의미를 이해할 수 없습니다.

부자 아저씨 　뭐, 괜찮으니까 초조해하지 말고 마음 편히 들으라고. 앞으로 머리 나쁜 자네도 알아듣기 쉽도록 돈에 대한 잘못된 관념을 바로잡으면서 마이너스의 고리에서 벗어나도록 도와줄 테니까. 우선 질문부터 하지. 자네가 금융회사로부터 빚을 졌을 때 어떤 생각이나 감정으로 그 돈을 빌렸나?

요시이 　빚을 졌을 때의 제 생각과 감정이요?

부자 아저씨   그래, 이건 앞으로 자네의 돈이 크게 증가할 것인지, 아니면 이대로 계속 줄어들 것인지를 결정하는 갈림길이 되는 중요한 핵심이니까 정확하게 기억해내고 솔직하게 대답해야 돼.

요시이   네, 당시에 빚을 졌을 때 제가 생각한 것은….

연예인 ○○은 어떻게 기적적으로
부활할 수 있었을까?

요시이　역시 빚을 지는 건 기분이 좋지 않았습니다. 금융회사에 들어갈 때도 가능하면 다른 사람에게 얼굴을 보이지 않으려고 조심스럽게 들어가서 돈을 빌렸습니다.

부자 아저씨　그렇군. 마치 성매매 업소라도 들어가는 그런 느낌이었나?

요시이　아니요. 성매매 업소라면 찜찜한 기분은 있지만 그래도 가슴이 설레는 흥분이 있지 않습니까? 금융회사에 들어갈 때는 부정적인 기분만 들었습니다.

부자 아저씨　그게 자네가 돈의 사랑을 받지 못하는 원인 중 하나야. 돈의 사랑을 받으려면 돈을 사랑해야 한다고 말했지? 부정적인 생각은 사랑과는 정반대 개념이야. 더구나 자네의 경우, 그 돈으로 유흥을 즐기러 가지 않았나? 왜 그런 체험을 통해서 얻을 수 있는 설렘을 좀 더 만끽하지 않았나? 돈이 있으면 이런저런 많은 것을 즐길 수 있는데.

요시이 물론 돈이 있으면 많은 것을 즐길 수 있지만, 역시 그렇게 설레는 감정을 느끼기는 어렵습니다. 어디까지나 빌린 돈이고 제 것이 아니니까요….

부자 아저씨 안 되는 사람의 사고방식은 하나부터 열까지 빈곤하기 짝이 없다니까. 잘 들어. 돈은 말이야 본래 누구의 것도 아냐.

요시이 네?

부자 아저씨 돈에 소유자의 이름이라도 쓰여 있나? 그런 돈, 본 적 있어? 돈은 누구의 것도 아닌, 이 세상을 끊임없이 돌고 도는 방랑객 같은 존재야. 우리의 경제활동을 성립시키는 역할을 할 뿐이지.

요시이 네….

부자 아저씨 자네가 번 돈이건 금융회사에서 빌린 돈이건 자네 손에 들어온 시점부터는 일시적이긴 하지만 그건 자네의 돈이야. 그러니까 '나는 풍요롭다' '나는 부자가 되었다!'라고 감사하면서 즐겁게 사용하면 되는 거야. 자네가 기쁜 마음으로 사용할수록 돈도 '이 사람은 정말로 나를 사랑하는구나' 하고 기분이 좋아져서 다시 자네에게 돌아오고 싶어지는 것이니까.

요시이 네? 그 말씀은 믿기 어렵습니다….

부자 아저씨 뭐가 믿기 어려운데? 구체적으로 말해봐.

요시이 돈이 기분이 좋아진다거나 제게 다시 돌아오고 싶어진다거나 하는 말씀은 좀 추상적이어서 실감하기 어렵습니다. 무엇인가 구체적인 예라도 있으면 조금은 이해할 수 있을 것 같습니다.

부자 아저씨 알았어. 그렇다면 구체적인 예를 들어주지. 자네 가수 ○○을 알고 있나?

요시이 네, 알고 있습니다. 전에 롯폰기에서 본 적도 있습니다. 멋진 옷을 입고 수많은 사람에게 둘러싸여 있었지요. 그야말로 연예인이라는 분위기였고 정말 화려했습니다.

부자 아저씨 그래, 정말 부자 같은 분위기를 풍기지. 뭐, 티브이에 그렇게 많이 출연하고 있으니까 돈도 엄청나게 벌 거야. 지금은 그런 대스타로 성공했지만 ○○이 한때 완전히 수렁에 빠진 상태였다는 걸 알고 있나?

요시이 그렇게 유명한 사람이 수렁에 빠져 있었다는 건 상상하기 어렵습니다. 그런데 그 말씀을 듣고 보니 얼마 전까지만 해도 지금처럼 티브이에 자주 나오지 않았던 것 같네요.

부자 아저씨 그래, 그 친구는 과거에 데뷔곡이 갑자기 큰 히트를 치면서 상당히 건방져졌어. 그래서 사무실 사장에게 '매니저를 바꿔달라'거나 '좀 더 큰 맨션에 살고 싶다'거나 '함께 출연하는 사람이 마음에 들지 않아서 그 프로그램에는 나가지 않겠다'는 식으로 건방진 태도를 보였지. 그러다 중견 여배우에게 손을 댔다가 한동안 연예계에서 자취를 감추게 되었지.

요시이 네? 그런 일이 있었습니까?

부자 아저씨 그래서 한동안 자신의 맨션에 틀어박혀 지냈는데, 이것이 문제가 되었지. 자네처럼 화려한 생활을 해본 적이 없는 사람이라면 상관없겠지만 대중 앞에 나서서 돈을 벌었던 경험이 있는 사람이 일단 틀어박혀 버리면 날이 갈수록 아우라가 사라져 비참한 모습으로 전락해버리거든. 그 사람은 다른 사무실로 옮겨서 새로운 곡을 내보기도 했지만 인기를 얻지 못했어.

요시이 한 번의 성공으로 끝난 거군요.

부자 아저씨 그렇지. 그 친구는 연예인이 망가지는 전형적인 길을 걸었던 거야.

요시이 연예인이 망가지는 전형적인 길이라면 역시 오만해지거나 건방져지는 것 말씀인가요?

부자 아저씨 물론, 그건 사람에 따라 다르지. 그 친구처럼 오만한 행동을 하지 않아도 나락으로 떨어지는 사람들은 얼마든지 있으니까. 그럴 때 가장 큰 영향을 받는 것은 정신적인 측면이야. 잘 나갈 때 화려하고 빛나 보였던 자신의 장래가 어느 순간 인기가 떨어지면 즉시 불안감에 휩싸이게 되고 마음도 위축돼. 너무 큰 실패에 '어차피 다시 뭔가를 해도 잘 될 리 없을 거야'라는 식으로 해야 할 일, 하고 있는 일에 확신을 갖지 못하고 의심만 가득 차게 되지. 대부분은 그런 불안감 때문에 돈에 대한 걱정을 하기 시작해. 그럴 경우, 평소의 생활도 절약해서 아끼게 되니까 겉모습은 물론이고 내면의 세계도 점차 가난한 이미지로 변하게 되는 거야. 그리고 셀프이미지도 눈에 띄게 떨어지기 시작하지.

요시이 한번 일이 제대로 풀리지 않으면 계속 마이너스적인 문제들이 발생하는 것이군요.

부자 아저씨　그래, 자네가 돈에 대해 마이너스의 연쇄고리에 빠져 있는 것처럼. ○○도 그런 마이너스의 연쇄고리에 완전히 빠져버렸지. 집안에 틀어박혀서 사람을 만나지 않게 되자 자극도 받지 않게 되어 좋은 아이디어나 발상이 전혀 떠오르지 않게 되었어. 그걸 깨달은 그는 사무실 사장에게 사과를 하고 "은퇴를 각오하고 다음 곡을 반드시 히트시킬 테니까 돈 좀 빌려주십시오"라고 말했지.

요시이　○○씨도 빚을 졌다고요?

부자 아저씨　그래. 그 사장은 셀프이미지의 소중함을 잘 알고 있는 인물이었어. 그래서 즉시 현금 1천만 엔을 ○○의 은행계좌로 보내주었어.

요시이　1천만 엔이요? 연예계는 역시 돈이 많군요.

부자 아저씨　꼭 그렇지만은 않아. 실제로 화려함을 연출하기 위해 부자인 척 행동하는 사람들도 많아. 다만, 그 사장은 우리에게도 투자하고 있었으니까 정말 돈이 많기는 했지.

요시이　아, 그래서 회장님이 연예계에 대해 그렇게 잘 알고 계시는군요. 그래서 그 후에 ○○씨는 어떻게 되었습니까?

부자 아저씨　○○은 그 빚을 음악이 히트해서 들어온 인세라고 생각하기로 했지. 그날부터 절약하는 생활을 모두 그만두고 화려한 음식점에서 영양가 있는 좋은 음식을 먹고 값비싼 브랜드 옷을 입고 사람들이 모이는 장소에도 적극적으로 얼굴을 내밀게 되었어. 그런 우아한 생활을 한동안 계속하고 셀프이미지를 충분히 회복시켰을 즈음에 음악활동을 재개한 ○○은 다음 곡을 정말로 히트시켰지. 그 곡은 리듬감만

강했던 데뷔곡보다 인생의 부침을 경험한 성숙한 인간의 영혼이 실린, 마음에 와 닿는 명곡이라는 평가를 받으면서 밀리언셀러가 되었어. 이로써 ○○은 돈이 없어서 생기는 공포나 불안감에서 해방되어 원래 가지고 있던 재능을 마음껏 발휘하면서 멋지게 재기에 성공한 거야.

요시이 그렇군요. 정말 아름다운 이야기입니다. 빚을 자신의 돈이라고 이미지하면 정말로 효과가 나타난다는 말씀이지요?

부자 아저씨 그렇지. 직접 번 돈이건 빚이건 돈은 돈이야. 그 돈이 누구의 것인지 생각하는 것보다 그 돈을 어떻게 사용해야 본인에게 도움이 될지를 생각하고 의욕을 가지는 쪽이 당연히 더 중요해. 그 돈을 사용해서 자신이 즐겁거나 감동을 받았거나 성장하거나, 다른 사람을 위해 사용해서 상대방이 기쁨을 느끼거나 상대방에게 도움이 되었을 때의 장면을 머릿속으로 그려보고 좋은 감정을 느낄 수 있다면, 그와 마찬가지로 좋은 감정을 맛볼 수 있는 현실이 눈앞에 나타나게 되는 것이야.

요시이 성공하고 싶으면 '이상적인 자신'을 연출해야 한다는 의미이군요? 그건 어린 시절, 가라테의 고수를 연기하는 것으로 괴롭힘에서 벗어날 수 있었던 회장님과 같네요?

부자 아저씨 그렇지. 처음에는 척을 했던 것이지만 이윽고 그 척했던 모습이 주변으로 침투해서 현실로 이루어지는 거야. 이때 성공했을 때의 감정과 최대한 가까운 감정을 미리 맛보는 것이 중요한 핵심이야.

부자 아저씨의 '찐' 부자 수업 – 인생의 절대 법칙

성공하고 싶으면 성공했을 때 자신의 감정을 미리 맛본다.

현장감을 가지고 생생하게 맛보면 나중에 그 감정과 같은 에너지를 발산하는 사건이 발

생한다.

요시이   네, 확실히 신기합니다. 감정을 긍정적으로 바꾸면 정말로 풍요

로워진 느낌이 든다는 것이군요?

부자 아저씨   신기할 것 없어. 감정은 현실을 결정짓는 가장 강력한 도구

이며, 바람을 달성시키는 도구이니까. 특히 가슴 설레며 즐거워하거나

얼굴 가득 미소를 짓고 기뻐하는 식으로 늘 마음을 열고 좋은 기분으

로 지내는 게 중요해.

요시이   네, 앞으로는 무슨 일이 있어도 좋은 기분을 유지하도록 노력하

겠습니다.

부자 아저씨   좋았어. 자네도 드디어 부자가 되기 위한 바탕을 갖추게 된

것 같으니까 이제부터 내가 습관처럼 활용하고 있는 '평생 돈 때문에

고통받지 않는 강력한 방법'을 전수해주도록 하지. 단, 이건 미리 좋은

감정을 맛보지 않으면 효과가 절반으로 줄어드니까 현재의 긍정적인

기분을 잊지 말고 마음에 잘 담아두어야 해.

평생 돈 때문에 고통받지 않는 강력한 방법이라니, 지나치게 과장된

느낌이 들었다. 반면에 '그런 방법이 정말 존재한다면 얼마나 멋질까?'

하는 기대감도 강했다. 그래서 부자 아저씨의 이야기를 최대한 순수하게 받아들이기로 했다.

평생 돈 때문에 고통받지 않는
억만장자 마인드

부자 아저씨 우선 질문. 자네는 바다와 산 중에서 어느 쪽이 좋은가?

요시이 바다입니다.

부자 아저씨 좋아, 그럼 하와이의 바다를 머릿속에 그려보게.

요시이 저, 죄송합니다만 하와이에는 가본 적이 없어서….

부자 아저씨 가본 적이 없으니까 이미지하기 더 좋지 않은가? 체험 따위는 전부 과거의 기억에 지나지 않을 뿐이니까. 제로에서 새롭게 창조되는 이미지를 연마하는 쪽이 나중에 좋은 결과를 낼 수 있는 창조력을 높여주는 거야. 알았나? 자, 하와이의 바다를 머릿속에 그려봐.

이해하기 어려운 설명이었지만 '순수하게 받아들이자'라고 결심했기 때문에 일단 하와이의 바다를 나름대로 머릿속에 그려보았다.

요시이 　네, 하와이니까 아마 이런 느낌이겠지요?

부자 아저씨 　그런 애매한 기분은 안 돼. 하와이의 바다라고 상상하는 것만으로 하와이언의 리듬이 울려 퍼지는 남국의 무드가 온몸에서 느껴질 정도의 확신을 가지고 이미지를 그려야지.

이번에도 역시 이해하기 어려운 비유였지만 더 이상 화를 돋우기 싫어서 열심히 하와이의 바다를 상상해보았다. 역시 하와이언의 리듬은 느껴지지 않았지만….

요시이 　네, 그려보았습니다.

부자 아저씨 　다음에 그 바다에 커다란 파도가 밀려오는 모습을 상상해봐. 계속해서 물보라를 일으키며 밀려오는 파도의 모습. 어때, 상상이 되었나?

요시이 　네, 다만 파도를 상상했더니 전에 보았던 쓰가루해협(津軽海峡)의 겨울 풍경이 떠오르기는 합니다만….

부자 아저씨 　큰 파도라면 무엇이건 상관없어. 다음에 그 파도 안에 사각형을 이룬 거대한 물고기 떼가 나타났다고 상상해봐.

요시이 　네? 사각형을 이룬 물고기 떼요?

부자 아저씨 　아니, 잠깐. 처음에 물고기 떼라고 생각했는데…. 자세히 보니 만 엔짜리 지폐인 거야. 엄청난 양의 만 엔짜리 지폐가 다발을 이루어 자네를 향해 밀려오고 있는. 그런 장면을 그려보는 거야. "

요시이   아, 그건 무리입니다. 만 엔짜리가 물고기처럼 헤엄을 치는 것 자체를 상상할 수 없습니다.

부자 아저씨   머리가 완전히 굳었군. 좀 더 유연하게 발상해보라고. 굳이 헤엄을 치지 않더라도 대량의 만 엔짜리가 수면 위로 뛰어오르는 물고기처럼 자네를 향해 날아오는 모습이라도 상상하면 되잖아. 어쨌든 자네 앞에 산더미처럼 만 엔짜리 지폐가 쌓여 있는 모습을 상상해보는 거야. 하늘에서 떨어지는 비처럼 대량의 만 엔짜리 지폐가 떨어져 내려 자네가 '이제 이것으로 평생 돈 때문에 고통받지 않을 거야'라고 기뻐하는 그런 느낌이 든다면 최고야.

부자 아저씨가 말하는 기발한 상황을 하나하나 순수하게 상상해보면서 몇 분이 지나갔다.

부자 아저씨   자, 지금 기분이 어때?

요시이   글쎄요. 역시 이렇게 많은 만 엔짜리 돈다발을 상상하니까 왠지 돈다발 위에 앉아 있는 것 같아서 풍족한 느낌이 드는데요.

부자 아저씨   그렇지? 그게 '억만장자 마인드'야. 그 감각을 몸과 마음에 깊이 배도록 하는 거야. 그리고 그런 좋은 기분으로 일상의 일들을 처리해보라고. 항상 자네가 먼저 적극적으로 사람을 만나고 대화를 나눌 기회를 요구해봐. 그렇게 하면 여느 때와는 분명히 다른 자네의 풍요롭고 여유 있는 태도에 상대방도 감화될 거야. 지금까지 뜻대로 풀리지 않았던 일들도 거짓말처럼 순조롭게 풀려나갈 거야. 이건 자네의 사고와 행동이 지금까지의 빈곤했던 상태와는 다른, 파워풀하고 세련된 모습으로 변했기 때문에 발생한 영향이야. 사고나 행동의 수준이 올라가면 그에 따르는 성과도 좋아질 수밖에 없지. 그리고 일이 끝나면 그 기분 그대로 술 한잔 마시러 가는 거야. 억만장자 마인드로 술집에 가면 자네가 마음에 들어 하는 아가씨가 자네를 가만두지 않을걸. 유흥업계 여자들은 돈에 약하니까.

요시이 아니, 마음에 드는 아가씨는 없습니다만…. 확실히 돈이 많은 상상을 해보니 기분이 좋아지기는 하네요.

부자 아저씨 그렇지? 나는 하루에 몇 번이나 엄청난 양의 만 엔짜리 지폐들이 쏟아져내리는 이미지를 떠올리는데, 그 이후 돈 때문에 고통받은 적이 한 번도 없어.

요시이 하지만 그건 이미지로 떠올리는 작업 때문이 아니지요. 회장님이 돈 때문에 고통받지 않는 이유는 일에서 성공을 거두었기 때문이 아닙니까. 확실히 기분은 좋아지지만 이런 방법만으로 돈 때문에 고통받지 않을 수 있다면 세상 누구나 돈 때문에 고통받지 않겠지요.

부자 아저씨 반대야, 그 반대. 대부분의 사람이 이런 방법을 우습게 보고 실천하지 않으니까 돈 때문에 고통받는 거야. 자네도 이제는 이 구조를 이해해야 돼. 알겠나? '이 이미지로 떠올리는 작업을 실천하면 할수록 돈은 점점 쌓이게 된다. 이것으로 평생 나는 돈 때문에 고통받지 않는다'라고 스스로에게 말하고 기대감을 가지고 실천해야 돼. 현실을 창조하게 만드는 강력한 에너지의 원천은 강하게 믿고 즐겁게 기대하는 것에 있으니까. 특히 자네처럼 부정적인 사람은 매일 의식적으로 이 방법을 실천해야 돼. 거기에는 명확한 이유가 있지….

노란색 지갑이나 장지갑을 사용하면
정말로 부자가 될 수 있을까?

부자 아저씨　부자가 되려면 우선 자신의 마음을 풍요롭게 만들고 평온한 기분을 가져야 할 필요가 있어.

요시이　마음을 풍요롭고 기분을 평온하게요?

부자 아저씨　또, 마음속에서 참을 수 없는 설렘이나 가슴 뛰는 열정이 솟아나야 해. 기분이 가라앉았거나 우울하거나 답답한 상태에서 행동해도 좋은 결과는 나올 수 없어.

요시이　생각한 것이 현실이 되는, 그야말로 '끌어당김의 법칙'이군요? 하지만 대부분의 사람은 무엇인가를 할 때 '이런 걸 정말 내가 할 수 있을까?'라거나 '하지만 지금까지 해본 적이 없어'라거나 '해보았다가 실패하면…'이라는 식으로 부정적인 이미지를 그려서 결국 실천하지 못하는 경우가 많지요.

부자 아저씨　그런 사람은 우선 자신이 평소에 사용하고 있는 '접속사'를 바꾸어야 할 필요가 있어.

요시이 네? 아까 말씀하셨던 접속사 말인가요?

부자 아저씨 '하지만, 그래도, 그러나'라는 뒤에 부정적인 말이 이어지는 접속사는 사용하지 말고 긍정적인 말이 이어지는 '그렇기 때문에, 그러니까, 오히려'라는 접속사를 사용해야 해.

부자 아저씨의 '찐' 부자 수업 – 인생의 절대 법칙

사용하고 있는 접속사를 긍정적인 것으로 바꾼다.

'하지만, 그래도, 그러나'라는 부정적인 접속사를 버리고 뒤에 긍정적인 말이 이어지는

'그렇기 때문에, 그러니까, 오히려'라는 접속사를 사용한다.

요시이 뒤에 긍정적인 말이 이어지는 접속사요? 그건 생각해본 적이 없었습니다. '그렇기 때문에'라거나 '오히려'라는 접속사를 사용하면 확실히 긍정적인 문장이 되네요.

부자 아저씨 자신을 긍정하면 기분도 좋아져. 자신의 기분을 스스로 조정하기 위해서도 이미지화하는 작업은 중요하지. 조금 전에 자네도 대량의 돈이 밀려 들어오는 장면을 상상하는 것만으로 기분이 좋아지지 않았나?

요시이 네, 처음에는 의심했지만 그렇게 풍요로운 기분이 들 줄은…. 저도 깜짝 놀랐습니다.

부자 아저씨 인간의 기분이나 의식은 우주와 연결되어 있어서 마음에

한 점의 먹구름도 없는 상태에서 일을 하면 대부분 순조롭게 풀려나가지. 그런 바람직한 기분을 만들기 위해 이미지 훈련 명상, 애퍼메이션(Affirmation: 긍정적인 말을 하는 것으로 자신을 높이는 방법) 등도 크게 도움이 돼. 이것들은 '마인드풀니스(Mindfulness, 마음챙김)'라고도 말하는데 애플이나 구글 등 전 세계 최첨단기업도 연수 등에서 사원들의 의욕을 북돋기 위해 사용하는 방법이야.

요시이 네? 그 애플과 구글이 이런 방법을 사용하고 있다고요?

부자 아저씨 애플이나 구글이라고 하면 세계 최고라고 하는 유능한 두뇌들이 모인 곳이지? 과거에는 공부만 잘하면 유능하다고 했지만 지금은 그렇게 앵무새처럼 주입식 공부만 잘해서는 기업에 별 도움이 되지 않아. 앞으로 요구되는 인재는 계산능력이 빠르거나 기억력이 좋은 인재가 아냐. 그런 건 AI에게 맡기면 훨씬 더 정확하니까. 앞으로 요구되는 인재는 새로운 아이디어를 창조할 수 있는 사람, 풍부한 이미지를 그릴 수 있는 능력이나 상상력을 발휘할 수 있는 사람이야. 그런 사람이 되려면 기존의 기억력이나 계산능력을 높여주는 좌뇌식 학습법이 아니라 참신한 아이디어나 발상을 낳는 우뇌를 자극하는 마인드풀니스가 효과적이지. 이건 애플이나 구글 이외에도 페이스북(현 메타)이나 야후, 골드만삭스, 일본의 경우에는 메루카리(メルカリ), 사이보우즈(サイボウズ) 등이 기업연수에서 마인드풀니스를 도입해서 좋은 결과를 내고 있기 때문에 이미 충분히 증명된 거야.

부자 아저씨가 마인드풀니스에 대해 상세하게 알고 있다는 것에도 놀랐지만 메루카리나 사이보우즈 등의 기업 이름을 거론하다니, 정말 뜻밖이었다.

부자 아저씨　마인드풀니스 이외에도 밖으로 나가 몸을 움직이거나 바다나 산, 숲 등의 자연 속에 몸을 두는 것도 마음을 정화시켜 평온을 유지하는 데에는 효과적이지.

요시이　네, 그건 저도 매일 저녁 일과로 실천하고 있는 조깅을 통해서 실감하고 있습니다. 일 문제로 상사에게 꾸중을 듣거나 고객으로부터 클레임이 들어와 우울할 때 조깅을 해서 땀을 흘리면 기분이 상쾌해집니다. 반면에 조깅을 하지 않으면 답답한 상태가 계속되어서 부정적인 기분이 사라지지 않지요. 그리고 그런 부정적인 상태에서는 뭘 해도 제대로 풀려나가지 않습니다.

부자 아저씨　호오, 매일 저녁 조깅을 한다고? 보기와는 달리 꽤 바람직한 실천을 하고 있군. 다음에 조깅을 할 때는 말이야. 단순히 달리기만 하는 게 아니라 아까 가르쳐준 돈이 밀려 들어오는 이미지를 떠올리거나 긍정적인 애퍼메이션을 병용해보라고. '고마워, 기분 좋다, 즐거워, 행복해, 최고야'라는 긍정적인 말을 단순히 중얼거리는 것만으로도 좋아져. 이렇게 하면 두뇌와 마음에 화학반응이 일어나서 일상에서도 긍정적인 일이 자주 발생하게 되니까.

요시이　조깅과 함께 이미지화하거나 애퍼메이션을 하라고요? 확실히 이건 정신적으로도 좋을 것 같습니다. 오늘 저녁부터 즉시 실행하도록 하겠습니다. 무속세계의 사람들이 흔히 말하는 '노란색 지갑이나 장지갑을 사용하면 부자가 된다'라는 이상한 미신보다 이것이 훨씬 신빙성이 있는 것 같습니다.

부자 아저씨 응? 자네는 노란색 지갑이나 장지갑의 효과를 믿지 않나?

요시이 당연하지요. 그렇게 해서 부자가 될 수 있다면 전 세계 모든 사람이 부자가 되겠지요. 노란색 지갑이나 장지갑과 관련해서 부자가 될 수 있는 사람은 결국 그 지갑을 파는 사람들 아니겠습니까?

부자 아저씨 흐음, 자네도 경제의 구조를 어느 정도 이해하게 된 것 같군. 이제는 도저히 파친코 회사에 돈이나 갖다 바치는 사람이라고는 생각하기 어려운데. 하지만 그렇다고 해서 노란색 지갑이나 장지갑도 터무니없는 말이라고 단정할 수는 없어.

요시이 네? 노란색 지갑이나 장지갑이 부자가 되는 효과가 있다는 말씀인가요?

부자 아저씨 그래, 실제로 노란색 지갑이나 장지갑을 사용한 순간, 금전 회전이 좋아진 사람을 몇 명이나 알고 있으니까.

요시이 정말이요? 설마 그런 거짓말을 해서 제게 노란색 지갑을 팔 생각은 아니시죠?

부자 아저씨 이런 한심한! 자네 같은 가난뱅이에게서 돈을 빼앗을 생각이나 할 정도로 궁핍한 사람은 아니라고!

요시이 네, 물론 그렇지만…. 그렇다면 정말 노란색 지갑이나 장지갑을 사용하면 부자가 될 수 있다는 말씀인가요?

부자 아저씨 그래, 물론 대부분의 사람은 그런 지갑을 구입한다고 해도 특별한 일이 일어나지는 않을 거야. 노란색 지갑이나 장지갑으로 억만장자가 될 수 있는 사람은 돈의 본질을 이해하고 있는 일부로 한정되어 있으니까.

요시이 돈의 본질이요? 그걸 알고 있으면 노란색 지갑이나 장지갑을 사용하면 억만장자가 될 수 있는 것이군요. 제발 가르쳐주십시오. 그 돈의 본질이 대체 뭡니까?

부자 아저씨 돈은 에너지야. 내가 늘 돈에 의식을 향하고 있으면 돈도 나를 의식하기 시작하지. 예를 들어 자네가 '나는 돈의 사랑을 받고 있어' '금전운이 좋아서 계속 돈이 쌓일 거야' '나는 돈이 좋아. 진심으로 사랑해' '늘 나를 충족시켜주어서 정말 고마워. 또 많은 친구를 데리고 돌아와줘'라는 느낌으로 늘 긍정적이고 기분 좋게 의식하고 있으면 돈도 그 기운을 느끼고 다시 자네에게 돌아오고 싶어지게 돼.

요시이 정말이요? 에너지라니, 도저히 믿을 수 없지만….

부자 아저씨 그런 식으로 믿지 못하는 사람들이 많기 때문에 노란색 지갑이나 장지갑을 사용해도 여전히 가난한 상태에 머무르고 있는 거야. 억만장자가 되고 싶으면 돈을 향해 항상 긍정적인 에너지를 보내면서 애정을 보여주어야 해.

요시이 당연히 억만장자가 되고 싶지요. 하지만 그것만으로 정말 억만장자가 될 수 있나요? 돈을 모으려면 나름대로의 행동도 필요하다고 생각하는데…. 그리고 돈에 애정을 보내는 것만으로 충분하다면 굳이 노란색 지갑이나 장지갑을 사용할 필요는 없지 않습니까? 지갑이야 그야말로 어떤 것이든 상관없는 것 아닙니까?

부자 아저씨   아니, 가능하면 노란색 지갑이나 장지갑을 사용할 필요가 있어. 그 원리를 설명해주지. 지금까지 상대방에게, 이 경우에는 돈이 되겠지. 돈에 아무런 감정도 가지고 있지 않았던 사람이 갑자기 애정을 기울이려 해도 애정이 그렇게 간단히 느껴지는 건 아냐. 감정을 낳으려면 계기가 필요하지. 그 계기가 되는 것이 노란색 지갑이나 장지갑인 거야. 노란색 지갑이나 장지갑이 돈에 애정을 기울이는 의식을 낳아주는 상징이 되는 것이지.

요시이   돈에 애정을 기울이는 의식을 낳는 상징이라고요? 아직 정확하게 이해하기는 어려운데 그게 무슨 뜻입니까?

부자 아저씨   노란색 지갑이나 장지갑을 사용함으로써 자네처럼 가난한 마인드가 짙게 배어 있는 사람이라도 '이렇게 하면 돈이 들어올 수 있어'라는 식으로 돈에 대한 의식을 싹 틔우는 거야. 그렇게 되면 마음이 긍정적으로 전환되기 시작하지. 이 긍정적인 의식을 가능하면 많이 쌓아야 해. 예를 들어 흙탕물에도 매일 조금씩 맑은 물을 떨어뜨리면 결국에는 깨끗한 물로 바뀌지 않나? 그와 마찬가지로 일상적으로 슈퍼마켓이나 편의점 등에서 돈을 사용할 때 풍요로움의 상징인 노란색 지갑이나 장지갑을 만지면 그것이 계시가 되어 '풍요로운 마인드'가 서서히 마음에 육성되지.

요시이　　노란색 지갑이나 장지갑을 사용하는 것으로 '풍요로운 마인드'가 육성된다고요?

부자 아저씨　　그래. 그렇게 해서 노란색 지갑이나 장지갑을 풍요로운 마인드를 육성하는 계기로 만든 사람은 그 후에 어떤 사건이 발생하면 긍정적인 해석을 할 수 있게 되니까. 예를 들어 지갑에 돈이 천 엔밖에 남지 않았다고 해도 '아직 지갑에 천 엔이나 있어'라는 식으로 긍정적으로 생각하는 거지. 또 실제로 돈이 부족해서 원하는 것을 구입할 수 없는 상황에서도 '이건 나중에 내게 좀 더 어울리는 물건을 살 수 있다는 징조야'라는 식으로 모든 사건을 긍정적으로 받아들이게 되지. 그런 작은 사건들이 쌓이다 보면 어느 날을 경계로 정말로 금전운이 붙기 시작하면서 '나는 돈의 사랑을 받고 있어' '앞으로 평생 돈 때문에 고통받지 않을 거야'라는 확신을 가질 수 있게 되는 거야. 물론, 이건 독자적인 확신에 지나지 않지만. 그런 자기 위주의 믿음이야말로 현실을 좋은 쪽으로 나아가게 하는 강력한 도구 중 하나가 되는 거라고.

부자 아저씨의 '찐' 부자 수업 – 인생의 절대 법칙

노란색 지갑이나 장지갑을 '풍요로운 마인드'를 육성하는 계기로 삼아 사용하면 현실이 풍요로워진다고 믿는다. 자기 위주의 믿음은 현실을 좋은 쪽으로 나아가게 하는 강력한 도구 중 하나다.

요시이　　네, 믿음이라는 건 왠지 경솔한 사람들이 저지르는 전형적인 실패의 사고처럼 생각했는데 그런 식으로 현실을 좋은 쪽으로 나아가게 하는 위대한 힘이 있는 것이군요.

부자 아저씨　그렇지. 근거 없는 자신감과 마찬가지로 믿음도 긍정적으로 활용하면 자신의 미래를 보다 매력적인 것으로 변환시키는 무기가 되는 거야. 아까 내가 '대부분의 사람은 피나는 노력을 하지 않으면 현실은 바뀌지 않는다고 믿는다'라고 말했지?

요시이　네, '대부분의 사람은 쓸데없는 고정관념을 사실이라고 믿고 있기 때문에 현실이 바뀌지 않는 것이다. 그런 믿음을 바꿀 수 있으면 인생은 뜻밖으로 좋은 방향으로 바뀐다'고 말씀하셨습니다. 그건 정말 좋은 말씀이었습니다.

부자 아저씨　자네, 말에 신경을 좀 써야겠어. '그건'이 아니라 '그것도'이겠지? 마찬가지로 '노란색 지갑을 사용하고 있기 때문에 돈이 들어온다'라고 믿으면 돈에 대한 의식이나 관념도 긍정적으로 바뀌지. 그렇게 되면 지금까지 가난했던 현실세계도 긍정적으로 궤도가 수정되지 않으면 그야말로 자연의 섭리를 위반하는 것이니까 우주의 체면을 걸고서라도 긍정적이고 풍요롭게 바뀔 수밖에 없는 거야.

요시이　"하지만… (나도 모르게 입 밖으로 내뱉은 부정적인 접속사에 부자 아저씨의 날카로운 시선을 깨닫고 긍정적인 접속사로 바꾸었다.) 아, 그러니까 그게…. 아까 회장님이 '노란색 지갑을 구입해도 대부분의 사람은 바뀌지 않는다'라고 말씀하셨지요? 이건 모순이 아닙니까? 노란색 지갑을 사용하는데 왜 돈이 모이는 사람과 그렇지 않은 사람으로 나뉘는 것입니까?

부자 아저씨　자네 입에서 나온 질문 치고는 꽤 괜찮은 질문이야. 좋아,

지금부터 돈의 본질을 완전하게 해명하는 이야기를 시작해보도록 하지.

눈치 있는
바보가 돼라!

부자 아저씨 똑같이 노란색 지갑을 사용하는데 왜 어떤 사람에게만 돈이 모이고 대부분의 사람에게는 돈이 모이지 않을까? 그 이유는….

요시이 왜 그렇습니까?

부자 아저씨 자네는 학습능력이 정말 부족한 것 같아. 그런 식으로 즉각적으로 해답을 요구하지 말고 우선 본인의 머리로 생각해보라고 몇 번을 말했나? 단순히 해답만 알려고 해서는 앞으로 평생 진척도 없고 성장도 없어.

요시이 아, 맞습니다. 그렇게 말씀하셨지요. 그러니까… 노란색 지갑을 주문했는데 배송이 잘못되어서 빨간색 지갑이 왔고 그걸 사용했더니 적자가 발생했다거나….

부자 아저씨 자네, 지금 진지하게 생각하는 게 아니지?

요시이 네? 그럴 리가요. 그러니까…. 아, 같은 노란색 지갑이라고 해도 싸구려가 있고 고급이 있지 않겠습니까? 그러니까 싸구려를 구입한 사람은….

부자 아저씨   오, 좀 나아졌군. 인간은 싸구려보다 고급을 사용할 때 생각이나 행동도 보다 진지해지거든.

요시이   고급을 구입하는 쪽이 낫다는 말씀이지요?

부자 아저씨   그렇지. 이런 예가 있어. 어떤 자기계발 교육회사에서 똑같은 내용의 자기계발 강좌를 A그룹에는 50만 엔에, B그룹에는 5천 엔에 팔았어. 그 후의 성과는 어떻게 나왔을까? 5천 엔을 지불한 B그룹은 도중에 강좌에 나오지 않거나, 나오더라도 졸거나, 옆사람과 수다를 떠는 등 제대로 성과를 거두지 못한 사람들이 많았지. 거기에 비해서 50만 엔을 지불한 A그룹은 전원이 강좌를 끝까지 진지하게 수강한 것은 물론이고, 그 후에 대부분이 지불한 가격 이상의 이익을 얻게 되었어. 강좌 비용의 열 배 이상의 이익을 얻은 사람들이 속출했고, 그중에는 백 배 이상의 이익을 올린 사람도 있었어. 비용 대비 효과를 계측하면 고급을 구입하는 쪽이 훨씬 더 큰 이익을 올리는 결과를 낳는 거야. 어떤가? 자네도 앞으로 선택을 할 때 망설여진다면 고급 쪽을 선택하라고.

부자 아저씨의 '찐' 부자 수업 – 인생의 절대 법칙

선택이 망설여진다면 고급 쪽을 선택한다.

그쪽이 보다 진지해질 수 있고 비용 대비 효과도 좋아 더 많은 이익을 거둘 수 있다.

요시이　네, 지금까지는 당연하다는 듯 가격이 싼 쪽을 선택했지만 앞으로는 가능하면 비싼 쪽을 선택하겠습니다. '싼 게 비지떡'이라는 말이 그래서 있는 거군요. 그런데 똑같이 노란색 지갑을 사용하는데 돈이 모이는 사람과 그렇지 않은 사람이 존재하는 또 다른 중요한 이유는 없습니까? 더 중요한 이유가 있을 것 같은데요.

부자 아저씨　그래, 가르쳐주지. 이 세상에는 네 종류의 인간이 있어. 이 네 종류는 각각 어떤 타입일까?

요시이　흐음…. 잘 모르겠는데요.

부자 아저씨　뭐, 그럴 수 있지. 네 종류의 인간은 말이야. 첫 번째는 두뇌가 우수하고 감각이 좋은 사람이야. 이런 사람은 많지 않으니까 적극적으로 친해지거나 그 반대로 아예 인간관계를 맺지 않는 게 좋아. 자칫 이런 사람과 다툼이 발생하면 피곤하거든. 예를 들어 창업을 한다면 가능하면 이런 사람이 없는 장소를 찾아보는 게 좋아.

요시이　네, 그렇게 하겠습니다.

부자 아저씨　두 번째 타입은 두뇌는 우수한데 감각은 평범한 사람이야. 이런 사람들은 꽤 많지만, 이런 타입은 공무원이 되거나 대기업에 들어가면 상당한 고생을 해야 하지. 평생 부자가 되기는 어려워.

요시이　두뇌가 우수한데 부자가 될 수 없다고요?

부자 아저씨　아무리 두뇌가 우수해도 이런 사람들이 할 수 있는 건 출제 범위가 정해져 있는 시험 공부뿐이야. 우발적인 사건에는 제대로 대응할 수 없지. 그런데도 본인 스스로에게는 묘한 자신감이 있기 때문에 문제이지. 교과서적으로 진행되지 않는 사건이 발생하면 즉시 공황 상태에 빠져버려. 이런 사람은 사회에 진출해도 거의 쓸모가 없어. 자네는 다행이야, 머리가 좋지는 않으니까….

요시이 아, 네….

부자 아저씨 그리고 나머지는 감각이 좋은 바보와 감각이 나쁜 바보야. 자, 자네는 어느 쪽 바보일까?

부자 아저씨에게 아까부터 바보, 바보라는 말을 듣고 화가 난 나는 여기에서 반론을 시도해보기로 했다.

요시이 아까부터 인간의 타입에 대해 말씀하셨는데 그런 인간의 타입과 노란색 지갑이나 장지갑을 사용해서 부자가 되는 것이 대체 무슨 관련이 있다는 말씀입니까?

부자 아저씨 역시 자네는 감각이 나쁜 바보야. 하하하!

나의 반론도 부자 아저씨에게는 먹히지 않았다.

부자 아저씨 잘 들어. 처음 두 가지 타입의 두뇌가 우수한 사람들 말인데, 애당초 이 사람들은 노란색 지갑이나 장지갑을 구입하지 않는 사람들이야. 설사 노란색 지갑 이야기를 들어도 터무니없는 소리라고 무시하면서 그 효용 따위는 믿지 않지. 그 말은 모처럼 기회가 눈앞으로 굴러 들어와도 그것을 주울 줄 모르는 안타까운 사람들이지.

요시이   네….

부자 아저씨   한편, 바보들은 말이야. 노란색 지갑이나 장지갑처럼 수상한 정보라고 해도 '이건 기회일지도 몰라'라고 생각하고 즉시 실천에 옮기지.

요시이   네, 그러니까 그런 사람들은 쓸데없는 낭비만 해서 결국 아무리 시간이 흘러도 돈을 모으지 못한다는 말씀이지요?

부자 아저씨   무슨 말이야, 그 반대이지. 그럴 때 위험을 감수하고 실행할 수 있는 사람이야말로 큰 기회를 자기 것으로 만들 수 있는 권리를 가진 운 좋은 사람이라고 말할 수 있지.

요시이   그렇습니까? 제가 보기에는 거짓 정보에도 쉽게 속아 넘어가는 한심한 사람으로 보이는데요….

부자 아저씨   자네 혹시 다윈의 진화론을 알고 있나?

요시이   네. 갑자기 다윈의 진화론은 왜?

부자 아저씨   생물은 강한 녀석과 현명한 녀석이 살아남는 게 아냐. 끝까지 살아남는 건 변화를 두려워하지 않고 거기에 적응할 줄 아는 녀석이라는 자연과학의 이론이지. 진화론에서처럼 바보는 유연하게 변화할 수 있는 데 비해, 두뇌가 우수한 인간은 자신을 간단히 변화시키지 못하지. 공부를 잘했던 학창시절의 자존심이나 과거의 성공 경험에 이상할 정도로 얽매이거든. 그런 건 사회에서는 아무런 도움이 되지 않는데도 말이야. 이런 사람들이 마지막에는 공룡처럼 멸종되는 거야.

요시이 …?

노란색 지갑 이야기가 다윈의 진화론으로 발전할 줄은 상상도 하지 못했다.

부자 아저씨 한편, 바보는 모든 일에 흥미와 관심을 기울이는 타입이라고 바꾸어 말할 수 있어. 노란색 지갑을 구입하는 사람은 이런 식으로 위험을 즐기고 호기심이 왕성한 타입이 많지.

요시이 뭐, 호의적으로 본다면 그렇게 말할 수도 있겠지만 그래도 역시 노란색 지갑은 꽤 비과학적이고 확증도 없지 않습니까?

논리가 너무 비약적이어서 다시 반론을 시도해보려 했지만 부자 아저씨는 나의 말은 완전히 무시하고 다시 지론을 펼치기 시작했다.

부자 아저씨 그리고 이게 핵심인데…. 예를 들어 노란색 지갑이나 장지갑을 사용해서 우연히 돈이 증가했다고 하자고. 그때 감각이 둔한 바보는 돈이 증가한 것은 단순히 노란색 지갑 덕분이라고 생각하겠지?

요시이 그렇지 않겠습니까? 노란색 지갑을 사용해서 돈이 증가했다면, 그야말로 노란색 지갑을 사용한 덕분이지 않습니까?

부자 아저씨 그러니까 자네는 감각이 둔한 바보라는 거야. 잘 들어. 논리적으로 생각할 때 노란색 지갑을 사용했다는 것만으로 돈이 증가할

리가 있나? 돈이 증가한 것은 노란색 지갑을 사용한 것 이외에 반드시 무엇인가 이유가 있기 때문이지. 감각이 좋은 바보는 그런 진정한 이유인 핵심 성공 요인을 찾아내서 그 후에도 같은 방법을 활용하지.

요시이   핵심 성공 요인이 뭡니까?

부자 아저씨   '이것을 하면 성공할 수 있다'라는 '원인과 결과의 법칙'이지. 모든 결과에는 그 결과를 낳은 원인이 반드시 존재해. 좋은 성과를 얻으면 그 원인을 찾아내서 같은 행동을 반복함으로써 재현성을 구현하여 같은 성과를 올리기 쉽지.

요시이   흐음, 그렇지요. 노란색 지갑의 예로 말한다면 돈이 증가한 진정한 이유인 핵심 성공 요인을 발견해서 그것을 앞으로도 성공 법칙으로 활용한다는 말씀이군요. 그렇게 하면 재현성으로 다시 돈이 증가한다는…. 그건 확실히 합리적이네요.

부자 아저씨의 '찐' 부자 수업 – 인생의 절대 법칙

성공을 하면 반드시 핵심 성공 요인을 발견해서 반복적으로 활용한다.

성공에는 반드시 인과관계가 있다. 성공 법칙을 발견해서 이후에도 계속 활용하면 지속적으로 성과를 거두게 된다.

부자 아저씨   그렇지. 두뇌가 우수한 사람에게 결여되어 있는 호기심과 순수함이 바보에게는 갖추어져 있어. 하지만 가슴 아프게도 단순한 바보라면 거기까지 깨닫기는 어려워. 눈앞의 상황도 분석하지 않고 그저 단순히 '돈이 증가했다. 나는 운이 좋아'라는 식으로 기뻐하기만 할 테니까. 이익을 올리더라도 그때뿐, 그 후에는 돈이 증가하지 않지. 그런 점에서 두뇌회전이 좋고 감각도 갖춘 바보가 된다면 상황에 따라 적절한 판단을 내릴 수 있게 돼. 원인과 결과의 법칙성도 찾아내기 쉬울 테니까 발견한 성공 법칙을 그 후에도 계속 사용하면 지속적으로 돈도 증가하겠지. 어때? 감각이 좋은 바보가 부자가 되기 쉬운 이유를 이제 충분히 이해했지? 자네도 호기심과 순수함이 나름대로 갖추어져 있는 것 같으니까 이제는 두뇌회전 능력을 갖추어서 감각이 좋은 바보가 될 수 있도록 하라고.

3교시

돈은 핵심을 알고 즉시 실행하는 사람 편이다

감각이 좋은
바보가 되기 위한 학습법

요시이　네, 그러면 어떻게 하면 그렇게 감각이 좋은 바보가 될 수 있습니까?

부자 아저씨　흐음, 우선 책을 읽어야 돼. 자네는 평소에 책을 자주 읽나?

요시이　『머피의 법칙』이나 아브라함(Abraham: 비물질적 근원에너지, 에스더 힉스(Esther Hicks), 제리 힉스(Jerry Hicks) 부부가 채널링하는 영적인 존재 - 역주)의 끌어당김의 법칙과 관련된 책은 좋아하기 때문에 몇 권 읽었습니다. 그걸 제외하면 만화 정도입니다. 어린 시절부터 부모님이 '눈 나빠지니까 책은 읽지 마라'고 말씀하셔서 책을 많이 읽는 편은 아닙니다.

부자 아저씨　흐음, 독특한 부모님이시군. 책은 인생의 선배들이 노력을 기울여서 쟁취한 성공과 실패에 대한 체험을 저렴한 비용으로 의사체험을 할 수 있으니까 당연히 활용해야지. 실제로 성공한 사람 중에 '한 권의 책으로 인생이 바뀌었다'라고 말하는 사람들도 꽤 많이 있어.

요시이   그렇군요. 책을 전혀 읽지 않고 성공한 사람을 찾는 것이 더 어렵겠네요. 저 같은 경우에는 어떤 종류의 책을 읽어야 좋을까요?

부자 아저씨   우선 자네의 일이나 생활에 도움이 되는 책을 읽도록 해. 처음에는 비즈니스 서적을 읽는 게 좋을 거야.

요시이   제 경우라면 영업과 관련된 서적이 되겠군요.

부자 아저씨   그렇겠지. 자네가 하고 있는 일의 기본을 잘 알아두는 게 중요해. 하지만 영업과 관련된 서적만 읽어서 지식이 편중되는 결과가 나오면 곤란해. 책을 일에 활용하고 싶다면 영업뿐 아니라 비즈니스 전반, 비즈니스 이외의 책도 읽어두는 게 좋아.

요시이   예를 들면 어떤 책이 좋을까요?

부자 아저씨   역시 큰 회사를 만들어낸 사람의 체험은 도움이 될 테니까 읽어두도록 해. 마쓰시타 고노스케(松下幸之助)나 혼다 소이치로(本田宗一郎), 잭 웰치(Jack Welch), 스티브 잡스(Steve Jobs) 등 이름이 잘 알려진 경영자의 책은 당연히 읽어야 해. 그리고 피터 드러커(Peter Ferdinand Drucker)나 필립 코틀러(Philip Kotler) 등이 쓴 경영학 서적도 도움이 될 거야. 유니클로나 호시노리조트(星野リゾート)의 사장들은 이런 비즈니스의 고전을 읽고 경영에 최대한 활용했다고 하지. 그리고 비즈니스는 아니지만 로마나 그리스의 철학 서적도 좋아. 비즈니스를 하려면 마인드를 강화하는 것이 중요하니까.

요시이   기업 경영자의 서적이나 비즈니스 고전, 철학서요? 좀 어려워 보이는데…. 그리고 저는 예전부터 책을 읽는 즉시 졸음이 밀려옵니다.

근본적으로 공부를 싫어하기 때문이라고 생각하지만 이런 저도 스트 레스 없이 책을 읽을 수 있는, 뭔가 좋은 방법은 없을까요?

부자 아저씨   그래, 있을 수 있는 일이야. 우선 책을 읽으면 졸린 이유는 첫 페이지부터 마지막 페이지까지 차례대로 읽으려 하기 때문이야. 마치 학창시절에 교과서를 읽듯 말이지.

요시이   네? 책은 당연히 처음부터 끝까지 차례대로 읽는 것 아닙니까?

부자 아저씨   뭐, 소설이나 만화처럼 스토리가 있는 경우라면 당연할 수 도 있지만 실용 서적이나 비즈니스 서적은 그런 방법으로 읽다 보 면 밤을 새워도 부족할걸. 또 그렇게 해서는 읽은 내용도 머릿속에 제 대로 들어오지 않을 거야. 독일의 에빙하우스(Hermann Ebbinghaus)라 는 심리학자에 의하면 인간의 뇌는 한 시간 후에 56%, 하루가 지나면 74%의 기억을 잊어버린다는 연구결과도 있으니까.

요시이   그건 잘 알고 있습니다. 저도 어제 저녁에 무엇을 먹었는지 완 전히 잊어버리는 경우가 자주 있으니까요. 그렇다면 책은 어떤 식으로 읽어야 합니까? (부자 아저씨의 무서운 눈길을 깨닫고 스스로 생각해본다.) 아, 알 았다. 속독을 하라는 말씀이군요?

부자 아저씨   아니, 속독 같은 건 의미가 없어. 단순히 책을 다 읽었다는 만족감을 느낄 뿐이고 실천하는 데에는 아무런 도움이 안 돼. 속독을 가르치는 학원에 이익만 안겨줄 뿐이야. 그보다 훨씬 간단하고 효과적 인 독서법을 가르쳐주지. 나는 이것을 '유니버셜 리딩(Universal reading)' 이라고 불러. 이른바 '우주의 절대적인 독서법'이지.

또 이상한 이야기가 시작되었다. "부자 아저씨는 우주인입니까?" 하고 물어보고 싶은 충동이 일었지만, 그런 질문을 했다가는 정말 목숨을 잃을지도 모르기 때문에 흥미 있는 척 행동하기로 했다.

요시이 네… 그건 어떤 독서법인가요?

부자 아저씨 우선 처음의 몇 페이지만 읽는 거야. 주로 머리말 정도를 시험 삼아 읽어보는 것이지. 그래서 그 저자의 리듬이나 문체가 자신에게 맞는지 확인해보는 거야. 책 안에 아무리 좋은 내용이 쓰여 있다고 해도 '내게는 도저히 맞지 않는' 리듬이나 문체가 존재하니까. 책은 스트레스 없이 부드럽게 읽을 수 있고, 뭔가 마음에 드는 부분이 있어야 해. 그렇지 않으면 절대로 도움이 되지 않아. 그렇게 자신의 기호나 리듬에 맞는 책을 선택하는 거야. 이것이 도움이 되는 독서를 하기 위해 가장 먼저 신경을 써야 하는 핵심이지.

부자 아저씨의 '찐' 부자 수업 – 인생의 절대 법칙: 유니버설 리딩 1

책은 자신의 기호나 리듬에 어울리는 것을 선택한다.

아무리 좋은 내용이 쓰여 있다고 해도 자신에게 맞는 리듬이나 문체가 아니면 도움이 되지 않는다. 가장 먼저 머리말을 읽어보고 스트레스 없이 편하게 읽을 수 있고 문체를 막힘없이 이해할 수 있는 책을 고른다.

요시이 아무리 열심히 읽어도 전혀 머릿속에 들어오지 않는 책이 분명히 있습니다. 그건 문체나 리듬이 저와 맞지 않았던 것이 원인이었군요. 그 밖에도 책을 읽을 때 신경 써야 할 포인트는 무엇입니까?

부자 아저씨　읽을 책을 선택했으면 가장 먼저 반드시 애퍼메이션을 해야 돼. "이 책을 읽으면 내가 지금 원하는 지식이나 정보를 반드시 만난다"라고 말하는 것이 핵심이야. 이렇게 하면 잠재의식이 자연스럽게 작용해서 독해능력도 향상되지. 그런 다음에 책장을 한 장 한 장 모두 넘겨보는 거야. 눈과 손가락에 책의 전체적인 모습이나 감각을 기억하게 하는 느낌으로. 그 후에 전체를 한번 훑어보면 자신에게 필요한 말이 자연스럽게 눈에 들어오지. 그때 강한 자극이 느껴지는 키워드 주변을 중점적으로 읽으면 자네에게 필요한 지식이나 정보를 반드시 만나게 될 거야.

부자 아저씨의 '찐' 부자 수업 – 인생의 절대 법칙: 유니버셜 리딩 2

가장 먼저 '이 책을 읽으면 내가 지금 원하는 지식이나 정보를 반드시 만난다'라고 애퍼메이션을 해서 잠재의식의 스위치를 켠다. 다음에 책장을 한 장 한 장 모두 넘겨보아 눈(뇌)과 손가락(손)에 책의 전체적인 모습이나 감각을 기억하게 한다. 그 후에 전체를 한번 훑어보면서 자연스럽게 눈에 들어오는 말(키워드) 주변을 중점적으로 읽으면 자신에게 필요한 지식이나 정보를 만날 수 있다.

요시이　정말 그런 독서법으로 책의 내용을 이해할 수 있을까요? 처음부터 끝까지 빠짐없이 읽어보았지만 제대로 이해할 수 없는 책도 있는

데요. 그리고 돈을 주고 구입한 것이니까 전부 제대로 읽지 않으면 책 값이 아깝지 않을까요?

부자 아저씨　자네는 지금까지 그런 식으로 책을 읽었기 때문에 책만 보면 졸렸던 거야. 그것이 오히려 돈과 시간을 낭비하는 것이지. 그리고 책은 전부 빼놓지 않고 읽어도 내용은 거의 기억하지 못하거든. 아무리 머리가 좋은 사람이라도 기껏해야 20~30%밖에 기억하지 못해. 물론 대부분의 책도 중요한 내용은 전체의 20% 정도밖에 쓰여 있지 않으니까 그 정도만 기억할 수 있으면 충분하지.

요시이　아니, 그렇지 않습니다. 일반적으로 책은 보통 200페이지 이상 아닙니까? 그런데 중요한 것은 그중의 20%뿐이라니 그런 말은 책을 쓴 사람을 화나게 하는 말이지요.

부자 아저씨　자네는 '파레토 법칙'을 알고 있나? '80대 20의 법칙'이라고도 하지. 예를 들어 비즈니스에서 매출의 80%는 전체 고객 중에서 상위 20%가 만들어내는 거야. 그렇기 때문에 매출을 늘리려면 고객 전체를 대상으로 삼는 것보다 중요한 상위 20%의 고객으로 대상을 압축하는 것이 훨씬 더 효과적이야. 책도 마찬가지야. 정말로 중요한 내용이 쓰여 있는 것은 전체의 20% 정도라고. 그리고 좋은 책이라도 저자가 주장하고 싶은 주제는 많아야 세 가지 이내로 압축되어 있고, 그것이 다양한 각도에서 이해하기 쉽게 쓰여 있어. 어려운 것을 간단하게, 간단한 것을 심도 있게, 심도 있는 것을 재미있게, 이해하기 쉽도록 쓰인 책이 진짜 좋은 책이라고. 난해한 전문용어나 영어를 늘어놓는 책들은 저자가 단지 세상에 자신이 얼마나 잘난 사람인지 자랑하기 위해 쓴 책일 뿐, 독자에 대한 배려는 전혀 없는 책이야. 좋은 책에는 반드시 '이 내용이 필요한 사람에게 어떻게든 전하고 싶다'라는 뜨거운 메시지가 있지. 책에서 저자의 그런 '셀프 마인드 메시지'를 발견하는 것도 독서를 하는 즐거움 중 하나이지.

부자 아저씨의 '찐' 부자 수업 – 인생의 절대 법칙: 유니버셜 리딩 3

'파레토 법칙(80대 20의 법칙)'을 독서에 활용한다.

책(특히 실용 서적이나 비즈니스 서적) 안에 정말 중요한 내용은 전체의 20% 정도이기 때문에 200페이지의 책이라면 40페이지를 이해하는 것으로 충분하다.

좋은 책은 저자가 주장하고 싶어 하는 주제가 많아야 세 가지 이내로 압축되어 있고 어려운 것을 간단하게, 간단한 것을 심도 있게, 심도 있는 것을 재미있게, 이해하기 쉽게 쓰여 있다. 또, 반드시 '이 내용이 필요한 사람에게 어떻게든 전하고 싶다'라는 저자의 뜨거운 메시지가 있다. 책에서 저자의 그런 '셀프 마인드 메시지'를 발견하는 것도 독서를 하는 즐거움 중 하나다.

요시이 　네, 그렇군요. 처음에는 의심했지만 유니버셜 리딩은 획기적인 독서법인 것 같습니다. 지금까지 독서를 그런 식으로 생각한 적은 한 번도 없었습니다. 그런 방법이라면 독서에 흥미를 느낄 수 있고 책을 읽는 두려움도 없어질 것 같습니다. 독서에 대한 장벽이 거의 제거된 느낌입니다.

부자 아저씨 그렇지? 이렇게 가벼운 마음으로 가능하면 많은 책을 읽는 것이 자신에게 유익한 핵심을 더 많이 얻게 되고, 책에 들어가는 비용 대비 효과도 부쩍 높아지는 거야. 그리고 독서를 할 때 또 한 가지 중요한 점이 있어. 그것을 게을리하면 지금까지 책에 들인 돈이나 시간이 모두 쓸모없어질 정도로 중요한 것이지. 그게 뭔지 알겠나?

요시이 그게… 예를 들면 이 책으로 영업목표를 올릴 수 있는 방법을 발견하겠다거나, 효과적인 커뮤니케이션 스킬 한 가지를 갖추겠다는 식으로 구체적인 목적을 가지고 책을 읽어야 한다는 것 아닙니까?

부자 아저씨 호오, 자네 치고는 멋진 발상인데. 그렇게 하면 확실히 책에 대한 이해력이나 흡수력이 높아지고 성과도 올리기 쉽겠지. 하지만 독서를 하기 전에 구체적인 목적까지 생각하기는 쉽지 않아. 특히 지금까지 책을 읽는 습관이 없었던 자네 같은 사람은 더욱 그럴 거야.

요시이 그도 그렇군요. 독서는 읽어본 뒤에 무엇인가 깨달음을 얻는 것이니까요. 그렇다면 뭘까요. 좋은 책이라고 생각하면 몇 번이고 반복해서 읽어야 한다는 것인가요?

부자 아저씨 중요한 내용이라면 그렇게 해야겠지. 다만 무조건 같은 책을 몇 번이나 되풀이해서 읽는 건 지루하지 않겠나? 그리고 시간도 많이 할애해야 하고. 그보다 좀 더 간단하면서도 확실하게 효과를 볼 수 있는 방법이 있는데, 모르겠나?

요시이 흐음… 죄송하지만 더 이상 생각나지 않습니다. 항복입니다. 확실하게 효과를 볼 수 있는 방법이 있다니, 그게 대체 무엇입니까?

부자 아저씨 그건 책에 쓰여 있는 내용 중에서 마음에 드는 내용이 있다면 반드시 한 번은 시도해봐야 한다는 거야. 자네는 지금까지 책을 읽고 마음에 드는 내용을 현실적으로 시도해본 적이 있나?

요시이 아니요. 대부분 내용이 좋으면 만족하는 것으로 끝이었지요.

부자 아저씨 그렇지? 그리고 얼마 지나면 읽은 책의 내용도 완전히 잊어버리지? 그래서는 아무런 의미가 없어. 차라리 책을 읽지 않는 게 더 낫지. 독서는 단순히 책을 읽는 것으로 끝이 아냐. 가장 중요한 건 읽고 기억한 내용을 즉시 실행에 옮기는 거야.

부자 아저씨의 '찐' 부자 수업 – 인생의 절대 법칙: 유니버설 리딩 4

읽었으면 반드시 시도해본다.

독서에서 가장 중요한 것은 마음에 드는 내용을 즉시 실행에 옮기는 것이다.

책을 읽고 '재미있네' 하고 끝내버리면 그 내용도 얼마 지나지 않아 완전히 잊어버린다.

요시이 네, 다만 그것을 실제로 실천하려면 쉽지는 않겠지요? 책을 읽었을 때 마음에 드는 내용이 있어도 그 내용이 정말로 자신에게 효과가 있는지는 알 수 없지 않겠습니까? 만약 실천해보았는데 아무런 효과가 없다면 그야말로 시간 낭비가 될 테고….

부자 아저씨 그러니까 즉시 시도해보고 정말로 효과가 있는지 확인해야지. 그렇게 하려면 실천하는 수밖에 없는 거야. 걱정하지 마. 마음에 드는 내용을 순수하게 실천하면 대부분의 경우 좋은 결과를 내니까.

요시이 뭐, 실천하지 않으면 아무런 일도 발생하지 않을 테고, 움직이면 적어도 다음의 전개가 보이겠지요. 그런 점은 동의합니다만….

부자 아저씨 뭐야, 아직도 반론이 있다면 분명하게 말해봐.

요시이 아니요. 특별히 반론할 생각은 없지만 회장님은 지금 책을 읽고 마음에 드는 내용을 실천에 옮겨보면 대부분의 경우 좋은 결과를 낸다고 말씀하시지 않았습니까? 하지만 아무리 마음에 드는 내용이어서 실천에 옮겨본다고 해도 전부 좋은 결과를 낸다고 보증할 수는 없지 않겠습니까? 그런데 마음에 드는 내용이 있다면 반드시 한 번은 시도해보아야 한다고 자신만만하게 말씀하시는 근거가 있습니까?

부자 아저씨 뭐야, 그게 궁금한 거야? 당연히 근거가 있으니까 그렇게 말하는 것이지. 잘 들어, 마음에 드는 내용을 실천에 옮기면 반드시 좋은 결과가 나오는 확실한 근거는….

부자는 마음에 드는 일을 반드시 실천한다

요시이　네, 확실한 근거가 무엇입니까?

부자 아저씨　그전에 질문부터. 자네는 천국의 이야기를 알고 있나?

요시이　네? 천국이라면 흰 수염을 기른 신이 있고 하늘에 떠 있는 세계 말씀입니까?

부자 아저씨　뭐, 일반적인 이미지는 그런 것이겠지. 실제로는 흰 수염을 기른 신도 없고 하늘에 떠 있는 것도 아니지만. 뭐 그건 중요한 게 아니고. 자네나 나처럼 이 세상에 살고 있는 인간은 태어나기 전에 모두가 천국에 있었어. 천국에는 정해진 규칙이 있지. 예를 들면 '바다를 좋아하면 해안가의 멋진 해변에, 숲을 좋아하면 시원한 바람이 부는 아름다운 산이나 초원에, 도시를 좋아하면 근대적이고 화려한 초고층 건물이 있는 지역에'라는 식으로 마음에 드는 장소에서 가치관 등을 비롯해서 마음이 맞는 사람들끼리 함께 생활하는 거야.

요시이　네? 바다나 산은 있을 수 있다는 느낌이 듭니다만 천국에도 근대적인 초고층 건물이 있습니까?

부자 아저씨　자네는 천국을 무시하나? 이 세상에 존재하는 것이 천국에 없을 리가 없지.

요시이　아뇨, 특별히 무시하는 건 아닙니다만…. 다만 제가 생각하는 천국의 이미지와 너무 동떨어진 것 같아서…. 천국 이야기를 더 해주십시오.

부자 아저씨　천국은 가치관이 맞는 사람들끼리 함께 생활하니까 서로의 관계도 매우 좋겠지. 자네처럼 회사 상사나 고객과 뜻이 맞지 않는다거나, 아내로부터 '집에는 전혀 신경을 쓰지 않는다'라고 야단을 맞거나, 딸에게 '아빠는 나빠'라는 말을 들을 걱정도 없지.

요시이　저, 저는 아직 미혼입니다….

부자 아저씨　미래의 이야기를 하는 거야.

요시이　가족에게 무시당하는 중년남성이 저의 미래라니, 그렇게 함부로 결정하지 마십시오.

부자 아저씨　시끄러워! 쓸데없이 말꼬리 잡지 마. 이야기가 진행되지 않잖아. 그리고 천국에서는 원하는 것이 있으면 무엇이건 손에 넣을 수 있기 때문에 돈에 관한 걱정도 없어. 당연히 먹을 것이나 입을 것도 풍족하니까 생활비를 신경 쓸 필요도 없지. 자네처럼 빚투성이가 되어 몸을 망가뜨리는 사람은 천국에는 한 명도 없다고.

요시이　돈에 대한 걱정이 전혀 없는 세상이라니 정말 좋은 곳이네요.

그런 좋은 곳에 있다가 왜 이런 혹독한 세상에 태어난 것일까요?

부자 아저씨　그건 그렇게 멋진 천국에도 단 한 가지 '이것만은 도저히 참을 수 없다' '어떻게든 개선하고 싶다'라는 문제점이 있기 때문이야. 그게 뭘까?

요시이　글쎄요, 파친코나 도박을 할 수 없는 것 아닐까요?

부자 아저씨　자네, 도박 때문에 그렇게 빚을 지고 아직 질리지도 않았나? 그런 건 없는 게 좋은 거야.

요시이　그렇지요. 그렇다면 술집이나 유흥업소가 없는 것?

부자 아저씨　이봐, 술집이나 유흥업소가 없다니, 그건 천국이 아니라 지옥이지. 어쨌든 점점 가까워지고 있어.

요시이　가까워지고 있다고요? 흐음, 뭘까요? 저는 더 모르겠는데요.

부자 아저씨　어쩔 수 없군. 가르쳐주지. 천국의 유일하면서 가장 큰 약점은 할 일이 전혀 없어서 너무 지루하다는 거야. 그야말로 죽을 때까지, 아니 천국에서는 죽음도 없으니까 영원히 할 일이 없어. 그저 평소와 다름없이 지루한 나날이 계속 이어질 뿐이지. 이것은 어떤 의미에서 살아 있는 지옥이야. 예를 들어 이 세상에서도 돈 많은 부자들이 은퇴를 하면 해외의 남쪽 섬으로 이주한다는 말을 들어보았지? 이것도 처음에는 좋지만, 몇 개월 지나면 아무것도 할 일이 없는 나날에 질려서 결국 다시 자기 나라로 돌아가지 않나? 인간은 매일 무엇인가 자신이 좋아하고 가슴 설레는 일을 해서 만족감이나 충족감을 얻거나 삶의 보람을 느끼지 않으면 견디지 못하는 생물이야.

요시이 　네, 확실히 남쪽의 섬도 처음에는 신선하고 즐겁겠지만 계속 똑같은 해변에서 생활한다면 정말 지루하겠지요. 가능하다면 보람이나 충족감을 느끼는 일상을 보내고 싶지요. 그건 그렇고 지루함을 견디지 못한 천국의 사람들은 어떻게 됩니까?

부자 아저씨 　너무 지루해서 견디지 못하게 된 사람들이 우연히 하늘 위에서 이 지구를 내려다보고 '저곳은 인간관계가 복잡하고 일이나 건강, 돈과 관련된 문제라거나 차별, 빈곤, 전쟁, 바이러스, 집단 괴롭힘, 다툼, 원망, 질투, 집착 같은 부정적인 일들도 많이 있지만… 그 반면에 자기가 하고 싶은 것은 무엇이건 도전해볼 수 있어. 그리고 그 도전이 성공하면 부와 감동, 자극과 기쁨 같은 구체적인 성과가 직접적으로 자신에게 돌아오는 곳이네. 저곳의 시스템은 더할 나위 없이 매력적이야'라고 생각한 거야. 물론, 도전해서 성공하지 못하는 경우도 있겠지. 그것 역시 아무런 할 일이 없어서 지루하기만 한 생활과 비교하면 엄청나게 행복한 거야. 다양한 경험을 쌓는 것으로 확실하게 영혼의 진화나 성장을 이룰 수 있으니까. 이런 식으로 기쁨과 슬픔이 뒤섞여 발생하는 매력적인 체험을 할 수 있는, 이 지상 세계를 동경하는, 무엇인가를 창조하거나 표현하고 싶어 하는 사람들이 차례로 천국에서 지구라는 세상으로 내려온 거야.

부자 아저씨의 '찐' 부자 수업 – 인생의 절대 법칙

낙원인 천국의 유일한 문제점은 할 일이 아무것도 없어서 지루하다는 것이다.

지루함을 느낀 존재가 많은 고민과 문제를 포함해서 기쁨과 슬픔이 뒤섞인 다양한 체험

을 통해서 영혼을 성장시킬 목적으로 천국에서 이 지구로 내려온다.

요시이　호오, 그거 정말 장대한 이야기네요. 고통스럽다고 생각했던 이

세상도 천국에서 보면 본인이 마음먹기에 따라 무엇이건 할 수 있고,

무엇이건 될 수 있는 자유가 넘치는 혜택받은 세상으로 비치는군요?

확실히, 정말 그렇다면 의욕이 샘솟네요.

부자 아저씨　그렇지? 그 말은 이 지구상에 태어난 사람들은 모두 이 세

상에서 완수해야 할 사명이나 역할을 가지고 있다는 거야. 자네도 나

도, 이 지구상의 모든 사람에게는 해야 할 일이 반드시 존재하지. 그러

니까 자네가 책을 통해서 마음에 든다고 생각한 내용이 있다면 그것은

저세상의 자네가 이 세상을 살고 있는 자네에게 해야 할 일이 있다고

가르쳐주는 신호라고 말할 수 있는 거야. 자네가 조금이라도 마음에

들거나 흥미를 느끼는 내용을 보았다면 그걸 실천에 옮기는 것이 자네

의 사명이고 역할이고 의미라고.

요시이　마음에 드는 내용이 있으면 실천에 옮길 할 의무가 있다고요?

부자 아저씨　그렇지. 마음에 드는 내용은 자네의 마음이 '이거 괜찮은데'

'반드시 실천해보고 싶어'라고 소리치는 영혼의 바람이니까. 그런 사명

을 누구보다 열심히 실천에 옮기면 당연히 좋은 결과를 얻게 되지.

부자 아저씨의 '찐' 부자 수업 – 인생의 절대 법칙

마음에 드는 내용은 실천에 옮겨야 할 의무가 있다.

그것은 천국의 당신이 지상의 당신에게 "이건 네가 해야 할 사명과 역할이야"라고 던져

주는 신호이다. 그것을 누구보다 진지하게 성실하게 실천에 옮기면 당연히 좋은 결과를

얻게 된다.

이 천국의 사명과 역할 이야기는 지금까지 부자 아저씨의 가르침 중에
서도 세 손가락 안에 들어갈 정도로 강하게 내 가슴을 파고들었다.

그것은 '역시, 이 사람은 인간의 지혜를 뛰어넘는 무엇인가 특별한 것
을 가지고 있어'라는 확신을 갖게 된 순간이기도 했다. 그리고 그 후 부자
아저씨의 가르침도 나의 상상을 훨씬 뛰어넘는, 깊고 본질적인 전개를
보여주었다.

4교시

돈 버는 데 단연코 노력 따윈 필요 없다

그냥 좋은 일이 아니라
가슴이 설레는 일을 찾아라

"이 세상에 살고 있는 모든 인간은 사명과 역할을 가지고 있다."

나는 부자 아저씨의 이 가르침에 강한 감명을 받았지만 사실대로 말하기에는 왠지 쑥스러움이 느껴져 반론을 더 제기해보기로 했다.

요시이　하지만 만약 그 천국의 이야기가 사실이라고 해도 역시 모든 사람이 좋아하는 것을 해서 성공할 수 있다고는 생각할 수 없습니다. 아무리 자신이 좋아한다고 해도 본인이 가지고 있는 재능에는 한계가 있지 않겠습니까? 예를 들어 저는 어린 시절부터 야구를 좋아해서 장래에 고시엔(甲子園) 구장에 진출해서 프로야구 선수가 되는 것이 꿈이었습니다. 고등학교까지 부서 활동으로 야구를 계속했지만 매번 지역 예선에서 패배해서 결국 고시엔 구장에는 한 번도 서보지 못했습니다. 프로야구선수는 그야말로 꿈같은 이야기가 되었지요. 이처럼 현실은 자신의 꿈을 포기하고 생활을 위해 하고 싶지 않은 일을 하면서 살아가는 사람들이 압도적으로 많지 않습니까? 회장님 말씀처럼 분명히 꿈은 존재해야 하고, 누구든 꿈을 품어야 하겠지만 꿈만을 좇아서 먹고살 수 있을 정도로 현실은 만만하지 않지요.

부자 아저씨　그야말로 맹신이야. '현실은 만만하지 않다'라는 자네의 강한 신념이 현실을 정말로 힘들게 만드는 거야.

요시이　네? 제게 있어서 현실은 정말 만만하지 않기 때문에 그렇게 말하는 것입니다….

부자 아저씨　잘 들어. 자네는 야구를 좋아했다고 말했지? 그렇다면 묻겠는데 정말 진심으로 야구를 좋아해서 매일 밤늦게까지 철저하게 연습했나? 누구에게도 뒤지지 않을 정도의 정열로 늘 야구에만 몰두했다고 내 눈을 보고 분명히 말할 수 있어? 사실은 그렇게까지 진지하지 않았을 거야. 단지 티브이에 나오는 야구선수를 동경해서 비슷한 생각을 가진 동네 친구들과 공놀이를 즐기는 정도가 아니었나?

요시이　뭐, 그렇게 말씀하시면 그랬을지도 모르지요. '프로야구선수가 되고 싶다'라는 동경은 있었습니다. 다만 '그렇게까지 진지하게 연습을 했냐?'고 물어보신다면 '예'라고 단언할 수는 없습니다.

부자 아저씨　그렇지? 대체적으로 보면 '이게 좋다' '나는 이런 사람이 되고 싶다'라고 말하는 사람들은 대부분 행동이 따르지 않아. 처음에는 용감하게 덤벼들지만 얼마 지나지 않아 '역시 좋아하는 것을 하면서 먹고사는 건 힘들어' '먹고살려면 마음에 들지 않는 일이라도 꾹 참고

해내야 돼'라는 세상의 상식에 물들어서 좋아하지도 않는 일을 하면서 무의미한 인생을 살게 되지. 물론, 그런 생각을 하는 것도 이해는 돼. 아마 자네는 부모님이나 선생님, 또는 주변의 어른들로부터 틈이 날 때마다 "언제까지 좋아하는 일을 하면서 먹고살겠다는 어린아이 같은 말만 늘어놓지 말고, 그렇게 한가한 시간이 있으면 열심히 공부해서 좋은 대학에 들어가 이름 있는 대기업에 취직할 생각이나 해"라는 말을 들었을 테니까.

요시이 　네, 정말 많은 사람이 그런 식으로 말했습니다. 물론 저는 일찌 감치 낙오해서 지금 이런 비참한 상태가 되었지만.

부자 아저씨　아니, 꼭 그렇지만도 않아. 오히려 자네는 낙오돼서 인생의 주도권을 되찾았고, 장래가 훨씬 밝아졌다고 말할 수 있을지도 몰라.

요시이 　그게 무슨 말씀입니까? 낙오했기 때문에 인생의 주도권을 되찾 았다니요?

부자 아저씨　지금의 상식이 앞으로도 그대로 상식으로 존재할 것이라 는 보장은 없어. 뭐, 그건 언젠가 때가 되면 알겠지. 지금은 자네가 처 음에 말했던 '좋아하는 것을 하면서 성공하기는 어렵다'라는 질문으 로 돌아가지. 자네는 야구를 좋아했으니까 프로야구 선수가 되고 싶었 지? 대부분의 경우, 남자는 야구선수나 J리거 같은 인기 프로스포츠 선 수, 또는 요즘 같으면 많은 돈을 벌 수 있는 IT 기업 대표나 인기 유튜 버가 되고 싶어 하지. 여자라면 가수나 모델, 아나운서 등을 동경하겠 지? 이런 일들은 화려하고 멋져 보이니까. 하지만 엄밀하게 보면 그 동기가 좋아하는 것이기 때문이라고 말하기는 어렵지. 거기에는 '스포츠 선수나 연예인, IT 기업 대표나 아나운서가 되면 다른 사람들이 부러워한다'라는 허세나 과시가 큰 비중을 차지하고 있는 경우가 많아. 자신이 순수하게 좋아하는 것과 허세나 과시를 우선하는 마음은 분명 다른 거야.

요시이 네, 우리는 스포츠 선수나 연예인을 어린 시절부터 티브이를 통해서 보고 동경해왔으니까 그걸 자신이 좋아하는 것이라고 믿을 수도 있다는 말씀이지요? 그러니까 그건 순수하게 자신이 좋아하는 것이라고 말하기 어렵다는 것이죠?

부자 아저씨 그렇지.

요시이 그렇다면 자신이 진심으로 순수하게 좋아하는 것을 발견하려면 어떻게 해야 합니까?

부자 아저씨 글쎄…. 예를 들어 자네는 과거에 야구 이외에 좋아했던 것이 없었나? 그것을 하기 위해 돈이나 시간을 소비한, 그런 것 말이야.

요시이 네, 저는 학창시절부터 영화를 좋아해서 '시나리오 작가가 되고 싶다'라는 생각으로 한때 영화와 관련된 학원에 다닌 적이 있습니다. 뭐, 유명한 학원은 아니었기 때문에 돈은 많이 들지 않았습니다. 하지만 대학의 강의를 빼먹으면서까지 다녔으니까 시간은 상당 부분 할애했다고 말할 수 있어요.

부자 아저씨 그럼 시나리오를 쓰는 건 왜 그만두었지?

요시이 재능이 없었기 때문이죠. 동기 중에 정말 실력이 뛰어난 친구가 있었는데 제가 아무리 노력해도 그 친구는 이길 수 없다는 생각이 들어서 포기했습니다.

부자 아저씨 그건 변명에 지나지 않아. 자네가 정말로 영화를 좋아해서 시나리오 작가가 되고 싶었다면 아무리 실력이 뛰어난 사람이 있다고 해도 작가가 되기 위한 노력을 지속했을 거야. 이 세상에 영화는 수없이 많지 않은가? 자네가 말하는 그 재능이 뛰어난 친구 혼자 영화업계 전체의 시나리오를 감당할 수 있을 리는 없잖아. 애당초 자네는 그 친구와 경쟁할 필요조차 없었다고. 그런데 일찌감치 시나리오 작가를 포기했다는 것은 자네가 진심으로 순수하게 영화를 좋아했던 것이 아니었기 때문이지.

요시이 흐음…. 말씀을 듣고 보니 그랬을지도 모르겠습니다. 시나리오 작가를 포기한 이후에는 영화를 보고 싶다는 생각도 들지 않았어요. 아마 회장님 말씀대로 일과성의 동경이었는지도 모르겠습니다.

부자 아저씨 다만, 이렇게 생각해볼 수는 있어. 영화를 그렇게 좋아하지는 않았다고 해도 자네가 돈과 시간을 들여 시나리오 학원에 다닌 것은 분명한 사실이지. 그 말은 자네는 문장을 쓰거나 무엇인가를 만드는 것은 좋아했다는 것 아닐까?

요시이 흐음, 그럴 수도 있네요.

부자 아저씨 예를 들면 취미이건 일이건 뭐든지 상관없으니까 글을 쓰는 일이나 만드는 일 중에서 좋은 방향으로 진행된 건 없나? 아직 성과가 나오지 않았다고 해도 상관없어. 그걸 하는 것만으로 가슴이 설레는 그런 것 말이야. 생각나는 대로 말해봐.

요시이   네, 그거라면 지금 하고 있는 일 같습니다. 고객과 함께 광고 문
안을 생각하는 건 정말 재미있습니다. 제작을 하다 보면 매우 힘들지
만 아이디어가 나오면 가슴이 설레고, 제가 만든 광고에 좋은 반응이
오면 정말 기쁩니다. 그리고 영업과 관련된 일지를 쓰는 것도 싫지 않
습니다. 가끔 사무를 보는 여성으로부터 "요시이 씨의 일지는 재미있
어요"라는 칭찬도 자주 들어서 매번 즐거운 마음으로 쓰고 있어요.

부자 아저씨   호오, 광고 제작을 좋아하는 건 알겠지만 일반적으로는 귀
찮게 생각하는 영업일지 쓰는 것까지 즐겁게 생각한다니, 자네는 글을
쓰는 행위를 제법 좋아하는 것 같은데. 이건 틀림없이 천국에서 보내
주는 신호야. 자네는 글을 쓰는 일을 하면 지금보다 훨씬 더 성공할 수
있을 거야.

요시이   아니, 유감스럽지만 그건 아닙니다. 저는 그 유명한 나쓰메 소
세키(夏目漱石)의 『도련님(坊ちゃん)』도 도중에 읽는 것을 포기할 정도로
독서를 좋아하지 않으니까요….

부자 아저씨   그건 전혀 상관없어. 책을 읽는 것과 쓰는 건 또 다른 재능
이니까.

요시이   하지만 역시 소설가가 되려면 엄청난 지식이 있어야지요. 예
를 들어 여름방학에 친구들과 어울리지 않고 집에 틀어박혀 동서고금
의 명작들을 수천 권 읽는다거나…. 이건 소설에만 해당하는 게 아니
지요. 대부분의 일은 어떤 의미에서 다 그렇지 않습니까? 대학교수가

되려면 어린 시절부터 노는 건 포기하고 공부에만 집중해서 좋은 학교에 들어가야 하고…. 배우가 되려면 자신의 연기력을 향상하기 위해 그야말로 연애나 결혼도 모두 포기하고 금욕주의자처럼 연기공부에만 몰두해야 하지 않습니까?

부자 아저씨　그렇지 않아. 그것도 전부 자네의 잘못된 고정관념이고 독선적인 맹신이야. 그런 식으로 무엇인가를 희생하면서까지 필사적으로 노력할 필요는 없어. 지나치게 노력하고 공을 들이고 필요 이상으로 심각해지는 건 오히려 마이너스가 될 뿐이야. 자신의 사명이나 역할이라면 어디까지나 자연체로 안정된 상태에서 보통의 노력 정도만으로도 순조롭게 진행되는 거야.

부자 아저씨의 '찐' 부자 수업 – 인생의 절대 법칙

무엇인가를 이루기 위해 다른 무엇인가를 희생하면서까지 필사적으로 노력할 필요는 없다.
자신의 사명이나 역할은 지나치게 노력하고 심각해지지 않아도, 어디까지나 안정된 자연체 상태에서 평범하게 노력하는 정도만으로도 순조롭게 진행된다.

요시이　그렇습니까? 전에 읽은 유명한 사람의 책에는 무엇인가를 이루려면 다른 무엇인가를 희생해야 한다고 쓰여 있었는데….

부자 아저씨　뭐, '두 마리 토끼를 쫓는 사람은 한 마리도 잡을 수 없다'라는 그런 말인가? 자기계발 서적에 흔히 등장하는 틀에 박힌 문구이지. 하지만 그에 관해서는 이런 이야기도 있어….

이 '신호'를 깨달으면
인생은 극적으로 호전된다

부자 아저씨 지금 자네는 대학교수가 되려면 친구와 노는 시간을 줄이고 공부만 해야 한다고 말했지? 하지만 대학교수가 모두 그런 사람들만으로 이루어진 건 아냐. 그중에는 보통 사람 이상으로 놀면서 시험 공부는 요령 있게 해서 여유 있게 교수가 된 사람도 있어. 또는 이건 내가 아는 영업사원 이야기인데, 일에서 습득한 영업기술이나 마케팅 노하우를 대학에서 학생들에게 가르치는 사람도 있지. 더구나 이 사람의 수업은 다른 교수들처럼 학술 서적의 지식만을 가르치는 탁상공론과 달리 현장에서의 영업 노하우와 고객과의 커뮤니케이션 스킬이 실제적으로 도움이 되기 때문에 교내에서도 1, 2위를 다투는 인기 강의라고 하더군. 이 사람에게 배운 학생들은 행복할 거야. 장래에 틀림없이 좋은 영업사원이 될 수 있을 테니까.

요시이 호오… 대학교수에도 여러 가지 타입이 있군요.

부자 아저씨　배우가 되려면 철저하게 연기 수업만 해야 한다고 생각하는 것도 자네의 맹신일 뿐이야. 어떤 댄스학원에서 지도자로 있던 여자는 지인인 영화관계자의 부탁을 받아 처음에는 배우에게 영화의 한 장면에 등장하는 댄스를 가르치기 위해 촬영현장에 나갔지. 하지만 아무리 시간이 흘러도 그 여배우가 동작을 제대로 익히지 못하자 감독은 다른 여배우를 찾았어. 그런데 결국 적임자를 발견하지 못해서 댄스를 가르치는 그 여자를 대역으로 발탁했어. 그리고 '그녀의 댄스는 너무 아름답고 멋지다'라는 평판을 듣게 되었고, 영화는 크게 히트를 쳤지. 그 후 그녀에게 영화에 출연해달라는 제의가 쇄도했지.

요시이　댄스 지도자에서 여배우로 변신했다고요? 그런 기회도 있군요.

부자 아저씨　이야기는 여기에서 끝이 아냐. 그녀는 그 후에도 몇 편의 영화와 비디오에 출연했는데, 이번에는 영화의 본고장인 할리우드에서 출연 제의가 들어왔어. 그래서 지금 로스앤젤레스에서 여배우로 활동하면서 댄스학원을 운영하고 있어.

요시이　할리우드까지 진출했다고요? 그리고 댄스학원까지 해외에서 운영하다니…. 역시 운이 좋은 사람은 무엇을 해도 잘 되는군요.

부자 아저씨　아니, 이건 단순히 운 문제만은 아냐. 무엇인가가 잘 풀리는 사람은 천국에서 보내는 이런 Go(고) 사인을 놓치지 않고 기회가 오면 정확하게 파악하여 그것을 자기답게 표현하지. 그렇게 해서 최고의 실력을 낳을 수 있는 것이고, 최대한의 성과를 올릴 수 있는 거야.

요시이　천국으로부터의 Go 사인이요?

부자 아저씨　그래, 천국에 있는 자신이 '지구에서 실행해보자' 하고 지구의 자신에게 사인을 보내는 것이지. 그 사인은 자신의 사명이고 역할이므로 처음에는 '장벽이 높다'라고 여겨지더라도 과감하게 도전해봐야 해. 해보면 해볼수록 안팎의 에너지가 높아지니까. 그렇게 시도해보는 동안에 점차 자신의 세포가 잠에서 깨어나 실력이 늘게 되지. 또 그것을 하면 주변 사람들도 기뻐하고 원하게 되면서 자신이 원하는 것도 잇달아 손에 넣을 수 있게 되지.

요시이　그렇군요. 운이 좋아 보이는 사람은 선천적으로 운이 좋은 게 아니라, 자신의 사명과 역할인 천국으로부터의 사인을 간파해서 열심히 씨를 뿌렸기 때문에 풍요로움이라는 혜택을 받게 된 것이군요?

부자 아저씨　그렇지. 운이라는 건 선천적인 것도 아니고 선택받은 사람에게만 주어진 특권도 아냐. 굳이 표현한다면 운은 자신의 손으로 직접 만들어내는 거야.

부자 아저씨의 '찐' 부자 수업 – 인생의 절대 법칙

운은 스스로 만들어내는 것이다.

운은 선천적인 것도, 특별히 선택받은 사람에게만 주어지는 것도 아니며 자신의 손으로 직접 만들어내는 것이다. 일이 잘 풀리는 사람은 항상 그것을 위해 씨앗을 뿌리고 기회가 오면 용기를 내서 과감하게 도전한다.

요시이　운은 스스로 만들어내는 것이라고요? 꿈이 있는 멋진 말씀입니다. 다만 대학교수가 된 영업사원도 그렇고, 할리우드 여배우가 된 댄스지도자도 그렇고 지금까지와는 다른 일을 하게 된 것이니까 그 나름대로의 고충도 있었을 것 같은데…. 그렇게 되기까지 그들은 어떤 것도 희생하지 않았나요?

부자 아저씨　그래, 희생 따위는 전혀 없었어. 천국으로부터의 사인은 자신이 좋아하는 것이고 열정이 샘솟는 것이니까. 그것을 하는 것만으로 몸 안에서 자연스럽게 도파민이나 셀로토닌이라는 행복 호르몬이 분비되어 행복한 기분을 느낄 수 있지. 인간은 이 행복한 기분을 가지는 것이 가장 중요해. 행복한 사람은 늘 행복을 전제로 살아가기 때문에 행복한 일만 일어나거든. 반대로 미간에 잔뜩 주름을 만들고 '일은 힘든 것' '돈은 벌기 어려운 것'이라는 식으로 불평만 늘어놓는 사람은 그 말대로 혹독한 현실을 만들어내는 거야. 이런 사람이 잘 되는 경우는 매우 드물지. 운 좋게 일시적으로 잘 된다고 해도 희생해야 할 것들이 너무 많아서 결국 오랫동안 유지하기는 어려워.

요시이　그렇군요. 인상을 찡그리고 있으면 행복해 보이지도 않고 행복해지기도 어렵지요. 그런 식으로 자기 자신을 압박하고 궁지로 몰면서 살고 있는 사람은 꽤 많이 있습니다.

부자 아저씨　한편, 천국의 사인을 깨달은 사람은 그것을 실행하는 것 자체가 행복이야. 즉 성과를 운운하기 전에 행동하는 것만으로 행복해진다는 목적을 이미 완수했다고 말할 수도 있지.

요시이　행동하는 것만으로 이미 행복해졌다…?

부자 아저씨　그뿐만이 아냐. 그들은 이기심이나 욕심을 버리고 오직 자신의 열정이 샘솟는 것에 최선을 다해 즐거운 마음으로 도전하기 때문에 주변 사람들도 호의적인 눈길로 바라보며 지지해주고 응원해주지. 이런 사람이 잘 되지 않을 이유가 전혀 없지 않나? 이런 식으로 천국으로부터의 사인을 깨달은 사람은 무엇인가를 희생하는 사람과는 정반대의 위치에 존재하게 되는 거야. 오히려 그것을 실행하지 않는 것이 더 괴롭고 힘들지. 설사 누군가로부터 저지당한다 해도 "싫어, 도저히 멈출 수 없어. 부탁이니까 계속할 수 있게 방해하지 말아줘"라고 반발하게 되거든.

요시이　흐음, 천국으로부터의 사인을 깨달으면 무엇인가를 희생하기는커녕 노력한다는 느낌조차 없이 일이 잘 풀려나간다는 말씀이군요. 게다가 기분까지 좋아져서 운도 강해진다니…. 그런 사인을 깨닫는 사람은 정말 행복하겠네요.

부자 아저씨　반대로, 사인을 깨닫지 못하는 사람은 가시밭길을 걷게 돼. 매일 자신에게 어울리지 않는 일을 하니까 삶이 힘든 건 당연하지. 실제로 샐러리맨 중에서 우울증에 걸리는 사람의 80% 이상은 하기 싫은 일을 하고 있거나 애당초 자신이 무엇을 하고 싶은지조차 모르고 있다는 조사결과도 있어. 어때, 한시라도 빨리 천국의 사인을 깨닫고 싶지 않나?

요시이　당연히 깨닫고 싶지요. 대체 어떻게 해야 천국으로부터의 사인을 깨달을 수 있습니까?

노력 따위는
하지 않는 게 좋다

부자 아저씨　천국으로부터의 사인을 깨달으려면 순수하게 자신의 감성에 귀를 기울여야 돼. 구체적으로는 지금 자신이 하고 있는 일이 스트레스가 없고 즐겁게 진행되는지를 판단해보면 가장 알기 쉽지.

부자 아저씨의 '찐' 부자 수업 – 인생의 절대 법칙

자신의 사명과 역할인 천국으로부터의 사인을 깨달으려면 순수하게 자신의 감정에 귀를 기울여야 한다. 구체적으로 자신이 지금 하고 있는 일이 스트레스가 없고 즐겁게 진행되는지를 판단해본다.

요시이　자신이 지금 하고 있는 일이 스트레스가 없고 즐겁게 진행되는지를 판단하라고요? 확실히 힘든 일이나 싫어하는 일은 천국에서 보내는 사인이라고 생각할 수 없겠지만…. 스트레스 없이 즐겁게 진행되는 일이 천국에서 보내는 사인에 해당한다면 너무 간단하지 않습니까? 무슨 일을 하건 그 나름대로 노력은 필요하다고 생각합니다만….

부자 아저씨　그 노력이라는 것도 잘못된 관념 중 하나야. 세상에는 '노력만 하면 인정받을 수 있다'라는 잘못된 관념이나 낡은 가치관으로서의 노력은 천국의 사인에 가장 어울리지 않는 존재야.

요시이　그렇습니까? 노력하지 않으면 일이 잘 진행되지 않을 것 같은데요….

부자 아저씨　자네도 노력이라는 말의 관념에 완전히 빠져 있는 사람이군. 좋아, 지금부터 그 맹신에서 벗어나게 해주지. 우선 질문부터. 자네가 내일, 전부터 동경했던 가스미처럼 아름다운 미인과 데이트 약속을 했다고 하자고.

요시이　아니, 잠깐만요. 저는 가스미 씨를 동경하지도 않고…. 애당초 그 여성의 존재 자체를 머릿속에 떠올리기 쉽지 않습니다.

부자 아저씨　거 참, 이해력이 떨어지는 친구네. 가스미는 절세미인의 비유라고 생각하라고…. 누구건 상관없어. 자네가 좋아하는 타입의 여자를 떠올려봐. 그런 미인과 데이트하기 전날 밤, 자네는 미간에 잔뜩 주름을 모으고 노력하고 있을까?

요시이　그야, 당연히 미간에 주름을 모으지는 않겠지요. 하지만 그녀의 마음에 들기 위해 다양한 데이트 계획을 세우겠지요. '어디로 가야 기뻐할까?'라거나 '몇 시에 디너를 예약해야 할까?' 등 데이트하기 전에는 이런 정도의 노력은 당연히 하는 것 아닌가요?

부자 아저씨   아니, 달라. 그걸 노력이라고 표현하면 안 되지. 자네는 기쁜 마음으로 이런저런 계획을 세우는 것이잖아. 아니면 자네는 데이트 계획을 세우고 있을 때 '아, 힘들어! 왜 이런 걸 하고 있어야 되는 거야?' '다른 누군가 대신해줄 수 있는 사람은 없을까?'라는 식으로 권태감이나 피해의식을 가지나?

요시이   아니요. 좋아하는 여성과 데이트를 하는 데 그럴 리가 없지요. 가슴이 설레면서 정신없이 계획을 세우겠지요.

부자 아저씨   그것 봐. 노력 따위는 전혀 하고 있지 않잖아. 천국으로부터의 신호도 마찬가지야. 그것을 하고 있는 것만으로 가슴이 설레고 열정이 샘솟아 행복감과 평온함에 싸여 있기 때문에 노력 따위는 할 필요가 없는 거야. 무엇인가를 할 때 조금이라도 '노력해야 돼'라는 생각이 떠오른다면 그건 천국으로부터의 신호가 아냐.

요시이   그런가요? 그 비유는 전제가 크게 잘못된 것 같은데요…. 일과 연애는 전혀 다른 것 아닙니까?

부자 아저씨   그야말로 큰 착각이야. 일이나 연애나 근본은 똑같아.

요시이   그렇지 않습니다. 일과 연애는 분명히 다르지요. 그야말로 180도 다르다고 말할 수 있습니다.

부자 아저씨   그렇군. 지금까지의 이야기를 통해서 자네가 그 나이가 되도록 애인이 한 명도 없는 이유를 알 것 같아. 그런 사고방식을 가지고 있다면 앞으로도 인기 없는 가난뱅이 상태로 지내야 할걸. 좋아, 지금부터 돈뿐 아니라 여자에게도 인기를 얻을 수 있는 방법을 이야기해보지. 이건 마치 페로몬을 사용한 미약처럼 효과가 좋은 방법이니까 절대로 악용하면 안 돼.

이제는 싸구려 잡지 광고에서도 찾아보기 어려운 페로몬 미약이라는 비유에 신빙성이 전혀 느껴지지 않았다. 하지만 더 이상 언쟁을 하고 싶지 않아 잠자코 부자 아저씨의 이야기에 귀를 기울였다.

부정적인 상황을 크게 개선하는
핑크 이미지

부자 아저씨   아까 자네는 가스미와의 데이트 전에 '가스미를 어디로 데려가면 기뻐할까?'라거나 '가스미는 어떤 음식을 좋아할까?'라는 식으로 그녀가 좋아하는 것을 해줘서 기쁘게 해주고 싶다고 말했지?

요시이   아뇨. 가스미라는 여성과 어떻게 하겠다는 말은 한마디도 하지 않았습니다. 하지만 제가 좋아하는 여성과 데이트하는 경우에는 그렇게 하면 좋겠다고 생각합니다.

부자 아저씨   어쨌든 좋아. 그렇게 하면 대부분의 여성은 기뻐하겠지? 설령 자네처럼 촌스러운 남자라고 해도 자신을 생각해주는 상대방을 나쁘게 보지는 않을 테니까.

요시이   그렇겠지요. '타인은 나의 거울이다'라는 말도 있는 것처럼.

부자 아저씨   비즈니스 현장에서도 비슷한 행동을 하면 좋지. 자네는 고객이나 상사, 동료가 무엇을 하면 기뻐할지 항상 생각하고 행동하나?

요시이   아닙니다. 항상은 아니지요. 일에서도 제가 좋아하는 상대방에게는 그렇게 하는 경우가 있지만 좋아하는 사람이 아닌 경우에는 나름대로의 대응만 하는 경우가 대부분입니다.

부자 아저씨   그거 이상한데. 아까 스스로 '타인은 나의 거울이다'라고 말했잖아? 그런데 왜 그 원리를 응용하지 않지? 나름대로의 대응만 한다면 나름대로의 결과밖에 돌아오지 않는다는 건 불을 보듯 뻔한데. 그리고 '이 고객은 불평만 하고 있어'라거나 '아, 잔소리 정말 많은 상사야!'라거나 '능력 없는 부하직원은 정말 싫어'라는 식으로 생각한다면 상대방에게도 그 감정이 그대로 전달되어 마찬가지의 결과밖에 돌아오지 않는 거야.

요시이   네, 그건 그럴지도 모르겠습니다만…. 하지만 좋아하는 여성에게는 의식하지 않아도 자연스럽게 배려하게 되지만, 그렇지 않은 사람에게 똑같이 배려하기는 정말 어렵습니다. 하물며 마음에 들지 않는 고객이나 상사에게는 더욱 그렇지요.

부자 아저씨   뭐, 일반적으로는 그렇지. 좋아하는 여성에게는 자기도 모르게 배려하고 상냥하게 대하지만 싫어하는 사람에게는 그렇게 못 하는 게 일반적이다. 그렇기 때문에 자네가 의식적으로 상대방을 좋아하는 여성과 마찬가지로 생각하고 배려할 수 있다면, 그것만으로 실적에서 다른 사람들과 압도적으로 차이로 벌릴 수 있지 않을까?

요시이   네, 확실히 맞는 말씀입니다…. 하지만 싫어하는 상대방을 무리해서 좋아하려고 하기는 어려운 일 아니겠습니까? 설사 좋아하는 척

해도 상대방에게 즉시 본심을 간파당해서 오히려 관계가 더 어색해질 수도 있고….

부자 아저씨　그럴 때를 대비한 가장 적합한 이미지 훈련이 있어.

요시이　싫어하는 상대방을 좋아할 수 있게 되는 이미지 훈련이 있다고요?

부자 아저씨　그래. 그럴 때에는 말이지, 핑크를 이미지하는 거야.

요시이　네. 핑크요? 핑크라면 분홍색, 그 핑크 말씀입니까?

부자 아저씨　그래. 달리 또 핑크라는 게 있나? 뭐, 굳이 찾아본다면 핑크 레이디나 핑크 영화도 있지만.

요시이　아니요. 굳이 그런 걸 찾아볼 필요는 없을 것 같습니다. 그래서요? 핑크를 떠올리라니, 어떻게 하는 겁니까?

부자 아저씨　그 색깔을 상대방에게 투영해서 마치 상대방이 핑크로 물든 것 같은 이미지를 그려보는 거야.

요시이　상대방을 핑크로 물들인다고요? 그런 걸 하는 게 무슨 의미가 있습니까?

부자 아저씨　핑크는 어색하고 부정적인 상황을 부드럽게 완화시키는 정화작용을 해. 상징적인 것은 벚꽃이야. 꽃놀이 시기에 그 핑크로 물든 활짝 핀 벚꽃을 보고 "뭐야, 이 벚나무는 매년 핑크 꽃만 피우고 정말 질려버리겠어!"라고 불평하는 사람을 본 적이 있나? 모든 사람이 벚꽃의 화려한 핑크에 매료되고 환상적인 분위기에 마음의 치유를 받지 않나?

요시이　네, 뭐 확실히 벚꽃의 핑크는 사람들을 매료시키지만, 그건 역시 환상적인 벚나무가 눈앞에 있기 때문이지 아무것도 없는 장소에서 핑크를 이미지한다고 해서 무슨 일이 일어나겠습니까?

부자 아저씨　그렇지 않아. 머릿속으로 이미지한 것은 확실히 현실세계에 투영되니까.

요시이　머릿속의 이미지가 현실세계에 투영된다고요? 그게 무슨 말씀입니까? 의미를 이해하기 어려운데요.

부자 아저씨　자네가 선명하게 이미지를 그릴 수 있는 것은 현실에 존재하는 것과 큰 차이가 없다는 거야. 두뇌는 이미지로 상상한 것과 현실을 구별할 수 없거든. 예를 들어 머릿속으로 선명하게 레몬이나 매실장아찌를 이미지하면 실제로 레몬이나 매실장아찌가 없어도 입에서 침이 나오는 경우가 있지?

요시이　아, 그러고 보니 들은 적이 있습니다. 다만 레몬이나 매실장아찌와 핑크를 이미지하는 건 다르다고 생각합니다.

부자 아저씨　쯧쯧쯧, 여전하구먼. 잘 들어봐. 레몬이건 매실장아찌이건 핑크이건 다를 게 전혀 없어. 다만 이미지하는 접근방법이 미각과 시각으로 나뉠 뿐이지.

요시이　네? 미각과 시각이라고요? 미각과 시각이 무슨 차이가 있다는 말씀인지….

부자 아저씨　휴우(깊은 한숨), 더 이상 자네에게 무슨 말을 해도 소용이 없다는 걸 알았네. 뭐, 이해하지 못해도 상관없으니까 지금 이 자리에서 핑크를 이미지해봐.

요시이　아, 네….

시키는 대로 핑크를 이미지해보았지만 부자 아저씨에게 포기당했다는
데 충격을 먹었기 때문인지 선명하게 이미지하기는 어려웠다.

부자 아저씨　어때, 이미지할 수 있나?

요시이　아뇨, 그다지 선명하게 떠올릴 수 없는데요….

부자 아저씨　돈뿐 아니라 상상력까지 결여되어 있는 사람이군. 좋아, 지
금부터 내가 유도해줄 테니까 눈을 감고 천천히 핑크를 머릿속에 떠올
려봐. 우선 심호흡이야. 숨을 4초 정도 코로 들이쉰 다음에 8초 동안
입을 통해 내뱉는 거야. 그걸 세 번 정도 해서 정신이 안정되면 자네가
지금까지 본 벚꽃이나 핑크 셔츠, 또는 양돈장의 아기 돼지라도 상관
없으니까 머릿속에 핑크를 이미지해보라고. 어때, 이번에는 생생하게
핑크를 떠올릴 수 있나?

요시이　네, 어느 정도 선명해진 것 같습니다.

부자 아저씨　그래, 핑크를 떠올리니까 어떤 기분이 드나?

요시이　네, 왠지 마음이 약간 편안해지면서 안정되는 느낌입니다.

부자 아저씨　좋아, 다음에 그 마음을 기분 나쁜 고객이나 상사에게 투영
시키는 거야. 핑크 풍선을 커다랗게 부풀려 상대방을 부드럽게 감싸는
그런 느낌으로. 또는 '드래곤볼'에서 손오공의 '가메하메하(かめはめ波,

에네르기파)'처럼 손에서 핑크 광선을 내보내어 상대방을 핑크로 감싸는 듯한 그런 이미지라도 좋아.

요시이   네, 해보겠습니다.

손오공의 가메하메하는 이미지할 수 없었기 때문에 핑크 풍선으로 기분 나쁜 상사를 감싸는 이미지를 그려보았다. 그러자 확실히 이전보다 기분이 훨씬 부드러워지면서 치유되는 듯한 변화를 느끼기 시작했다.

부자 아저씨   어때, 지금 어떤 기분인가?

요시이   네, 이런 걸 해서 뭐가 바뀔 리는 없다고 생각했습니다만 해보니 묘한 기분이 드네요. 적어도 싫어하는 사람에게 느꼈던 평소의 혐오감이 엷어졌습니다. 오히려 온기라고 해야 할까요. 기분이 부드러워지면서 상대방을 이해할 수 있을 것 같은 일체감마저 느껴집니다.

부자 아저씨   그렇지? 이건 신기한 것도 아니고 이상한 것도 아냐. 이 경우, 언어가 아니라 핑크라는 색깔을 떠올리는 것이 포인트야. 이때 무리해서 싫어하는 상대방을 좋아하겠다고 생각하거나 상대방의 장점을 찾으려 하면 그 순간, 두뇌가 논리적인 분석을 시작해서 '역시 무리야, 이 사람만큼은 도저히 좋아할 수가 없어'라고 부정적인 판단을 내리게 되지. 두뇌에는 '평소와 다름없는 나인 채로 편안하게 있고 싶어'라는 안전욕구가 존재하지. 그렇기 때문에 이미지를 이용해야 돼. 언어가 아니라 색깔로 이미지하면 논리적인 판단을 차단하고 긍정적인 감정

상태로 전환할 수 있게 되거든. 논리가 우선하는 좌뇌로 판단하기 전에 감정이 우선하는 우뇌를 사용해서 상호 간에 좋은 상태를 만들어주는 것이지. 이런 식으로 상태가 호전되었을 때 그 기분을 가지고 싫어하는 상대방과 커뮤니케이션하면 상대방은 평소의 자네와는 분명히 다른 긍정적인 태도 변화를 느끼기 시작하지. 그럴 경우, 점차 뇌 안의 거울신경세포(Mirror Neurons: 다른 개체의 행동을 보고 마치 자신이 똑같은 행동을 취하고 있는 것처럼 거울 같은 반응을 하는 두뇌의 움직임)에도 감화되어 두 사람의 관계가 개선되는 거야. 마치 예전부터 서로 마음이 잘 맞는 친구인 것처럼 말이야.

부자 아저씨의 '찐' 부자 수업 – 인생의 절대 법칙

불편하거나 마음에 들지 않는 사람을 상대하거나 위기 상황에 빠지면 핑크를 이미지한다. 그렇게 하면 부정적인 공간이 중화되고 상황이 개선되기 시작한다.

여기에서 무리해서 싫어하는 상대방을 좋아하겠다고 생각하거나 상대방의 장점을 찾으려 하면 두뇌가 논리적인 분석을 시작해서 부정적인 판단을 해버린다. 핑크를 이미지하면 논리적인 판단(좌뇌)을 차단하고 감정(우뇌)을 긍정적인 상태로 전환할 수 있다.

요시이　그렇군요. 그야말로 '타인은 자신을 비추는 거울'이군요.

부자 아저씨　그렇지. 타인이 거울이라는 건 거울신경세포의 '거울'을 말하기도 하지. 이런 느낌으로 자신 내부의 좋은 기분을 상대방에게 감정이입하기 위해서 앞으로 싫어하는 사람이나 불편한 상대방을 만나면 즉시 머릿속으로 핑크를 이미지해보라고. 그렇게 하면 상대방과의 관계도 빨리 개선될 테니까. 이건 인간관계에만 한정된 이야기가 아니야. 예를 들어 자네가 뭔가 곤란하거나 위기에 빠졌을 때에도 핑크를 이미지해보는 거야. 핑크는 나쁜 상태나 환경을 중화시켜 기회로 바꾸어주는 힘이 있는 색깔이니까 나쁜 상황에서도 반드시 좋은 변화가 발생할 거야. 알겠지? 난처할 때에는 핑크. 아, 물론 핑크라고 해도 부디 핑크 영화는 생각하지 말라고.

이런, 또 무리해서 핑크 영화 같은 이상한 방향으로 전환시킨다.

운 좋은 사람이
평소에 하고 있는 것

요시이   그건 그렇고 핑크를 이미지하는 것만으로 이렇게 기분이 바뀐
다는 건 신선한 놀라움이었습니다. 기분이 좋아지면 마음이 안정되니
까 틀림없이 주변에도 좋은 영향을 끼치겠지요?

부자 아저씨   그렇지. 일이건 연애건 모두 자신이 주체가 되어 컨트롤할
수 있게 되지. 아니, 일이나 연애에만 해당되는 게 아니야. 인간관계는
물론이고 부나 운, 건강이나 에너지도 모두 자신의 기분에 따라 변하
는 것이니까.

요시이   네, 확실히 운이 좋은 사람이나 에너지 수준이 높은 사람은 미
리 상황이 그렇게 전개되도록 스스로 만들어 놓은 듯한 느낌이 들기는
합니다.

부자 아저씨   그렇지. 운이 좋은 것처럼 보이는 사람은 평소에 운이 좋아
지도록 뭔가 씨앗이 되는 것들을 뿌려두는 거야. 자신의 기분을 좋게

하기 위해 외모에 신경을 쓰거나, 평온을 유지하기 위해 매일 아침 명상을 하거나, 열정을 높이기 위해 근육 트레이닝이나 조깅을 하거나, 평화로운 마음을 유지하기 위해 늘 미소를 짓고 있거나, 눈앞에 있는 사람에게 감사와 배려하는 마음을 가지거나, 또는 누구나 주저하는 최악의 경우에도 관점을 바꾸는 방식으로 문제를 긍정적으로 포착해서 여유 있게 대응하지.

요시이   네, 근육 트레이닝이나 조깅, 명상, 미소 띤 얼굴, 감사하는 마음 등은 모두 성공한 사람이나 성공을 지향하는 사람들의 대명사 같은 것들이지요. 그런 내용을 다룬 성공과 관련된 책은 흔히 볼 수 있습니다.

부자 아저씨   그래, 성공하는 사람들은 늘 그렇게 기분이 긍정적인 상태로 유지될 수 있도록 평소에 스스로를 컨트롤하고 있지. 그것을 반복하면서 그 모습이 자신의 내부에서 표준이 되도록 말이야. 그런 씨앗 뿌리기가 자연스럽게 이루어질 정도로 행운 체질이 된 사람들이 큰 성과를 거두는 것은 당연한 결과라고 할 수 있지.

요시이   네, 말씀대로 운이 좋아 보이는 사람이나 에너지 수준이 높은 사람은 모두 긍정적인 사고로 행동합니다. 다만, 그런 씨앗 뿌리기를 무의식적으로 할 수 있고, 늘 행운이 찾아오도록 만들 수 있는 사람이 되는 건 실제로는 정말 어려운 일이겠지요. 지금의 저는 절대로 불가능합니다.

부자 아저씨   이봐, 생각한 것이 현실이 된다고 몇 번을 말해야 알아듣겠나? 그런 식으로 자네가 '어렵다'고 생각하니까 어려워지는 것이고,

'절대로 불가능하다'고 생각하니까 원하는 대로 불가능한 상태가 계속되는 거야. 행운 체질이 되고 싶으면 지금 이 순간부터 '나는 행운 체질이 되었다' '앞으로 눈앞의 현상에 집착하지 않고 즐겁고 편안한 마음으로 살 것이다'라고 강하게 결심하면 되는 거야.

요시이 저도 당연히 그렇게 생각하고 싶습니다. 하지만 역시 쉬운 일은 아니지 않습니까? 인간인 이상, 예상하지 못한 문제가 발생하면 자기도 모르게 동요하게 되고 기분 나쁜 상황에 부딪히면 고민하거나 걱정하게 되니까요….

부자 아저씨 그것도 전부 맹신에 지나지 않는다니까. 문제가 발생하면 기분 나쁜 상황이 전개되었거나 마이너스라고 생각하지 말라고. 정반대이지. 문제가 발생한 것은 좋은 현상이야. 그 문제를 해결하면 영혼이 향상되어 틀림없이 자신의 진화나 성장과 연결되니까. 앞으로는 한 가지 사건에 일희일비하지 말고 무게감 있게 좀 더 장기적인 관점을 가지도록 해봐. 어떤 일이 발생해도 '괜찮아, 결국 잘 풀릴 운명이니까'라고 여유를 가지고 받아들이고 안정된 마음으로 살도록 해.

요시이 물론 그런 식으로 살 수 있다면 이상적이겠지만 그건 회장님처럼 긍정적인 사람들에게나 해당되는 이야기이지요. 문제가 발생했는데 안심하라니, 보통 사람에게는 불가능한 대응입니다.

부자 아저씨 더 이상 설명해봐야 자네처럼 멘탈이 약한 사람은 이해하기 어렵겠군. 좋아, 지금부터 자네에게 무슨 일이 발생해도 흔들리지 않는 신 수준의 멘탈을 가질 수 있는 방법을 이야기해주지. 이걸 습관화하면 마음이 흔들리지 않는 것은 물론이고, 나쁜 일이 발생했을 때도 내부에 파워와 에너지가 더 끓어올라 더욱 강력한 멘탈을 갖출 수 있게 될 거야. 어때, 알고 싶지 않은가?

5교시

에고(Ego)를 적이 아닌 아군으로 만들어라

주변으로부터 존경이나
공감을 받는 사람들의 공통점

요시이 강한 멘탈을 가질 수 있는 방법이요? 그런 방법이 정말 존재한다면 알고 싶습니다.

부자 아저씨 좋아, 우선 질문부터. 만약 예상하지 못한 사건을 직면하게 되어 주변 사람들이 크게 동요하는 상황에서 혼자 당황하지도 않고 흔들리지도 않는, 당당한 태도를 보이는 사람이 있다면 자네는 어떻게 생각하겠나?

요시이 크게 의지되겠지요. 그런 사람이야말로 리더에 어울린다고 생각합니다.

부자 아저씨 자네는 그런 리더가 되고 싶지 않은가?

요시이 아니, 저는 특별히 리더가 되고 싶지는 않습니다. 사람들에게 지시를 내리거나 책임지는 걸 별로 좋아하지 않거든요.

부자 아저씨 이봐, 그게 자네의 결정적인 단점이야. 예상하지 못한 사태에 직면하더라도 전혀 흔들리지 않는 사람이야말로 진정한 리더이지. 주변 사람들은 그런 리더의 모습을 보고 동경하거나 존경하거나 공감하는 거야. 그런데 "저는 특별히 리더가 되고 싶지는 않습니다"라니, 정말 한심하군. 그런 정신상태로는 아무리 시간이 흘러도 눈앞의 사소한 사건에 우왕좌왕하며 어쩔 줄 모르는, 전혀 의지할 수 없는 못난 남자인 채로 평생을 보내게 될걸. 그래도 좋은가?

요시이   아니, 그건 아닙니다만….

부자 아저씨   좋아, 그럼 리더가 되고 싶은 것이지?

요시이   네, 네. 그렇게 살아야 한다면… 리더가 되고 싶습니다.

부자 아저씨   그렇게 살아야 한다면? 자네 목석이야, 뭐야? 좀 더 의욕을 보여주어야지. 그럴 때에는 누구보다 강하게 "네, 리더가 되고 싶습니다!"라고 선언하듯 강하게 말해야 하는 거야. '미국 횡단 울트라 퀴즈'에서도 사회자의 "뉴욕에 가고 싶습니까?"라는 질문에 가장 강력하게 "네!"라고 대답한 의욕이 넘치는 사람이 우승할 확률이 높다고.

응? 나는 특별히 뉴욕에 가고 싶은 생각은 없다. 게다가 '미국 횡단 울트라 퀴즈'는 또 뭔가? 옛날 티브이 프로그램인가? 대화를 나누다 보면 끊임없이 발생하는 이 부자 아저씨와의 세대차가 나를 혼란스럽게 만들었지만 이 상황에서는 일단 맞춰주는 게 좋을 것 같다.

요시이   네, 리더가 되고 싶습니다.

부자 아저씨　좋아, 리더라면 예상하지 못한 사태가 발생했을 때 어떻게 해야 하나?

요시이　네? 어떻게 하나니요?

부자 아저씨　모든 사람에게 신뢰를 얻을 수 있는 리더는 사람들이 동요하는 예상하지 못한 사태를 만났을 때 어떻게 해야 하느냐고 물었어.

요시이　글쎄요, 저는 평생 한 번도 리더가 되어본 적이 없기 때문에 전혀 예상하지 못하겠습니다. 무엇을 해야 하는 겁니까?

부자 아저씨　모든 사람이 불안해할 때 리더가 해야 할 일은 하나밖에 없어. 앞장 서서 사람들을 격려하는 거야.

요시이　사람들을 격려한다고요?

부자 아저씨　그렇지. 예상하지 못한 사태에서는 필요 이상으로 동요하거나 긴장하는 사람들이 많이 발생하니까 리더는 그런 사람들을 향해 "걱정하지 마라" "내게 맡겨라" "내게 좋은 생각이 있다"라는 식으로 배려와 격려할 수 있어야 하는 거야.

요시이　하지만 그런 무책임한 말을 해도 되는 건가요? 예상하지 못한 사태이지 않습니까. 그럴 때에는 아무리 리더라고 해도 동요하지 않을 수 없지요. 그리고 근거도 없이 격려만 했다가 나중에 제대로 처리되지 않으면 오히려 신뢰를 잃게 되지 않겠습니까?

부자 아저씨　휴우(깊은 한숨을 내쉬고), 아직도 그런 말을 하다니⋯. 잘 들어. 자네는 이 시점에서 이미 두 가지 커다란 잘못을 범하고 있는 거야. 그게 뭔지 모르겠나?

요시이　두 가지 커다란 잘못이요? 전혀 모르겠는데요. 제가 대체 무슨 잘못을 저질렀다는 것입니까?

부자 아저씨　첫째는 인간의 성질을 전혀 이해하지 못하고 있다는 거야. 인간은 다른 사람을 격려하거나 용기를 주면 본인 스스로도 용기를 얻어 동요하지 않게 된다는 성질이 있지.

요시이　그런 성질은 들어본 적이 없는데요.

부자 아저씨　사실이야. 예를 들어 화재나 지진, 교통사고 등의 재해를 만난다면 주변을 둘러보고 자기보다 더 동요하고 있는 사람에게 말을 걸어 격려해보라고. 동요하고 있는 사람에게 용기를 주면 본인의 마음도 안정된다는 사실을 실감할 수 있을 테니까.

요시이　그런 것입니까? 아, 하지만 그러고 보니 머피 박사의 책에도 '잠재의식에는 주어가 없다'라고 쓰여 있었습니다. '다른 사람을 칭찬하면 자신을 칭찬하는 것이 되고, 다른 사람을 험담하면 자신을 험담하는 것이 된다'고도 했지요. 그 이론으로 본다면 다른 사람을 격려하면 본인이 격려를 받는다는 이론은 맞는 것 같기는 합니다.

부자 아저씨　이봐, 지금 이론을 논하자는 게 아냐. 모든 것은 '패션! 열정'인 거야. 이 세상에서 무엇인가를 이루려면 반드시 열정이 있어야 해. 자네는 모든 일에 대해서 이 열정이 부족하기 때문에 일이 제대로 풀리지 않는 거야. 오늘부터 당장 아무리 사소한 일이라 해도 최대한 열정을 쏟기 위해 노력해봐. 그것만으로 인생이 완전히 바뀌기 시작할 테니까.

요시이 그렇군요. 확실히 열정은 중요하고 제게 부족한 부분이라고 자각하고 있습니다. 앞으로 신경을 쓰겠습니다. 그건 그렇고 제가 범하고 있는 또 한 가지 잘못은 무엇입니까?

부자 아저씨 아, 이것도 매우 중요한 것이지. 아까 자네는 근거도 없이 사람들을 격려했다가 제대로 뒤처리를 하지 못하면 오히려 신뢰를 잃게 되는 것 아니냐고 말했지?

요시이 네, 그렇게 말했습니다.

부자 아저씨 그게 결정적인 잘못이야. 알겠나? 리더가 격려를 할 때 근거나 이유 따위는 전혀 필요 없어. 그저 "걱정하지 마라" "내게 맡겨라" "내게 좋은 생각이 있다"라고 말만 하면 돼. 이 말들을 입 밖으로 표현한 순간, 그 말대로 좋은 방법이 떠올라 즉시 사태도 수습되고 해결되니까.

요시이 아니지요. 일이 그렇게 쉽게 해결되는 것은 아니라고 생각합니다. 근거도 없는 상태에서 그런 말들을 입 밖으로 표현한다고 해결책이 떠오를 리 없습니다.

부자 아저씨 그렇지 않아. 먼저 말로 표현해서 해결책이 떠오르기 쉽도록 만드는 것이지. 알겠나? 『성서』에도 '먼저 말이 있다'고 나와 있지. 이 세상의 모든 현상은 일단 언어에 의해 정의되면 그 후의 사태도 정의된 그 말을 향하여 움직이게 되는 거야. 인생에서 발생하는 모든 일은 생각이 우선이고, 현실이 나중이니까. 우선 강한 생각이 전해지면 그 이후에 현실이 변화하기 시작하는 거야. 그런데 근거가 없다고 말로 표현하지 않고 행동도 하지 않으면 몸과 마음은 점차 위축되어 해결책은 평생 떠오르지 않는 거라고.

부자 아저씨의 '찐' 부자 수업 – 인생의 절대 법칙

인생에서 발생하는 일은 모두 '생각이 우선이고 현실은 그 후'다.

이 세상의 현상들은 일단 언어에 의해 정의되면 그 후의 사태도 정의된 그 말을 향하여

움직이게 되어 있다. 우선 이상적인 상태를 떠올리고 언어로 표현해본다. 그렇게 하면

아이디어나 해결책도 자연스럽게 떠오르게 된다.

요시이   네, 그런 것이군요?

부자 아저씨   그렇지. 그러니까 이제 더 이상 이러쿵저러쿵 떠들지 말고 들은 대로 실행해봐. 설사 예상하지 못한 사태에 직면한다고 해도 여유를 가지고 "걱정하지 마라" "내게 맡겨라" "내게 좋은 생각이 있다" 라고 말하고 주변 사람들을 격려하는 거야. 이것만으로 모두가 자네를 인정해주게 될 거야. 이후의 문제는 그때가 돼서 천천히 생각하면 돼. 리더답게 행동하는 게 우선이라고. 그렇게 하면 분명히 자네를 리더로 인정해주는 사람들이 나타날 거야. 조금이라도 리더로서 인식되면 자연스럽게 큰 틀에서 사고하거나 대담한 행동도 취할 수 있게 되니까 해결책은 그 후에 얼마든지 생각해낼 수 있는 거야.

요시이   정말로 말로 표현하는 것만으로 그렇게 잘 풀릴까요? 쉽게 믿어지지 않습니다….

부자 아저씨   정말 의심이 많은 친구군. 이봐, 지금까지 머릿속으로 생각만 하고 있던 것을 입 밖으로 표현함으로써 강한 신념으로 마음에 새겨지고 그것이 현실세계에 표면화되는 거야. 나아가 입 밖으로 표현한 순간, 무엇인가 실행하지 않으면 안 된다는 자네의 허세나 허영심도 강하게 움직이기 시작해서 뜻밖의 아이디어가 떠오를 거야. 또 다른 사람들로부터 "이런 건 어떻겠습니까?"라는 식의 제안이 들어오기도 하지. 변변치 못한 자네 같은 사람이 리더가 되는 경우, 이런 식으로 다른 사람들로부터 제안이 들어오는 경우가 훨씬 많겠지만. 어쨌든 그렇게 해서 누군가로부터 좋은 제안이 들어오면 그 사람에게 이렇게 말하는 거야.

요시이   어떻게요?

부자 아저씨   "그렇지, 바로 그거야. 자네도 알아냈군"이라고.

신념을 강화하여 바람이나
목표를 달성하기 쉽게 만드는 비결

부자 아저씨 어때, 여기까지의 이야기는 대강 이해할 수 있나?

요시이 네. 일단 먼저 리더가 되겠다고 마음을 먹고, 리더가 되었다는 생각으로 큰 틀에서 생각하고 행동하면 평소의 잠재력보다 더 큰 능력을 발휘하게 되고, 주변의 환경도 저를 중심으로 돌아가게 된다는 말씀은 충분히 이해했습니다. 그야말로 생각이 먼저이고 현실이 나중인 것이지요? *(갑자기 큰소리로)* 아!

부자 아저씨 뭐야? 왜 갑자기 소리를 지르고 난리야? 깜짝 놀랐잖아.

요시이 지금 깨달았는데 생각이 먼저이고 현실이 나중이면 회장님이 괴롭힘을 당했던 소년 시절에 당당하게 가라테의 고수를 연기했더니 주변의 태도가 순식간에 바뀌었고 괴롭힘도 사라졌다는 이야기, 그리고 소속사에 빚을 진 가수가 히트를 쳐서 큰돈이 들어온 것처럼 행동했더니 그 순간 멋진 아이디어가 떠올라서 밀리언셀러를 만들었다는 이야기와 완전히 똑같은데요?

부자 아저씨　그렇지. 결국 이 세상은 자신이 강하게 믿는 것이 눈앞의 현실이라는 스크린에 반영되는 환영이라고 할 수 있지.

요시이　아, 그것도 머피의 책에 쓰여 있었습니다. '인간은 하루 종일 무엇인가를 현재의식(顯在意識)으로 생각하고 있다. 그 생각은 무의식중에 잠재의식에 각인되고 이윽고 신념이 된다. 잠재의식은 무엇이건 현실이라는 스크린에 그 신념을 재현시키려고 움직인다. 좋은 것을 믿으면 좋은 일이 발생하고 나쁜 것이 신념에 깃들면 그대로 나쁜 일이 신변에 발생한다'고요.

부자 아저씨　그래, 믿는 것이 현실이 된다…. 이것이야말로 이 세상의 진리이고 인생의 절대 법칙이야.

요시이　네, 다만 저를 포함한 대부분의 사람은 그런 식으로 좋은 것을 생각하려 해도 도저히 믿어지지 않아 의심스러운 마음을 가지게 되지요. '내가 정말 그런 일을 할 수 있을까?' '좋은 것을 믿으려 해도 진심으로 믿는 게 아니니까 그건 결국 거짓이야'라는 식으로요. 이런 부정적인 생각을 떨쳐버리고 스스로를 진심으로 믿으려면 어떻게 해야 좋을까요?

부자 아저씨　굳이 무리해서까지 부정적인 생각을 떨쳐버려야 할 필요는 없지 않겠나?

요시이　아니, 그렇지 않습니다. 강하게 믿은 것이 현실이 되는 것이니까 의심을 떨쳐버리지 않으면 바람을 실현하기 위한 출발선에 서는 것조차 불가능한 것 아닙니까?

부자 아저씨 아무래도 자네는 믿는다는 개념을 오해하고 있는 것 같군. 전혀 의심하지 않는 걸 믿는다라고 하지 않아. 그건 근거나 확증이 있기 때문에 의심할 필요가 없는 것이니까 굳이 믿는다고 표현할 필요가 없지. 설사 진심으로 믿을 수 없거나 어딘가 애매한 부분이 있어서 이성으로는 완전히 납득할 수 없다고 해도 마음으로 일단 허용하고 받아들이는 것. 그런 심리상태를 총칭해서 '믿는다'고 말하는 거야.

요시이 아니, 하지만 자신의 마음으로 허용하고 받아들인다고 해도 저는 그걸 이미지할 수가 없습니다. 애당초 믿을 수 없는 상태이니까 받아들일 수 없는 것이고….

부자 아저씨 그러니까 이미지를 그릴 수 없는 것도 전부 뭉뚱그려서 모든 것을 받아들이는 것을 믿는다고 말하는 것이지.

요시이 이미지를 그릴 수 없는 것도 전부 뭉뚱그려서 모든 것을 받아들이는 것을 믿는다고 말한다고요?

부자 아저씨 그래. 자아나 이해득실을 초월해서 자네의 마음에 깃들어 있는 순수한 마음, 이것을 신념이라고 해. 신념은 올바른 사고와 행동만 따른다면 반드시 실현되는 거야. 그것은 천국에서 이 세상의 자네에게 '이것을 해보아라' '네가 해야 할 일은 이것이다'라고 보내는 메시지이기도 하니까.

요시이 하지만 마음에 깃들인 것이 반드시 천국에서 보내온 메시지라는 보증은 없지 않습니까?

부자 아저씨 아니, 마음에 깃들인 것이야말로 자네의 신념이고, 100% 천국에서 보내온 메시지야. 만약 그것이 자네의 신념이 아니라면 자네의 마음에는 절대로 깃들 수 없으니까. 예를 들어 지금까지 아무런 준비도 계획도 하지 않고 오늘부터 메이저리거가 되어 홈런을 연발하겠다거나, 노벨화학상을 수상하겠다거나, 어느 나라의 대통령이 되어 세계 혁명을 일으키겠다는 건 아무리 어리석은 자네라 해도 생각해보지 않았겠지?

요시이 네, 그런 생각은 전혀 해본 적도 없습니다.

부자 아저씨 그렇지? '에너지보존의 법칙'이라고 해서 인간의 뇌는 완전히 불가능한 것에 대해서는 미리 제거하게 되어 있으니까.

요시이 그 말씀은 마음에 떠오른 생각은 설사 현시점에서 '정말 가능한 일일까?' 하는 회의적인 것이라고 해도 장래에 실현할 수 있는 가능성이 있다는 말씀인가요?

부자 아저씨 그렇지! 자네의 마음이나 머릿속에 떠오르는 아이디어를 영감이라고 해. 그건 대부분의 경우, 신이 자네를 위해 준비해준 사인으로 실행하고 지속하면 마침내 실현되는 거야. 그런 영감이 떠오른다면 우물쭈물 주저하거나 이러쿵저러쿵 고민하지 말고 즉시 실행에 옮겨야 돼. 빨리 시작할수록 그만큼 실현될 확률이 높아지고 시간도 단축되니까.

부자 아저씨의 '찐' 부자 수업 – 인생의 절대 법칙

마음이나 머릿속에 떠오르는 영감은 신이 보내주는 사인이다. 그런 사인을 받았으면 고

민하거나 주저하지 말고 즉시 실행에 옮겨야 한다. 올바른 방법으로 실행하고 지속한다

면 실현될 가능성이 매우 커진다.

요시이　　호오(깊이 감탄한다). 자신의 마음에 깃들어 있거나 마음에 남은 것들은 신이 보내준 사인이고 모두 실현될 가능성이 있다고요? 그런 식으로 신에게 힘을 받고 있다고 생각하면 힘이 나겠는데요. 앞으로는 스스로 느껴지는 영감을 좀 더 소중하게 여기겠습니다. 그 밖에도 저의 가능성을 찾는 데 도움이 되는 것들이 있습니까?

부자 아저씨　　그래, 자네가 다른 사람에 대해 '저 사람은 왜 저렇게 일이 잘 풀리는 거야. 부러워서 못 견디겠어'라고 질투하거나 '저 사람은 손만 대면 좋은 결과를 내는군' 하고 시기를 느끼는 것들도 실현할 가능성이 있다고 말할 수 있지. 자신이 그 사람 이상으로 잘할 수 있을 가능성이 있기 때문에 질투하는 것이거든. 만약 도저히 이길 수 없는 상대라면 질투나 시기도 느끼지 못할 테니까.

요시이　　확실히 그런 것 같습니다. 자신에게 전혀 가능성이 없는 것에 감정이 흔들리는 일은 절대로 없지요. 마음에 떠오르는 것은 질투조차도 신념이고 재능의 일부일 수 있겠군요?

부자 아저씨　　그래. 그러니까 앞으로는 부정적인 일이 발생하면 크게 기뻐하라고. 마음에 깃들인 것은 질투나 시기조차도 자신의 가능성이며

재능의 원천이니까. 설사 지금의 자네에게 지식이나 스킬이 없더라도 포기할 이유는 전혀 없어. 신념을 가지고 지속하면 실현될 가능성이 매우 큰 것들이니까.

요시이 네, 그렇군요. 왠지 저의 가능성이 크게 열린 듯합니다.

부자 아저씨 좋아, 지금까지의 설명은 모두 이해했다는 뜻이겠지? 그렇다면 다음에 그 가능성을 현실화하기 위해 빼놓을 수 없는, 신념을 강화하는 방법에 대해 이야기해볼까?

요시이 신념을 강화하기 위한 비결 같은 것이 있습니까?

부자 아저씨 있지. 그렇게 하려면 신념이라는 글자를 잘 보아야 해. 모든 행위는 이름에서 유래되는 것이니까.

요시이 네? 이름이요? 이름이 신념과 대체 무슨 관계가 있습니까?

부자 아저씨 신념이라는 두 글자를 잘 살펴보라고. '신(信)'은 '사람(人)에게 말한다(言)'라는 의미지. 이건 우선 자네가 성취하고 싶은 목표를 말로 표현해서 누군가에게 선언한다는 의미야.

요시이 저의 목표를 다른 사람에게 말하라고요? 누구에게 뭐라고 말하면 됩니까?

부자 아저씨 우선 자네가 신뢰하는 사람에게 "나는 ○○를 하고 싶어"라고 꿈이나 목표를 선언하면 돼. 선언을 하면 결심하게 되고, 그 말을 들은 상대방도 뭔가 그것과 관련이 있는 일이 있을 때마다 자네를 떠올리게 될 거야.

요시이 그렇군요. 꿈이나 목표를 막연하게 생각만 하는 것보다는 다른 사람에게 선언하면 계기가 만들어지기 쉬울 수도 있겠군요. 그렇다면 신념의 '념(念)'이라는 글자는 어떤 의미이지요?

부자 아저씨　'념(念)'은 '현재(今)의 마음(心)'이지. 현재의 마음을 살펴보고 "내가 하고 싶은 걸 하려면 어떻게 해야 좋을까?" "현재의 내게 부족한 것은 무엇일까?" "어떻게 하면 그 부족한 부분을 보완해서 꿈이나 목표에 다가갈 수 있을까?" 하고 진지하게 자문해보는 거야. 그래도 잘 모르겠다면 이미 그것을 얻은 사람에게 물어보면서 해답을 찾아간다는 뜻이지. 과거를 후회하거나 미래를 불안하게 생각하지 말고 현재의 자네가 할 수 있는 것에만 마음을 기울이고 집중하는 거야. 이것을 할 수 있을 때 자네의 신념은 확고하게 확립되고, 바람이나 목표도 이전보다 훨씬 더 달성하기 쉬워지지.

요시이　호오(깊이 감탄한다). 신념의 '신'이 자신이 믿고 있는 것을 다른 사람에게 말하는 것이고, '념'은 현재의 마음이 어떤 상태인지 집중해서 살펴보는 것이라니…. 정말 그런 것 같습니다. '이름은 실체를 상징한다'라는 말을 들어보기는 했지만 정말 신기하군요.

부자 아저씨　이건 신념이라는 글자만 해당되는 게 아냐. 앞으로 해답을 찾기 어려운 문제에 직면하게 되면 문제가 되는 그 글자나 이름에 집중해서 의미를 세밀하게 분석해보라고. 그리고 몇 번이고 그 글자를 중얼거리다 보면 새로운 아이디어가 떠오르게 될 거야. 예로부터 글자나 이름에는 문제를 해결해주는 힌트나 그와 관련된 유래가 반드시 감추어져 있으니까.

부자 아저씨의 '찐' 부자 수업 – 인생의 절대 법칙

뭔가 고민이 있을 때에는 이름(글자)에 주목한다. 고민이 되는 대상의 이름이나 글자를

천천히 바라보거나 몇 번이고 입 밖으로 표현해서 중얼거려 보면서 그 의미를 세밀하게

분석해본다. 이름에는 문제를 해결해주는 힌트나 그와 관련된 유래가 반드시 감추어져

있다.

이름에 깃든
메시지는 무엇인가?

요시이 　네, 알겠습니다. 앞으로는 문제에 직면하면 의식적으로 이름을 분석해보겠습니다.

부자 아저씨 　자신의 이름에도 메시지가 깃들여 있는 경우가 많아.

요시이 　제 이름에도? 어떤 메시지가 깃들여 있는데요?

부자 아저씨 　성과 이름을 합쳐서 씨명(氏名)이라고 하지. 이건 사명(使命)과 같아. 그래, 이름이야말로 자신의 사명이지. 이름이라는 건, 부모님이 자녀가 태어났을 때 '이 아이는 장래에 이런 사람이 되었으면 좋겠다'라는 강한 바람이나 희망을 담아 지어주는 것이니까. 따라서 부모님으로부터의 강한 신념이 깃들여 있는 거야. 게다가 다른 사람이 가장 많이 건네는 말도 아마 이름일걸. 반복되는 말이 잠재의식에 가장 강한 영향을 끼치니까 이름이 가진 메시지도 무의식중에 자신의 잠재의식에 깊이 침투하게 되지.

요시이　잠재의식은 반복되는 말에 영향을 받나요?

부자 아저씨　그렇지. 이 이름이 가진 메시지를 의식적으로 활용해보는 거야. 특히 '자기소개'를 할 때 잘 활용하는 거야. 예를 들어 다카시(高志)라는 이름이라면 "다카시입니다" 하고 인사하는 것보다는 "높은(高) 뜻(志)을 가지고 있는 다카시입니다"라고 자기소개를 하거나 아이(愛)라는 이름을 가진 여자가 단순히 "아이입니다"라고 소개하는 것보다는 "저는 사랑과 배려를 주는 아이라고 합니다"라고 자기소개를 하면 어떨까? 설사 '높은 뜻'이나 '사랑'이 전혀 느껴지지 않을 것 같은 사람이라고 해도 그런 사람인 것처럼 느껴지지 않겠나? 이름은 이렇게 강한 임팩트를 주는 것이니까 당연히 최대한 활용해야 돼.

요시이　제 이름이 마사루(勝)이니까 "인생에서 승리만 거두는 마사루입니다"라고 말하면 되겠네요? 흐음, 그렇게 말하니까 셀프이미지도 올라가서 기분이 꽤 좋아지는데요.

부자 아저씨　현 상태에서는 무엇 하나 승리를 거두지는 못한 것처럼 보이지만…. 자네의 경우, 승리라기보다는 오히려 뒤떨어지는 쪽이 더 어울릴 것 같은데. 하하하!

여전히 말투도 느낌도 마음에 들지 않는 부자 아저씨이다.

부자 아저씨　뭐, 가까운 장래에 그런 말을 들을 수 있도록 노력하면 되지. 그리고 한 가지 조언을 한다면 자기소개를 할 경우, 자신을 중심으로 어필하는 것보다 상대방을 중심으로 소개하는 게 자네에게 돌아오는 이익도 훨씬 커져.

요시이　저보다 상대방을 중심으로 소개한다? 어떻게 하는 것입니까?

부자 아저씨　예를 들어 "인생에서 승리만 거두는 마사루입니다"라는 말을 들으면 상대방은 '흐음, 그래서 뭐 어떻다는 거야?'라는 느낌이 들 뿐이야. 하지만 "고객님의 인생과 비즈니스를 승리로 이끄는 마사루입니다"라고 하면 어떻겠나? '호오, 그렇다면 나의 승리를 위해서는 뭘 해줄까?'라고 약간은 흥미나 관심을 가지고 자네의 이야기를 들어줄지도 모르지. 그 후 자네의 이야기가 도움이 된다면 기뻐하거나 감사할 수도 있고. 그렇게 되면 그중 몇 사람은 장래에 자네의 단골 고객이 되거나 지인을 소개해주는 중개자로서의 역할도 해줄 수 있을걸.

요시이　네, 그렇게 될 가능성이 크겠네요.

부자 아저씨　애당초 인간이 자기 혼자 할 수 있는 일은 많지 않아. 무슨 일이건 상대방이 있으면 한층 더 큰 진전과 결과를 얻을 수 있지.

요시이　그렇지요. 자신을 위해서도 상대방을 중심으로 생각하는 쪽이 좋다는 말씀이지요?

부자 아저씨　아니, '자신을 위해서도'라는 표현은 잘못되었어. 자신을 위해 상대방 중심으로 말이나 행동을 하면 금방 속이 들여다보이게 되니까. 인간의 잠재의식에는 거짓말을 간파해내는 장치가 있기 때문에 순간적으로 '이 사람, 뭔가 목적이 있어서 아부하는 거구나' 하고 경계하게 되면 오히려 상대방과의 관계성이 나빠질 수도 있지. 그럴 바에는 처음부터 상대방과 관계를 형성하지 않는 게 더 나아.

요시이 하지만 일이건 개인적인 문제이건 상대방과 관계를 맺지 않고는 시작 자체를 할 수 없지 않습니까? 일단 뭔가 구실을 만들어서라도 상대방과의 관계성을 만들 필요는 있지 않습니까?

부자 아저씨 뭐, 그렇기는 해. 그럴 때에는 이렇게 해보는 거야. 자네가 고객의 입장이 되어보는 거야. 예를 들어 눈앞의 영업사원이 판매에만 열을 올리면서 자기 어필을 한다면 자네는 그런 사람에게 상품을 구입하고 싶겠나?

요시이 아뇨, 절대로 구입하지 않겠지요. 설사 필요한 상품이라고 해도 다른 영업사원에게 구입하고 싶을 것이고, 실제로 그렇게 할 겁니다.

부자 아저씨 그렇지? 그런 이기적인 사람에게 소중한 돈을 지불하고 상품을 구입할 사람은 없을 거야. 그런데 자신이 상품을 파는 입장이 되면 그런 사실을 깨끗하게 잊어버린다니까.

요시이 확실히 그렇습니다. 저도 제가 영업을 할 때에는 상품을 판매하는 데에만 신경을 써서….

부자 아저씨 그 결과, 고객을 거북하게 만들거나 기분 나쁘게 만들어서 전혀 판매를 못 하는 것이지?

요시이 네, 면목이 없습니다….

부자 아저씨 바로 그럴 때에 눈앞에 있는 사람의 마음을 살피고 그 사람 중심으로 대화를 하는 거야. 상대방이 정말로 원하는 것을 진지하게 생각해보고 거기에 맞춰주는 거야.

요시이　네, 항상 그건 중요한 부분이라고 생각합니다. 실제로 상대방을 중심으로 생각한다는 건 쉬운 일이 아닙니다. 그렇게 하려고 해도 어떻게 해야 좋을지 몰라 당황하거나, 잘못 말했다가 오히려 거리가 더 멀어지는 경우가 많거든요.

부자 아저씨　그건 자네가 바람직하지 않은 마음을 가지고 있기 때문이야. 그런 마음을 갖고 있으면 막상 행동해야 하는 시점에서 항상 강렬한 편견이 작용하기 때문에 상대방의 마음을 이해하기 어려워지거든.

요시이　네? 제가 가지고 있는 바람직하지 않은 마음이 대체 뭘까요?

부자 아저씨　그래, 자네가 가지고 있는 바람직하지 않은 마음은….

에고(Ego)는
멋진 것

부자 아저씨 그건 에고(Ego)야, 에고. 자신을 좋게 보이고 싶다거나 상대방과 관계를 맺고 싶다거나 누구보다 우대받거나 이득을 얻고 싶다는 욕구가 지나치게 강하면 자신에게만 마음이 집중되어버리지. 그러면 상대방의 마음은 전혀 헤아릴 수 없게 돼.

요시이 그렇군요. 에고라…. 확실히 저는 이득을 올릴 생각만 했고, 일이 잘 풀리는 사람이나 우수한 사람을 질투하거나 부러워하는 경우가 많았습니다. 그런 후에는 이런 저 자신이 싫어서 '이런 에고가 없었으면 좋겠어…'라는 생각에 우울감에 빠지곤 했지요.

부자 아저씨 그렇게 싫으면 완전히 제거해버려야지.

요시이 그렇게 간단하게 말씀하지 마십시오. 길가의 잡초를 뽑아내는 것과는 질이 다른 이야기니까요. 산속에서 폭포를 맞으며 수행을 하든지 인도에 가서 수행하며 깨달음을 얻지 않는 한, 에고는 평생 제거할 수 없는 것 아닙니까?

부자 아저씨 그렇지 않아. 그건 사이비 종교가 신자를 늘리기 위해 자신을 믿도록 꾸미는 음모에 지나지 않아.

요시이 정말입니까? 그럼 어떻게 하면 저의 강한 에고를 제거할 수 있습니까?

부자 아저씨 그런데 아까부터 들으니까 아무래도 자네는 자신의 에고를 마치 극악무도한 이기심이나 욕심으로 생각하는 것 같아. 에고는 그렇게 나쁜 게 아냐.

요시이 그렇습니까? 에고는 분명히 좋지 않은 것이라고 생각합니다만…. 우리는 에고가 있기 때문에 다른 사람을 질투하거나 부러워하거나, 나아가서는 발목을 잡는 행위까지 하겠다는 등 쓸데없는 생각을 하면서 시간을 낭비하는 것 아닙니까?

부자 아저씨 뭐, 에고에 대한 세상의 일반적인 정의는 그런 것일 수 있지. 하지만 반대로 에고가 있기 때문에 얻을 수 있는 것들도 많아. 예를 들어 힘이 들 때 '라이벌인 저 사람한테만은 질 수 없어'라고 의욕을 불태우거나, '지금 이 상태보다 반드시 좋아질 거야'라고 자신의 능력 이상으로 노력하는 건 에고가 존재하기 때문이라고 말할 수 있지.

요시이 네, 뭐 그렇게 좋은 쪽으로 볼 수도 있겠군요.

부자 아저씨 그렇지? '부자가 되고 싶다' '이성에게 인기를 얻고 싶다'라는 식의 인간이 본능적으로 가지고 있는 에고가 없으면 동기부여도 되지 않고 성공도 이루려고 하지 않을걸.

요시이   네, 확실히 그렇습니다.

부자 아저씨   에고를 스스로 컨트롤해서 이용할 수 있게 되면 오히려 고마운 존재가 될 수도 있어. 그리고 에고는 현재 자기 자신의 정신상태를 고려해서 성장을 촉진하는 페이스메이커(Pacemaker) 같은 역할도 하는 거야.

요시이   에고가 페이스메이커의 역할을 한다고요?

부자 아저씨   그래, 예를 들어 에고가 작용해서 여느 때와 다른 정신상태에 빠지면 '아, 지금 나를 지나치게 멋지게 보이려 했어'라거나, '안 돼, 또 상대방을 시기해버렸어'라는 사실을 깨닫게 되지? 이건 자신의 문제점이나 과제가 부각되었다는 뜻이야. 여기에서 부각된 문제는 전부 자네의 결점이니까 그것을 인정하고 받아들인 뒤에 개선한다면 이 일련의 과정이 모두 자네의 성장과 연결되지.

요시이   그렇군요. 에고는 자신이 고쳐야 할 문제를 가르쳐주는 사인이기도 하군요.

부자 아저씨   그래. 굳이 말한다면 에고는 자네가 어머니의 뱃속에서 '응애!' 하고 태어났을 때부터 지금까지 많은 시간을 들여 구축한 자신의 역사이고 셀프이미지 같은 것이지. 그러니까 자네도 좀 더 자신의 에고에 경외심을 가지고 소중하게 다루어야 해. 에고를 무조건 나쁘게 생각하고 활용하지 못한다는 건 정말 아까운 일이야.

부자 아저씨의 '찐' 부자 수업 – 인생의 절대 법칙

자신의 에고에 경외심을 가지고 소중하게 다룬다. 에고는 자신의 결점을 가르쳐주는 귀

중한 사인이고 소중한 셀프이미지다. 에고가 있다는 것을 순수하게 인정하고 개선하면

모든 것이 자신을 성장시키는 과정이 된다.

해야 할 것을
스스로 결정하고 선언하기

요시이   에고가 무조건 나쁜 것만은 아니라는 말씀은 잘 이해했습니다. 앞으로는 저 자신의 성장을 위해 에고를 잘 활용하도록 하겠습니다. 그래도 에고가 지나치게 강하면 감정의 균형을 무너뜨린다고 생각하는데 지나친 에고를 억제하기 위해 좋은 방법은 없습니까?

부자 아저씨   간단해. 에고는 셀프이미지의 하나라고 말했지? 그러니까 자신의 셀프이미지를 바꾸면 되는 거야. '에고를 버리고 사랑과 배려가 넘치는 사람이 되겠다'라고 지금 이 자리에서 강하게 커밋(Commit)하는 거야.

요시이   저… 커밋이 뭡니까?

부자 아저씨   해야 할 것을 스스로 결정하고 선언하는 것, 그 말이 자네의 신념이 되도록 말이야.

요시이   아, 아까 말씀하신 신념 말씀입니까? 신념이란 다른 사람에게 선언하고 현재에 집중하는 것이지요? 그렇군요. 신념이 자신의 셀프 이미지와 연결되는 것이군요.

부자 아저씨   그렇지. 그렇게 선언해서 셀프이미지가 올라가면 신념도 한층 더 강화되고 이후의 언행에도 큰 변화가 찾아오지.

요시이   선언을 하는 방법에는 어떤 것들이 있을까요?

부자 아저씨   자신에게 가장 잘 들어맞는 방법이라고 생각한다면 무엇이 건 상관없어.

요시이   가장 잘 들어맞는 방법이라…. 무엇이 제게 가장 잘 들어맞는 방법인지 전혀 가늠할 수 없는데요.

부자 아저씨   모르겠으면 일단 진심을 담아서 이렇게 선언해봐. "지금 나는 에고를 버리기로 결심했다. 질투나 시기심, 두려움, 불안 등 모든 부정적인 요소가 내게서 멀어진다. 그 대신 나는 사람들에 대한 감사와 배려와 평온과 평안 속에서 살기로 선택했다. 지금 나는 사랑과 빛, 기쁨의 에너지에 싸여 있다."

요시이   아. 그건 아까도 말씀하셨던 애퍼메이션인데요? 전에 해본 적이 있습니다.

부자 아저씨   그래? 애퍼메이션을 해보았더니 어떤 느낌이었나?

요시이   네, 그때는 기분도 좋아지고 의욕도 느꼈습니다만…. 워낙 잘 질리는 성격이기 때문에 반나절도 지속되지 않았습니다. 애퍼메이션 이 정말 효과가 있는 건지 모르겠습니다.

부자 아저씨   당연히 효과가 있지. 애퍼메이션의 효과는 절대적이거든.

동서고금을 막론하고 역사상 성공한 사람들 대부분은 의식, 무의식을 가리지 않고 자신이 긍정적으로 변할 수 있다는 말을 했어. 일상에서도 애퍼메이션을 습관화했다고. 하지만 지금의 자네를 보면 그런 애퍼메이션의 효과도 그다지 기대할 수 없을 것 같기는 해.

요시이　네? 왜요? 애퍼메이션이 그렇게 많은 사람을 성공하게 만들었는데 왜 제게는 효과를 기대하기 어렵다는 말씀입니까?

부자 아저씨　아, 이건 애퍼메이션에만 한정된 이야기가 아냐. 예를 들어 자격증을 취득하기 위해 공부하거나, 질병을 치유하기 위해 약을 먹는다고 해도 모든 사람에게 똑같은 효과가 나타나지는 않아. 각각의 효과는 그것을 받는 쪽의 그릇이나 도량에 의해 완전히 달라지거든.

요시이　받는 쪽의 그릇이나 도량에 따라 애퍼메이션의 효과도 달라진다고요?

부자 아저씨　그렇지. 나아가 현재의 심리상태나 상황과도 큰 관계가 있어. 자네가 애퍼메이션을 하면 그 말은 섬세한 양자장인 에너지로 파동이 바뀌고, 자네는 새로운 현실의 양자장으로 옮겨갈 수 있게 되는 거야.

요시이　네? 무슨 말씀인지? 갑자기 물리선생님처럼 섬세한 양자장인 에너지로 파동이 바뀐다니…. 전혀 이해하지 못하겠습니다.

부자 아저씨　이런, 간단한 양자역학을 사용해서 애퍼메이션을 설명한 것인데…. 하긴 자네가 양자역학을 알고 있을 리가 없지. 그렇다면 설명을 바꾸어보겠네. 바람을 이루기 위해 가장 중요한 것은…. 자네, '언령(言靈)'이라는 말은 들어본 적이 있지?

요시이   네, 들어본 적은 있습니다만 의미까지는 잘 모릅니다.

부자 아저씨   뭐야, 언령도 몰라? 요즘 학교에서는 대체 뭘 가르치는 거야? 언령이란 '말에는 힘이 있어서 입 밖으로 표현한 것은 현실이 되기 쉽다'는 뜻이야.

요시이   이번에는 꽤 이해하기 쉬운 설명이군요. 『성경』의 '우선 말이 있다'와 비슷한 의미 아닌가요?

부자 아저씨   뭐, 그렇다고 볼 수 있지. 자네가 내뱉은 말의 힘이 자네 자신이나 주변의 에너지에 영향을 끼치게 되는 거야. 예를 들어 자네는 아까 내가 가르쳐준 말을 애퍼메이션해보고 어떤 기분이 들었나? 구체적으로 언어화해봐.

요시이   네, 애퍼메이션을 하기 전까지 느꼈던, 가슴을 옥죄는 듯한 감각이나 이리저리 얽혀 어지럽게 느껴졌던 마음이 맑아지고 환하게 확대되면서 안도감과 즐거운 기분이 느껴졌습니다.

부자 아저씨   그렇지? 그게 애퍼메이션의 효과야.

요시이   네, 그런데 기분은 좋아졌지만 현실은 아무것도 바뀌지 않았습니다.

부자 아저씨   현실이 바뀌는 건 이제부터야. 자네가 늘 그런 식으로 안심하고 즐거운 기분을 유지하면서 눈앞의 사건이나 일에 대응하면 이전에는 전혀 진전이 없었던 일들도 순조롭게 풀리게 될 거야. 왜냐하면 자네가 즐거운 상태인데 괴로운 현실이 나타나게 되면 우주의 균형이 무너져버리거든. 따라서 그런 불균형이 발생하지 않도록 자연의 섭리가 움직이기 시작하지. 누군가 키퍼슨(Keyperson: 나에 대한 관심을 표명하고 격려하고 지지하고 함께 기뻐하고 슬퍼해주는 사람)이 될 수 있는 사람을 자네 앞에 등장시키거나 절호의 기회를 제공해주는 식이야.

부자 아저씨의 '찐' 부자 수업 – 인생의 절대 법칙

현실을 좋게 만들고 싶으면 즐겁고 긍정적으로 될 수 있는 행복한 말로 애퍼메이션한다.

자신이 행복한데 괴로운 현실이 나타나면 우주의 균형이 무너지기 때문에 자연의 섭리

가 움직이기 시작해서 절호의 만남이나 기회를 제공한다.

요시이　그렇군요. 애퍼메이션을 통해서 먼저 좋은 기분을 가지게 되면 좋은 결과를 선점하는 것이 되는군요?

부자 아저씨　그렇지. 자네답지 않게 이번에는 이해력이 빠른데?

요시이　감사합니다. 아, 하지만 회장님은 아까 지금의 제게는 애퍼메이션 효과를 기대하기 어렵다고 말씀하시지 않았습니까? 그건 어째서입니까?

부자 아저씨　그건 말이야. 자네가 애퍼메이션을 아직 본질적으로 믿지 않기 때문이야. 애퍼메이션은 주술과는 달라. "나는 할 수 있다"라고 애퍼메이션을 하더라도 그 직후에 당사자가 '하지만 정말 할 수 있을까?' '역시 무리 아닐까?'라는 식으로 의심해버리면 그 감정대로 할 수 없게 되거나 무리라는 현실을 만들어내거든.

요시이　애퍼메이션을 의심하면 안 되는 것이군요? 하지만 이 시점에서 의심이 드는 것도 어쩔 수 없는 것 아닙니까? 예를 들어 부자가 되고 싶어서 "연봉 1억 엔을 벌었습니다. 정말 감사합니다"라고 애퍼메이션을 해도 그 직후에 '역시 이건 거짓말이야'라고 생각하게 됩니다. 아무리 애퍼메이션으로 그런 마음을 먹는다고 해도 실제로 월말이 되면 돈이 모자라 정신을 차릴 수 없는 상황이 발생하니까요.

부자 아저씨　굳이 거짓말을 하지 않아도 되지 않나? 본심을 있는 그대로 애퍼메이션하면 되지.

요시이　아니지요. 그것이야말로 애퍼메이션 효과를 얻을 수 없는 행동 아닙니까? 만약 "현재, 연봉 3백만 엔을 받고 있습니다. 감사합니다"라고 말한다면 감정이 움직이지 않을뿐더러 반대로 의욕이 낮아지는데요.

부자 아저씨　그렇다면 애퍼메이션을 미래형으로 표현하면 어떨까? "나는 앞으로 1억 엔을 벌 것이다"라거나 "지금 나는 1억 엔을 벌고 있는 도중이다. 앞으로 엄청난 돈이 내게 들어올 것이다"라고 말이야. 이건 거짓말이 아니잖아?

요시이　네, 그렇게 하면 거짓말은 아니니까 처음의 애퍼메이션보다는 낫습니다만…. 그래도 아직 가슴에 와 닿지 않는 부분이 있는데, '도중'이라고 하면 성취감이 옅어지기 때문에 감정이 움직이지 않아서 그럴까요?

부자 아저씨　아니, 아냐. 가슴에 와 닿는 느낌이 들지 않는 이유는 성취감을 말하기 전에 자네가 현실적으로 1억 엔을 이미지할 수 없다는 데

원인이 있는 거야. 알겠나? 돈이건 집이건 자동차이건, 또는 옷이건 보석이건 모든 것이 그렇지만 형태가 있는 것의 창조는 처음에 그것을 만들어낸 설계자의 머릿속에 디자인이 형성되는 것부터 시작되는 거야. 처음에는 아무것도 없는 제로 상태에서 출발하기 때문에 머릿속에도 아지랑이가 핀 것처럼 흐릿한 상태가 이어지게 되지. 하지만 사고와 상념을 거듭하는 동안에 점차 이미지에 색깔과 형태가 입혀지면서 마침내 선명하게 시각화되는 것이지. 그런 식으로 사고나 상념에 현장감이 깃들인 이미지만이 현실세계에 반영되는 거야. 이미지할 수 없는 것은 애당초 만들어낼 수 없는 것이니까 아무리 자네가 바란다고 해도 손에 넣는 것은 불가능해.

요시이　그렇군요⋯. 원인은 틀림없이 그것인 것 같습니다. 당연하지만 저는 1억 엔이라는 큰돈을 본 적이 없으니까 이미지하고 싶어도 할 수 없습니다. 그래서 아무리 '1억 엔을 벌었다'라고 애퍼메이션을 해도 뭔가 석연치 않고 효과도 기대할 수 없었던 것이군요. 그런 경우에는 어떻게 해야 합니까? 저도 1억 엔을 이미지할 수 있는, 뭔가 좋은 방법은 없을까요?

부자 아저씨　방법은 두 가지가 있지. 우선 환경을 바꾸는 거야.

요시이　환경을 바꾸라고요?

부자 아저씨　그래. 인간은 평소에 자신이 자주 만나는 여섯 명의 평균연봉과 비슷한 정도의 금액밖에 벌지 못해. 대부분의 샐러리맨은 낮이건 밤이건 일 년 내내 회사의 동료들과 어울리니까 거의 비슷한 정도의 연봉밖에 받지 못하겠지? 돈을 벌고 싶으면 자신이 현재 있는 틀 안에서 뛰어나와 자기보다 더 많은 돈을 벌고 있는 사람들을 만나야 돼.

요시이　네, 확실히 제 주변은 성공하지 못한 비슷한 샐러리맨들뿐입니다. 그런 부자를 만나려면 어떻게 해야 합니까?

부자 아저씨　부자 쪽에서 자네 같은 가난뱅이에게 '친구가 됩시다' 하고 다가오는 일은 없을 테니까 자네가 적극적으로 부자들을 찾아가는 수밖에 없겠지? 성공한 사람은 대부분 강연회나 세미나를 개최하고 있으니까 기회가 있다면 참가해보는 건 어떨까? 이미 몇 권인가 책을 출간한 저자를 목표로 삼으면 좋을 거야. 뭔가 실적이 있으니까 몇 권이나 되는 책을 쓸 수 있었을 테니까 그런 사람들에게 편지를 보내거나 메일을 보내서 자네 쪽에서 다가가 보는 거야.

요시이　그렇군요. 강연회나 세미나를 개최하는 사람이나 이미 몇 권의 책을 출간한 사람이라면 확실히 우리 샐러리맨보다는 성공했고 돈도 많이 벌었겠지요?

부자 아저씨　그리고 "성공한 사람을 만나고 싶습니다. 누구 소개해주실 분 없을까요?"라고 주변 사람들에게 부탁하는 것도 한 가지 방법이 되겠지. 본인의 친구나 지인 여섯 명을 통한다면 다양한 인연이 생겨나면서 대단한 사람과도 연결될 수 있으니까 시험해볼 가치는 충분히 있지 않겠나?

요시이　여섯 명을 통하면 제가 만나고 싶은 사람을 만날 수 있다고요? 그렇다면 1억 엔을 소유하고 있는 사람을 만날 수도 있겠군요?

부자 아저씨　사람들 각자의 실력 차이는 그렇게 크지 않아. 그런데 나처럼 돈이 풍족한 사람도 있고 자네처럼 빚투성이인 사람도 있지. 그건 오로지 마음가짐의 차이에 지나지 않는 거야. '나는 할 수 있다' '어떤 사람으로도 바뀔 수 있다'라고 진심으로 믿는 사람만이 결과적으로 생각한 대로의 사람이 되는 것이지. 긍정적인 마음가짐을 갖추려면 환경을 바꾸거나, 이미 그런 정신을 갖추고 성공한 사람에게 가르침을 받는 것이 가장 빠른 지름길이야.

부자 아저씨의 '찐' 부자 수업 – 인생의 절대 법칙

성공하고 싶으면 적극적으로 환경을 바꾸어 자기보다 수준이 높은 사람들을 만나기 위해 노력해야 한다. 자신의 연봉은 평소에 자주 만난 여섯 명의 평균연봉과 비슷하다. 따라서 이미 성공한 사람으로부터 성공하는 방법을 배워야 한다.

요시이　알겠습니다. 앞으로는 적극적으로 저 자신의 성장과 연결될 수 있는 장소를 찾아가 성공한 사람들과 어울리도록 해보겠습니다.

부자 아저씨　좋아, 자네도 이제 부자가 될 마음의 준비가 상당히 갖추어진 것 같으니까 지금부터 애퍼메이션을 강력하게 만들어주는 노하우를 가르쳐주도록 하지. 이걸 실행하느냐, 하지 않느냐로 애퍼메이션의 효과에 엄청난 차이가 발생하니까 정신을 집중하고 들어야 해.

'이미 목표를 달성했다'라는
안정된 심리상태를 유지한다

요시이　애퍼메이션을 강력하게 만드는 방법이요? 그게 무엇인데요?

부자 아저씨　그건 애퍼메이션을 한 뒤에 애퍼메이션 그 자체를 잊어버리는 거야.

요시이　잊어버리라고요? 하지만 그렇게 하면 애퍼메이션이 아니지 않습니까? 운을 내 편으로 만들려면 "운이 내게 다가온다"라고 몇 번이고 말로 표현하는 것이 좋다고 말씀하시지 않았습니까? 잠재의식에 강하게 각인하려면 틈이 날 때마다 애퍼메이션을 하는 것이 효과적이라는 생각이 듭니다만….

부자 아저씨　냉정하게 주변을 둘러보라고. "운이 내게 다가온다"라고 중얼거리는 사람 치고 실제로 그런 일이 발생하는 경우는 거의 없지 않나? 그 이유를 가르쳐주지. 애퍼메이션을 하는 대상은 자네의 목표 아닌가? 그것을 의식하는 건 중요하지만 필요 이상으로 집착하면 아직 이루어지지 않은 현실 쪽으로만 의식이 집중돼서 '역시 달성하기는 어려울지 몰라' 또는 '내가 이걸 실현하기는 힘들어'라는 부정적인 결과를 끌어당기는 역애퍼메이션이 되기 쉬워. 애퍼메이션은 말보다 감정이 우선되니까. 이건 '의식역전의 법칙'이라고 해서 잠재의식을 활용할 때 정말 많은 사람이 빠지는 실수 중 하나이지.

요시이 '의식역전의 법칙'이요? 그건 정말 무섭네요. 그런 실수를 저지르지 않으려면 어떻게 애퍼메이션을 해야 하지요?

부자 아저씨 처음에는 자네의 꿈이나 목표를 강하게 원하는 거야. 진심을 담아 애퍼메이션을 하고 현장감을 느끼면서 생생하게 이미지하는 것이지. 그리고 말로 표현해서 가슴이 설레고 열정이 느껴지면서 일단 마음에 강하게 입력된다면 그 후에는 그 꿈이나 목표를 깨끗하게 잊어버리는 거야. 달성할 수 있을지, 그렇지 않을지는 생각하지 말고 '이미 그 목표는 달성했다' 또는 '당연히 달성될 것이니까 신경 쓸 필요 없다'라는 식으로 평온하고 안정된 심리상태를 유지하는 데에만 집중하면 돼. 즉 필요 이상으로 꿈이나 목표에 집착하지 말라는 것이지.

요시이 그렇군요. 확실히 저는 지금까지 애퍼메이션을 한 것에 지나치게 집착했던 것 같습니다. 애퍼메이션을 한 직후에 '아직 이루어지지 않았어' '대체 언제 이루어질까?' '역시 이번에도 안 될 거야'라는 식으로 부정적인 사고에 빠졌습니다. 그야말로 '의식역전의 법칙'이 적용된 것이군요.

부자 아저씨 그렇지. '아직 이루어지지 않았다'거나 '언제 이루어질까?'

라는 생각은 기본적으로 자신을 믿지 않는 마음이 현실로 나타나는 거야. 하지만 실망할 필요는 없어. 결국 '역시 안 돼'라는 생각이 매번 확실하게 이루어진 것이니까, 관점을 바꾸면 자네의 잠재의식은 그렇게 강하다고 말할 수 있지.

요시이 그건 별로 기쁘지 않은데요. 어떻게 하면 저의 애퍼메이션이 이루어질 수 있을까요? 그 방법을 가르쳐주십시오.

부자 아저씨 이봐, 지금 그걸 가르쳐준 거잖아. 다시 한번 말하지. 애퍼메이션을 할 때 자네의 목표를 일단 마음에 강하게 각인하는 거야. 현장감 있는 이미지를 통해 감정이 긍정적으로 움직일 때까지 영혼을 담아 애퍼메이션을 해보라고. 마치 지금 자네가 그런 이상적인 상태로 변한 것처럼 말이야.

요시이 마치 지금 제가 그런 이상적인 상태로 변한 것처럼요?

부자 아저씨 잘 들어. 이게 특히 중요한 부분이야. 힐튼호텔의 창업자인 콘래드 힐튼(Conrad Hilton)은 한 잡지와의 인터뷰에서 성공한 비결이 무엇이냐는 질문을 받았을 때 "내가 이미 성공한 사람처럼 행동했을 뿐입니다"라고 대답했어. 늘 스스로 이상적인 상태를 정의하고 그렇게 연기하면 긍정적인 기분을 갖추게 되고 애퍼메이션에 사용한 말에도 한층 더 진실감이 느껴지게 되는 거야. 그렇게 확신할 수 있게 된 것은 현실이 될 수밖에 없어. 뇌는 현실과 이상의 상태를 구별할 수 없으니까. 그 후에는 더 이상 꿈이나 목표에 집착하지 않는 거야. 단지 우주에 맡겨두면 돼. 애퍼메이션 따위는 완전히 잊어버리는 거야.

부자 아저씨의 '찐' 부자 수업 - 인생의 절대 법칙

애퍼메이션은 기억하면 안 된다. 자신의 꿈이나 목표를 일단 강하게 마음에 각인시켜 마

치 지금 그런 이상적인 상태가 된 것처럼 이미지를 떠올리며 애퍼메이션을 한다.

늘 스스로 이상적인 상태를 정의하면 긍정적인 기분을 갖추게 되고 애퍼메이션에 사용

한 말에도 진실함이 느껴지게 된다. 뇌는 현실과 이상의 상태를 구별할 수 없기 때문에

그런 식으로 확신할 수 있게 된 것은 현실이 될 수밖에 없다. 그 후에는 더 이상 꿈이나

목표에 집착하지 말고 단지 우주에 맡겨두면 된다.

요시이 그렇군요. 저의 애퍼메이션이 이루어지지 않았던 이유는 꿈이나 목표에 너무 집착해서 기분이 상쾌하지 않았기 때문이군요. 말씀처럼 바람을 모두 우주에 맡겨버리면 기분이 가벼워지고 안정되는 것이고요. 관점이 높아지면서 왠지 아직 분명하지는 않지만 성공 사이클이 보이는 것 같습니다.

부자 아저씨 허어, 변화가 빠른 친구인데. 조금 전까지 나약한 소리만 연발하던 사람이라고는 도저히 생각할 수 없을 정도야. 뭐, 그런 긍정적인 모습은 바람직하지. 그런데 앞으로 자네가 좋은 결과를 내기 위해 구체적으로 무엇을 해야 하는지는 알겠나?

요시이 아뇨, 아직 거기까지는…. 좋은 결과를 내기 위해 저는 무엇부터 손을 대야 할까요?

6 교시

기록하는 자의 지갑은 돈이 마르지 않는다

자신이 좋아하는 일이나
자신 있는 일은 무엇인가?

부자 아저씨 좋아, 이야기가 꽤 길어졌으니까 이 정도에서 정리하면서 앞으로 자네가 구체적으로 무엇을 해야 좋은지 이야기해보도록 하지. 복습의 의미도 있으니까 잘 들으라고.

요시이 네, 부탁드립니다.

부자 아저씨 우선, 자네가 좋은 결과를 내기 위해 가장 먼저 해야 하는 건 정말로 해야 할 일을 발견하는 거야.

요시이 천국의 신호를 깨닫는 것 말씀이시죠?

부자 아저씨 그렇지, 그게 자네의 사명이고 역할이지. 거기에 집중하고 진지하게 마음을 담아 실행하면 자네 자신이 충실해질 거야. 그러면 주변 사람들도 기뻐하고 공감하고 응원해주게 되는 거야. 모든 것이 자네가 우위인 이런 상태가 되면 더 이상 실패하기는 어렵지.

요시이 그런 상태가 되면 이상적이지요. 그 천국의 신호를 깨닫기 위해 저는 무엇을 해야 합니까?

부자 아저씨   자네가 좋아하는 일이나 자신 있는 일을 다시 한번 진지하게 생각해보는 거야. 그렇게 하려면 그 일을 하면 즐거웠다거나 다른 사람들로부터 칭찬받았던 일을 찾아보면 되지.

요시이   네, 저에게 즐거운 일은 사람들을 만나서 이야기를 나누는 영업입니다. 사람들을 만나서 이야기를 나누면 살아 있는 정보를 얻을 수 있기 때문에 제가 성장하는 느낌이 들어서 즐겁습니다. 그리고 전에도 말씀드렸듯 글을 쓰는 것입니다. 이건 저 스스로는 능력이 있는지 잘 모르겠습니다만 사람들이 자주 "요시이 씨의 문장은 개성적이고 재미있어요"라고 칭찬해줍니다.

부자 아저씨   자신 있는 일은 본인의 입장에서는 힘을 들이지 않고 처리하기 때문에 깨닫지 못하는 경우가 많아. 그렇게 다른 사람들로부터 칭찬을 받는 일이라면 틀림없이 자네의 특기라고 말할 수 있을 거야. 그 밖에 사람들로부터 칭찬을 듣거나, 사람들이 즐거워하거나 기뻐하는 또는 공감하는 모습을 보인 그런 경험은 없나?

요시이   흐음, 다른 사람들에게 칭찬을 들은 일은 그 정도입니다. 역시 저는 할 수 없는 일이 압도적으로 많습니다.

부자 아저씨   말에 좋은 기를 실어야 한다고 말하지 않았나? 자네가 입 밖으로 내뱉는 말의 진동이 에너지가 되고 그것이 잠재의식에 각인되면서 현실을 만들어내는 거야. "나는 할 수 없는 일뿐이다"라는 식으로 말하면 정말로 그런 사람이 되는 거야. 정확하게는 아직 경험한 적이 없는 것일 뿐, 원래 인간이 할 수 없는 일은 존재하지 않아. 앞으로는 설사 '할 수 없을 것 같다'는 생각이 들더라도 '이것은 지금까지 경험한 적이 없었을 뿐이다'라거나 '지금의 내게는 필요 없는 일이다'라는 식으로 생각하라고.

부자 아저씨의 '찐' 부자 수업 – 인생의 절대 법칙

자신이 입 밖으로 내뱉은 말의 진동이 에너지가 되고 그것이 잠재의식에 각인되어 현실을 만들어낸다. "나는 할 수 없다"라고 말하면 정말 그렇게 되어버린다. 원래 인간이 할 수 없는 일은 없다. 설사 '할 수 없을 것 같다'라는 생각이 들어도 '이것은 지금까지 경험해본 적이 없을 뿐', '현재의 내게는 필요 없는 일'이라고 생각한다.

요시이　네, 그렇군요. 말에 신경을 쓰도록 하겠습니다. 하지만 그 밖에 다른 특기가 있느냐고 물으신다면 저는 떠오르는 게 전혀 없어서….

부자 아저씨　그럴 때에는 자네가 지금까지 돈과 시간을 가장 많이 들였던 일을 생각해보는 게 어떨까? 또는 조금이라도 상관없으니까 실제로 돈을 벌었던 일이나 다른 사람들로부터 부탁을 받거나 다른 사람들에게 해주었을 때 그들이 기뻐했던 일 같은 것 없나?

요시이　네, 전에도 말씀드렸듯 돈과 시간을 들였던 건 학창시절에 시나리오 작가가 되기 위해 학원에 다닌 일과 실제로 영화 제작 현장에서 촬영을 도왔던 경험입니다. 그때 많지는 않지만 급여도 받았고, 제작 스태프나 배우들로부터 부탁받은 잡일을 해주면 크게 기뻐했습니다.

부자 아저씨　그 보답으로 자네는 무엇을 얻었고, 기분은 어땠나?

요시이　영화 학원에서는 프로작가로부터 직접 시나리오 제작 과정을 배웠으니까 문장력은 어느 정도 갖추게 되었다고 생각합니다. 다만 시나리오 작가로서는 전혀 시작해본 적도 없습니다. 감독이나 스태프들도 잡일만 시켰고….

부자 아저씨　그때의 상황을 어떻게 느꼈나? 제작 현장에서 잡일을 했을 때의 기분을 숨김없이 솔직하게 말해보게.

요시이　네. 제가 정말로 하고 싶은 시나리오 작업이 아니라 잡일을 하다 보니까 역시 기분은 좋지 않았습니다. 스태프들이 마실 커피나 도시락을 사러 가거나, 영화 촬영시간을 계산하거나, 무거운 조명을 들고 있거나, 한여름 뙤약볕 아래에서 긴 시간 동안 서 있어야 하는 엑스트라 같은 걸 했으니까요. 그래서 영화제작 중에 동기인 재능이 있는 시나리오 작가들을 원망하거나 시기했습니다.

부자 아저씨　그렇군. 지금까지의 이야기만 들어보아도 자네가 간파해야 할 천국으로부터의 신호가 꽤 드러나는 것 같아.

질투나 시기를 느끼는 일이
정말로 해야 할 일

요시이　정말이요? 제가 해야 할 천국으로부터의 신호가 무엇입니까?

부자 아저씨　자네는 지금 재능이 있는 시나리오 작가를 원망하거나 시기했다고 말했지?

요시이　네, 그렇게 말했습니다.

부자 아저씨　그거야. 그것이야말로 천국으로부터의 신호이고, 자네가 해야 할 일이야.

요시이　그게 무슨 말씀입니까? 질투를 느끼고 시기를 느끼는 일이 제가 해야 할 일입니까?

부자 아저씨　그건 간단한 인간 심리로 알 수 있어. 예를 들어 자네는 메이저리거 오타니 쇼헤이(大谷翔平)나 축구 국가대표 선수들에게 강한 질투나 시기를 느끼나? 또는 가수 레이디 가가나 머라이어 캐리, 영화배우 톰 크루즈나 윌 스미스에게 강한 질투를 느낀 적이 있나?

요시이   아니요. 그런 생각은 해본 적이 없습니다. 제가 그들을 질투하거나 시기할 필요가 없으니까요.

부자 아저씨   그래? 그렇다면 자네는 운동선수나 연예인들에게는 그다지 흥미가 없는 것 같군?

요시이   아뇨. 흥미가 없는 것은 아닙니다. 사실 프로야구 선수를 동경했고…. 특히 사카모토 하야토(坂本勇人)나 오카모토 가즈마(岡本和真) 선수를 정말 좋아합니다.

부자 아저씨   그래? 자네 자이언트 팬이군? 그래서 그렇게 이야기가 재미가 없었어.

요시이   네? 그게 무슨 말씀인지…. 자이언트의 팬은 이야기를 재미없게 한다는 말은 들어본 적이 없는데요.

부자 아저씨   그건 상식이야. 자이언트 같은 보수적인 팀을 응원하는 사람은 대부분 고루하거든. 어차피 모두가 좋아하고 인기가 있다는 단순한 이유에서 응원하는 거 아닌가? 그런 식으로 주변에 휩쓸리는 사람들 중 참신하고 재미있는 사람은 별로 없지.

요시이   그건 너무 일방적인 말씀입니다. 회장님은 자이언트의 팬이 아니십니까?

부자 아저씨   나는 자이언트의 숙적인 한신타이거즈의 팬이지. 물론, 현재의 타이거즈보다 에나쓰 유타카(江夏豊), 다부치 고이치(田淵幸一), 윌리 찰스 커클랜드(Willie Charles Kirkland), 무라야마 미노루(村山実)가 있던 타이거즈가 더 좋았지만.

고루하다. 지나칠 정도로 고루하다. 커클랜드라니, 대체 누구를 말하는 걸까?

요시이　좋습니다. 그건 그렇고 회장님은 왜 제가 운동선수나 연예인에게는 흥미가 없다고 결정을 내리신 것입니까?

부자 아저씨　그 사람들에게 특별히 질투나 시기를 느끼지 않는다는 건 운동이나 연예계는 본질적으로 자네의 흥미를 느끼는 대상이 아니기 때문이야. 자네의 마음속에 '이것을 하고 싶다'라는 열정이나 욕망이 있고, 스스로 그 재능을 조금이라도 느끼는 경우에는 같은 필드에서 자네보다 더 큰 활약을 하는 사람을 보면 '뭐야, 왜 저 녀석만 눈에 띄는 거야?' '사실은 내가 더 잘 하는데'라는 식으로 질투나 시기를 느끼게 되거든. 어떤 사람이건 이기심이나 자존심은 반드시 있으니까.

요시이　그렇군요. 반대로 자신이 흥미가 없는 일이라면 아무리 상대방이 멋진 활약을 한다고 해도 아무렇지 않게 생각하는 것이군요. 그럴 수도 있을 것 같습니다. 운동선수나 연예인이 아무리 멋진 활약을 해도 질투 같은 감정을 느낀 적은 한 번도 없으니까요.

부자 아저씨　그렇지? 그것과는 대조적으로 자네가 동기인 재능 있는 시나리오 작가에게 질투를 느낀 이유는 글을 쓰는 것을 정말로 좋아하고 진심으로 하고 싶어 하기 때문이야. 그리고 자신이 문장을 쓰는 능력이 있다고 조금이라도 인식하고 있으면 상대방을 원망하거나 질투하는 마음이 한층 더 강해지지. 질투를 느끼는 건 틀림없이 천국으로부터의 신호이고 천직이지. 그런 질투도 계기로 삼아 포기하지 말고 지속하면 이윽고 싹이 나고 어디에선가 보수를 받고 그 일을 하게 되는 거라고.

요시이 아니, 그건 아니라고 생각합니다. 싹이 나는 것은 재능이 있는 일부 사람들뿐이고, 재능이 없는 사람은 아무리 노력해도 어디에서도 보수는 받을 수 없습니다. 실제로 이 세상은 자신이 좋아하는 일에 아무리 뜨거운 열정을 쏟아도 돈을 벌지 못하는 사람이 존재하지 않습니까? 아무도 찾지 않는 배우라거나 음악가들이 전형적인 예이지요. 그들은 자신이 좋아하는 일을 하고 있는데 대부분 먹고살 수 없어서 도중에 꿈을 포기하고 좌절합니다. 이런 현실을 어떻게 설명할 수 있겠습니까?

부자 아저씨 물론 그런 사람들도 많이 있지. 하지만 그에 대한 설명도 너무나 간단해. 아무리 자신이 하고 있는 일이 마음에 들고 설레도 그 일을 해서 돈을 벌지 못하는 사람은 자신을 잘못 표현하고 있는 경우가 대부분이야. 표현만 올바르게 한다면 모든 것을 비약적으로 자기 우위로 진행할 수 있게 돼.

요시이 네? 표현 방법이요? 재능에 관한 이야기를 하고 있는데 또 묘한 이야기를 하시네요. 그 '모든 것을 비약적으로 자기 우위로 진행할 수 있는 표현 방법'이 대체 무엇입니까?

지금까지의 경험을
노트에 적어본다

부자 아저씨　자네의 경우라면 영화 시나리오를 쓰는 일에 대해서는 질투의 대상인 그 시나리오 작가를 이길 수 없을지 몰라. 단, 자네는 영화 학원에서 돈과 시간을 들여 문장을 쓰는 방법을 배우지 않았나? 그 말은 문장 실력은 틀림없이 전보다 나아졌다는 거야. 그러니까 영화 시나리오는 맞지 않는다고 해도 자신 있는 다른 분야에서 그 문장 능력을 활용하면 되지. 예를 들면 직장 등에서.

요시이　아니, 그건 의미가 없습니다. 저는 시나리오 작가가 되고 싶어서 영화 학원에 다녔으니까요. 그런데 직장에서 문장 능력을 활용하라고 해도 그건 처음의 목적에서 크게 벗어나는 결과이지 않습니까?

부자 아저씨　굳이 처음의 목적대로 살아가야 할 필요가 있나? 대부분의 일이나 사건은 처음의 목적대로 진행되지 않아. 그리고 그쪽이 대부분 해피엔딩이라고. 자신의 작은 머리로는 생각할 수도 없는 커다란 문제가 있기 때문에 그것을 초월하기 위해 칠전팔기하는 경험을 통해 자신의 진화나 성장을 실감하게 되는 것이니까. 어떤 의미에서 볼 때 목적대로 살아가는 것보다 훨씬 더 메리트가 느껴지지 않나? 이미 깔려 있는 레일 위를 그저 달리기만 할 뿐인 예정된 인생보다는 이쪽이 훨씬 더 자극적이고 풍요롭고 매력적인 인간이 될 수 있으니까.

요시이   그렇군요. 그런 사고방식도 있겠군요. 실패는 성공의 어머니라는 말도 있고. 그렇다면 저는 어떤 걸 쓰면 좋겠습니까?

부자 아저씨   자네는 영업이 적성에 맞는다고 말했지? 그렇다면 영업에서 이런 것을 하면 잘 풀린다고 생각하는 자네 나름대로의 습관이나 방법이 있지 않겠나? 그런 영업의 노하우를 글로 써보는 건 어때? 이 세상에는 좀처럼 성과를 내지 못하는 영업사원들이 꽤 많이 있으니까 그 사람들이 틀림없이 기뻐할걸.

요시이   아니, 무리입니다. 영업이 처음에 경험했던 사무직보다 제 적성에 맞기는 합니다만…. 하지만 제 경우, 기껏해야 회사 안에서의 작은 성과입니다. 세상에는 업계 최고라거나 세계 최고로 불리는 전설적인 영업사원들이 얼마든지 있지 않습니까? 그들의 영업 노하우를 알고 싶어 하는 사람들이라면 많겠지만, 저 같은 사람의 영업 경험을 알고 싶어 하는 사람은 한 명도 없을 것입니다.

부자 아저씨   그렇지 않아. 베테랑 영업사원이라면 자네의 노하우를 쳐다보지 않을 수 있지. 하지만 영업 초보자나 지금부터 영업을 공부하려는 사람들에게는 자네 수준 정도의 노하우가 적당해. 그런 사람들은 업계 최고나 세계 최고의 가르침은 내용이 너무 깊어서 오히려 부담을 느낄걸.

요시이　그럴까요? 저는 저의 시시한 노하우에 전혀 가치를 느끼지 못하겠습니다만….

부자 아저씨　안 돼, 그래서는 안 되지. 자신의 가치를 좀 더 믿어야 해. 사람들은 나름대로 좋은 장점을 가지고 있음에도 자네처럼 자신을 비하하거나 과소평가해서 아무런 행동도 하지 않아. 잘 들어. 자신의 경험은 스스로 생각하는 것 이상으로 훨씬 가치가 있어. 시험 삼아 지금까지 자신이 해온 일을 한번 정리해보는 게 좋아. 노트를 한 권 준비하고 거기에 자네가 할 수 있는 걸 쭉 써보는 거야. 그걸 누구나 재현할 수 있는 노하우로 체계화하면 새로운 깨달음을 발견할 수 있게 될 테니까. 이건 반드시 노트에 적어야 돼. 이런 경험치는 머릿속으로 생각하는 것만으로는 절대로 떠오르지 않으니까. '더 이상 쓸 게 없다'라고 생각될 때까지, 아니 그런 생각이 들더라도 한 번 더 분발해서 노트에 적을 수 있는 모든 능력을 남김없이 쥐어 짜야 돼. 그렇게 노트에 정리하다 보면 지금까지 스스로 깨닫지 못했던 강점이나 재료들을 발견할 수 있을 거야. 그때 얻을 수 있는 쾌감은 그 무엇과도 바꿀 수 없는 귀중한 체험이 되어 자네에게 자신감과 용기를 안겨줄 거야.

부자 아저씨의 '찐' 부자 수업 – 인생의 절대 법칙

자신의 가치를 좀 더 믿어본다.

사람들은 나름대로 좋은 장점을 가지고 있지만 자신을 비하하거나 과소평가해서 아무런 행동도 하지 않는다. 자신의 경험은 스스로 생각하는 것 이상으로 훨씬 더 가치가 있다. 지금까지 자신이 해온 경험을 한번 노트에 정리해보면 스스로도 깨닫지 못했던 강점이나 재료들을 발견할 수 있다. 이때 얻을 수 있는 쾌감은 그 무엇과도 바꿀 수 없는 귀중한 체험이 되어 자신감과 용기를 안겨준다.

요시이   그런 것입니까? 하긴 의심만 하고 있어서는 앞으로 전진할 수 없으니까 밑져야 본전이라는 생각으로 나의 체험을 한번 정리해볼 필요는 있다고 생각합니다.

부자 아저씨   뭐야? 밑져야 본전이라니, 그래서 사기가 올라갈 수 있겠나? 어차피 할 바에는 '그래! 해보자!'라고 자신을 최대한 북돋아서 의욕을 가지고 시작해야지.

요시이   네, 하지만 아무래도 저의 노하우가 누군가에게 도움이 된다는 이미지를 그릴 수 없어서요.

부자 아저씨   자네는 좀 더 스스로에게 자신감을 가져야 돼. 실제로 누군가에게 도움이 되려면 전달하는 자네의 열정이나 태도가 가장 중요하니까. 지금 상태로는 설사 질 좋은 노하우를 가지고 있다고 해도 전달받은 상대방이 '이 사람이 하는 말을 정말 들어도 괜찮을까?'라고 불신과 불안감만 느낄걸.

요시이   네, 가르치는 사람의 자신감이나 태도가 상대방의 성과를 이끌어낸다는 말씀은 충분히 이해하겠습니다. 저도 그렇게 되고 싶습니다.

하지만 아무래도 저의 이 시시한 경험으로 조언을 할 수 있을까라는 불안감을 씻어버릴 수 없습니다.

부자 아저씨　그래? 뭐, 자네의 그 정직한 부분은 장점이기도 하니까. 모든 사람이 거만하고 불손하다면 그야말로 곤란하겠지. 좋아, 자네의 시시한 경험만으로는 불안해서 마음이 놓이지 않는다면 이렇게 해보면 될 거야.

타인의 우수한 노하우를
손에 넣는 2가지 방법

요시이　어떻게요?

부자 아저씨　잘 들어. 이 세상에는 자네와 타인밖에 없지? 스스로에게 자신감을 가질 수 없을 때에는 타인에게 의존하는 거야. 일단, 경험이 풍부하고 유능한 사람의 노하우를 빌려보라고.

요시이　타인의 노하우를 어떻게 빌립니까? 그들도 자선활동가는 아니니까 자신의 귀중한 노하우를 간단히 가르쳐주지는 않을 텐데요.

부자 아저씨　뭐, 그렇지. 이 경우, 머리를 좀 써야 할 필요가 있어. 두 가지 방법을 가르쳐주지. 첫 번째는 취재를 하는 거야.

요시이　네? 취재요? 티브이 리포터나 신문기자가 하는 그런 취재 말씀입니까?

부자 아저씨　그렇지. 일단 자네가 노하우를 알고 싶어 하는 상대이니까 경제적인 성공은 거두었을 테지? 그럼 그들의 다음 욕구는 사회적인 명성을 얻는 것일 거야. '취재를 하고 싶다'라는 제안은 그런 욕구를 충족시키는, 유혹하기에 더할 나위 없는 말이지.

요시이   하지만 잠깐만요. 취재를 한다고 해도 저는 티브이 리포터도 신문기자도 아닙니다. 그렇게 취재한 것을 어떻게 처리해야 합니까?

부자 아저씨   그런 건 아무래도 상관없어. 취재한 기사를 신문사나 출판사에 팔아도 되고, 그 기사를 바탕으로 자네가 뉴스레터나 책자를 만들어도 돼. 인터넷을 사용하면 라디오, 블로그, 유튜브 등 자네가 주도할 수 있는 매체는 얼마든지 있으니까. 노하우를 얻는 게 중요하니까 일단 취재부터 하는 것이지. 그 후의 일은 상대방이 취재에 응한 이후에 천천히 생각해보면 돼.

요시이   그런 어설픈 제안으로 정말 괜찮을까요?

부자 아저씨   어설픈 인생밖에 살아보지 못한 사람이 뭔 소리야. 자네는 기본적으로 행동력이 부족한 데다 이것저것 너무 생각이 많아. 우선 상대방에게 승인을 받지 못하면 아무것도 시작할 수 없잖아. 아직 시작도 하지 않았는데 이후의 일까지 이것저것 고민할 틈이 있으면 지금 할 수 있는 것부터 즉시 실행에 옮겨보는 게 훨씬 낫지.

요시이   네, 알겠습니다. 우선 노하우를 가지고 있을 것 같은 사람을 찾아서 연락을 취해보겠습니다. 타인의 노하우를 빌릴 수 있는 또 다른 방법은 무엇입니까?

부자 아저씨   그건 상대방의 고객이 되는 거야.

요시이   상대방의 고객이요? 그건 무슨 뜻인지요?

부자 아저씨　말 그대로야. 자네가 상대방의 상품이나 서비스를 구입하는 것이지. 만약 상대방이 훌륭한 영업목표를 올리고 있는 사람이라면 틀림없이 강연회나 세미나, 또는 학원이나 강좌, 교재 판매 등 자신이 주체가 되어 뭔가 비즈니스를 전개하고 있을 거야. 그걸 조사해서 참가하는 것이지. 그렇게 하면 상대방은 고객인 자네를 함부로 대할 수 없어. 아니, 오히려 자신이 가지고 있는 노하우를 하나부터 열까지 정성을 다해 가르쳐주려 할걸. 그들의 경험을 돈으로 사는 거야.

요시이　하지만 저는 그런 노하우를 구입할 돈이 없는데….

부자 아저씨　자네에게는 돈이 없어도 세상에는 많이 있지 않나? 빚은 이럴 때 이용하는 거야. 뭐, 빚이라고 해도 이 돈은 나중에 전부 회수할 수 있는 것이지만. 그 돈은 모두 자네에게 투자하는 자기투자가 되는 거야. 자기투자야말로 결코 줄어들지 않는, 노(No) 리스크이면서 노하우나 정보를 자신의 머리에 흡수할 수 있는 최고의 투자이지.

요시이　그렇군요, 확실히 그런 것 같습니다. 알겠습니다. 앞으로는 파친코나 경마 같은 도박은 완전히 끊고 제게 유익한 것에만 투자하도록 하겠습니다.

부자 아저씨　그렇지. 자기투자는 많이 할수록 좋아. 그것도 돈을 아끼지 말고.

요시이　네, 자신에게 금전적인 고통이 있을수록 어떻게든 투자한 만큼의 돈을 회수하기 위해 보다 더 진지해질 수 있으니까요.

부자 아저씨　그래. 어떤 경우에도 진심과 진지함이 중요해. 성공을 하고 못 하는 건 결국 본인의 의욕과 마음가짐에 달려 있거든. 그래, 앞으로 는 나의 수업도 자네가 더 의욕을 느낄 수 있도록 유료로 할까?

요시이   아, 아니, 그건 좀…. (식은땀)

부자 아저씨가 밝히는
'최강의 비즈니스 전략'

요시이 그러니까 이야기를 되돌리면 앞으로의 비즈니스에서는 이미 자신이 갖추고 있는 가치나 우수한 사람으로부터 입수한 지식과 정보를 고객에게 가르치는 요소를 도입하는 것이 좋다는 말씀이지요?

부자 아저씨 그렇지. 특히 앞으로 비즈니스를 시작하는 경우에는 특정 인에게 뭔가를 가르쳐주는 요소를 도입하지 못하면 가시밭길을 걷게 될 거야. 고령화로 인해 인구가 점점 감소하고 있는 상황에서 예전과 같은 방법으로 상품이나 서비스를 팔려고 해도 이미 시장은 상품이 넘쳐나는 상태여서 실적은 거의 오르지 않을 테니까.

요시이 역시 앞으로도 경기는 좋아지지 않을까요?

부자 아저씨 적어도 폭발적으로 좋아지기는 어려울걸. 이건 전 세계 어느 나라도 마찬가지야. 역사를 보면 알 수 있지만 몇 세대에 걸쳐 계속 평안한 상태가 이어질 수는 없으니까. 과거에는 그렇게 번영을 누렸던

유럽이나 미국도 지금은 중국의 경제생산능력에 대항할 수 없게 되지 않았나? 인구추이로 보면 인도에 따라잡힐 날도 그리 멀지 않았을 거야. 코로나19도 나아질 기미는 보이지 않고. 어쨌든 흥망이 반복되는 게 세상이야. 머리 한구석에 항상 최악의 경우를 가정해두는 게 좋지. 하지만 비관만 하는 것도 바람직하지는 않아. 어떤 환경에서건 인류는 시대의 변화에 적절하게 적응하면서 지속적으로 성장해왔으니까 앞으로도 그건 변함없을 거야. 그렇게 하기 위해서 변화에 대한 대비는 평소에 확실하게 준비해둘 필요가 있지.

요시이   그게 다른 사람에게 가르쳐줄 수 있는 요소를 자신이 하는 일에 첨가하는 것이군요?

부자 아저씨   그렇지. 나는 이것을 '티처 비즈니스(이하 TB)'라고 명명했어. 우리 회사도 이 TB를 활용해서 실적을 크게 신장시키고 있지.

요시이   네? 야쿠자가 TB를 사용한다고요?

부자 아저씨   무슨 말이야. 내가 하는 일은 부동산업이라고 하지 않았나?

요시이   아, 그랬지요. 그럼 부동산업에서 TB를 어떻게 활용하는데요?

부자 아저씨   예를 들어 고객들을 모아서 정기적으로 주택 물건을 고르는 방법을 가르치거나 이익을 낼 수 있는 부동산투자 스터디모임을 개최하고 있지. 그렇게 하면 고객과의 사이에 재미있는 변화가 탄생해. 지금까지의 부동산업자와 고객이라는 관계에서 선생님과 학생이라는 새로운 관계가 형성되는 거야.

요시이   그렇군요. 부동산업자에서 의지할 수 있는 선생님이 되면 다른 부동산업자와는 입지가 전혀 달라지겠군요. 영향력도 부쩍 향상될 테고요. 이것은 확실히 커다란 차별화네요. TB를 하려면 스터디모임이나 세미나를 개최하면 되나요?

부자 아저씨 그 밖에도 방법은 얼마든지 있어. 매달 뉴스레터를 발행해서 최신 물건 정보를 전하거나, 고객의 생일이나 기념일에 작은 선물을 보내거나, 때로는 음식점을 빌려 고객과 고객의 가족이 기뻐할 수 있는 이벤트를 개최해서 서로의 신뢰 관계를 구축하는 방법도 실행하고 있지.

요시이 네? 그런 것까지 합니까? 하지만 그래서는 선생님이라는 느낌이 옅어질 것 같은데요?

부자 아저씨 TB는 결코 '위대한 선생님이 돼라'는 게 아냐. 가끔 그렇게 착각하는 사람도 있지만 그런 사람들에게서는 고객들이 즉시 떠나버리지. 고객이 원하는 것은 다른 사람과는 다른, 자기에게만 향해지는 특별한 대우야. TB를 할 때는 '늘 당신에게 신경을 쓰고 있습니다'라는 느낌으로 철저하게 고객을 관리하는 게 가장 중요해.

요시이 허어(깊이 감탄함). 부동산업자라고 하면 사무실을 빌려 놓고 고객이 오기만 기다리는 것인 줄 알았는데 그렇지 않군요?

부자 아저씨 뭐, 다른 부동산업자들은 아직도 그렇게 하고 있겠지. 그러니까 우리에게만 고객들이 열광적으로 모여드는 것이지.

부자 아저씨의 '찐' 부자 수업 - 인생의 절대 법칙

최강의 비즈니스 모델 '티처 비즈니스(TB)'를 도입하자.

인구 감소나 코로나19 때문에 사회나 경제가 축소되고 있는 상황에서 단지 상품을 팔기

위해 대량생산을 하는 구태의연한 경영으로는 더 이상 살아남을 수 없다. 고객이 원하는

미래를 창조하고, 그 미래로 다가갈 수 있도록 지도하면서 이끌어주는 TB를 도입하면

같은 업종에 종사하는 다른 경쟁자들과 압도적인 차이를 만들 수 있다.

요시이　그렇군요. TB는 엄청난 것이군요.

부자 아저씨　뭐, 이것을 깨달은 이후 우리 회사의 실적은 계속 상승세를 보이고 있지. TB를 도입하는 회사와 도입하지 않는 회사의 차이는 앞으로 더욱 벌어지게 될 거야. 그리고 이 TB의 효과를 가속화하는 비책이 있어. 이것을 첨가하는 것만으로 수익이 부쩍 향상되는 소중한 방법이지.

'왜 이 일을 해야 하는가'를
명확하게 전달한다

요시이　TB의 효과를 가속화하는 비책은 무엇입니까?

부자 아저씨　그전에 질문 하나. 구입하려는 상품이나 서비스의 질, 가격이 완전히 똑같다면 어떤 사람에게 상품을 구입하고 싶은가?

요시이　그야, 좋은 사람에게 구입하고 싶습니다.

부자 아저씨　애매한 대답이군. 좋은 사람이라니, 어떤 사람이지? 구체적으로 말해봐.

요시이　성실하고 고객을 진지하게 생각하며 비즈니스에 열심인 사람 아닐까요?

부자 아저씨　비즈니스를 한다면 당연히 그래야 하는 것 아닐까? 비즈니스맨은 고객에게 최선을 다해서 공헌함으로써 돈을 받는 프로들이니까. 그보다 좀 더 중요한 게 있어. 이것이 있으면 고객으로부터 공감과 신뢰가 흔들리지 않고 확고해지는데, 대부분은 이걸 하지 않고 있지.

요시이　고객의 공감이나 신뢰가 흔들리지 않는 것이요? 그게 뭡니까? 저는 짐작도 할 수 없는데요.

부자 아저씨　그건 '나는 왜 이 일을 하고 있는가?'를 상대방에게 명확하게 전달하는 거야. 일에 대해 사명이나 이념을 가지는 것이라고 말할 수 있지. 설사 본인이 열심히 일한다고 생각해도 사명이나 이념을 가지고 있지 않으면 비즈니스에 대한 진지함이나 깊이가 고객에게 전혀 전해지지 않아. 그럴 경우, 고객의 구매에 대한 판단 기준이 '조금이라도 가격이 싼 곳이 좋다'라는 절약지향 쪽으로 향하게 되지. 이런 가격 경쟁에 빠지면 중소 영세기업은 대기업을 상대할 수 없어.

요시이　그렇군요. 가격경쟁에 빠지지 않고 고객의 공감이나 신뢰를 얻으려면 자신의 일에 사명이나 이념을 가지고 그것을 호소해야 할 필요가 있군요. 하지만 설사 훌륭한 사명이나 이념을 가지고 있다고 해도 그것을 어떻게 고객에게 알립니까? 그런 말을 했다가 잘못하면 상품을 팔기 위한 행동으로 오해받을 수도 있지 않겠습니까?

부자 아저씨　걱정하지 마. 물건을 팔기 위해서라는 오해를 받지 않고도 현명하게 자신의 사명이나 이념을 고객에게 알리는 방법이 있어. 더구나 단 한 번만으로 많은 사람에게 전할 수 있을 뿐 아니라 고객의 이해도와 친밀도도 깊어지는, 그야말로 효율적인 전달 방법이지.

부자 아저씨와 예수 그리스도
그리고 후쿠자와 유키치(福沢諭吉)

요시이   그런 획기적인 전달 방법이 있다고요? 제발 가르쳐주십시오.

부자 아저씨   답을 가르쳐주기 전에 한 가지 질문. 자네는 예수 그리스도의 가르침이 전 세계로 퍼져나간 이유를 알고 있나?

요시이   예수 그리스도의 가르침이 전 세계로 퍼져나간 이유요? 그건 예수가 각지를 돌면서 설법을 했기 때문이 아닙니까? 예수는 제자들과 함께 가르침을 설법하면서 돌아다녔다는 글을 책에서 읽은 적이 있습니다.

부자 아저씨   그렇지. 그것도 요인 중 하나이기는 해. 하지만 좀 더 큰 이유가 있어. 그것만으로는 기껏해야 수만 명의 인간에게 포교 활동을 하는 것으로 끝났을 거야. 그리스도교가 이렇게 널리 전 세계에 침투한 것은 예수의 가르침을 제자들이 문장으로 남겼기 때문이야.

요시이   예수의 가르침을 제자들이 문장으로 남겼기 때문이라고요?

부자 아저씨　그래, 그게 『성서』이지. 예수가 단지 사람들 앞에서 설법하는 것만으로는 이렇게까지 그리스도교를 전 세계에 보급할 수는 없었을 거야. 인간의 기억은 애매하니까. 예수가 말한 내용도 수많은 사람이 잊어버리거나 자신에게 필요한 내용만 기억하려 했을걸. 예수의 가르침이 이렇게 후세에까지 걸쳐 널리 침투한 이유는 『성서』라는 책의 힘이 크게 공헌했기 때문이지.

요시이　그렇군요. 세상에 널리 전달된다는 점에서 보면 출판에는 막강한 힘이 있군요.

부자 아저씨　출판의 힘을 이용한 건 예수 그리스도만이 아냐. 게이오기주쿠대학의 창설자인 후쿠자와 유키치도 출판으로 이름이 알려진 사람이지. 유키치가 저서 『학문의 권유(学問のすゝめ)』에서 교육의 중요성을 설명했고, 그것을 수많은 사람이 읽고 감명을 받았지. 때문에 게이오대학은 순조롭게 우수한 학생을 모을 수 있는 구조를 갖추게 되었고 일본을 대표하는 대학으로 성장할 수 있었던 거야. 『학문의 권유』는 일본 교육계에서는 성서라고 말할 수 있어. 예수와 유키치는 책을 통해서 자신들의 절대적인 포지션을 구축한 것이지.

부자 아저씨의 '찐' 부자 수업 – 인생의 절대 법칙

티처 비즈니스의 효과를 최대로 만드는 것은 출판이다. 출판은 자신의 이념이나 신념을 사람들에게 알리는 수단으로써 최강의 매체다. 예수 그리스도는 『성서』, 후쿠자와 유키치는 『학문의 권유』를 통해 엄청난 지명도와 절대적인 신뢰를 얻을 수 있었다. 출판은 영향력을 손에 넣기 위한 가장 강력한 수단이다.

요시이   TB를 넓고 깊게 전달하려면 출판이 가장 좋은 방법이군요?

부자 아저씨   그렇지. 그 방법은 아까 가르쳐주었지? 자신이 지금까지 해온 일을 모두 정리해서 그걸 누구나 재현할 수 있는 노하우로 정리하는 거라고.

요시이   네, 제 경우라면 일단 영업 초보자나 영업 경험이 적은 사람들을 대상으로 저의 경험을 바탕으로 영업의 노하우를 쓰면 되는 것이고요.

부자 아저씨   그렇지. 그때 자신의 노하우만으로는 마음이 놓이지 않을 경우에는 어떻게 해야 할까?

요시이   이미 지식이나 노하우를 가지고 있는 사람을 찾아서 취재하거나 그들의 고객이 되어 가르침을 받아야겠지요.

부자 아저씨   정답이야. 예로부터 '가능한 것은 자신이 나서고 불가능한 것은 타인의 힘을 빌려라'는 격언도 있듯 불가능한 것은 가능한 사람에게 맡기면 되는 거야. 그렇게 하면 노하우도 보강되고 책의 내용 역시 한층 더 깊어질 테니까.

요시이   그런 격언은 들어본 적 없지만, 어쨌든 책에 대해서는 대강 이해했습니다. 책을 낸다는 것은 꿈에도 생각해본 적이 없었습니다. 하지만 회장님의 이야기를 들으니 왠지 저도 출판을 할 수 있을 것 같은 느낌이 들었습니다. 즉시 저의 영업 경험을 정리하고 우수한 영업 경험자에게도 취재 신청을 해보겠습니다.

부자 아저씨 그래, 그렇게 해보라고. 이 세상에 불가능한 것은 아무것도 없어. 어려워 보이는 것도 어딘가에 돌파구가 있고, 이미 그것을 해결한 사람도 반드시 존재하지. 이제는 자네가 그 방법을 찾아내기 위해 어떻게 하면 좋은지 스스로 생각하고 행동으로 옮기는 것뿐이야. 그렇게 하면 모든 것을 자기 우위로 컨트롤할 수 있게 되니까.

요시이 네, 스스로 생각하고 행동한다. 이것은 회장님이 제게 일관되게 말씀해주신 것이지요?

부자 아저씨 그렇지. 궁극적으로는 일이나 인생에서 성공과 실패를 나누는 것은 이것뿐이야. '어차피 나는 무리야'라거나 '무엇을 해도 잘 풀리지를 않아'라는 식으로 처음부터 포기하고 늘 누군가로부터 무엇인가를 받으려는 기대만 하는 사람과 항상 자신의 머리로 생각하면서 과감하게 행동하는 사람은 당연히 차이가 벌어지지. 그 차이는 누가 보아도 명백하게 알 수 있어. 주변을 살펴보아도 그런 예는 얼마든지 있지 않나?

요시이 그렇습니다. 행동하는 사람은 계속 출세하지만, 행동하지 않는 사람은 아무리 시간이 흘러도 늘 그 상태인 채 전혀 나아지지 않지요. 최근에는 그런 능력의 양극화가 전보다 훨씬 더 커진 느낌이 듭니다. 다만….

부자 아저씨 응? 아직도 뭐 이해할 수 없는 게 있나? 정말 피곤한 사람이네. 이번에는 뭐가 불안한데? 아직도 불안한 게 있으면 솔직하게 다 털어놓아 보라고.

요시이 　네, 자신의 머리로 생각하고 행동하는 것이 중요하다는 사실은 확실하게 이해했습니다. 하지만 그게 가장 어렵다는 생각이 듭니다. 저는 평소에 다른 사람으로부터 지시를 받아 움직이는 편안한 방향으로 흘러가거든요. 이런 게으른 성격을 고쳐서 저 자신의 머리로 생각하고 행동할 수 있는 인간이 되려면 어떻게 해야 좋겠습니까?

부자 아저씨 　휴우(깊은 한숨). 이미 그 질문을 하는 시점에서 지시를 기다리는 사람의 전형적인 모습을 보여주고 있어. 자네는 그 사고방식을 근본적으로 바꾸어야 해.

뛰어난 아이디어를 낳는
7가지 방법

부자 아저씨 잘 들어. 이런 경우에는 '게으른 성격을 어떻게든 고치고 싶다'라는 부정적인 관점에서의 발상이 아니라 '스스로 생각하고 행동할 수 있는 인간이 되겠다'라고 결심하는 것이 더 나은 거야.

요시이 결점에 초점을 맞추는 것이 아니라 이상적인 인간이 될 수 있다는 확신 쪽으로 방향을 잡으라는 것이지요? 이 접근방식이 적극적인 느낌이 들어 기분이 좋아지는 것 같기는 합니다.

부자 아저씨 그래, 그런 식으로 좋은 기분을 가지는 것이 무엇보다 중요한 거야. 이 세상은 현재의 자신이 가장 강하게 느끼고 있는 기분이 신념이 되어 현실사회에 반영된 것이니까.

요시이 네, 아까부터 회장님이 말씀하신 '인생의 절대 법칙'이지요? 다만 이것 역시 머리로는 이해할 수 있습니다. 하지만 아무래도 저의 이 게으르고 다른 사람에게 의지하는 성격을 그렇게 간단하게 바꿀 수 있다는 생각은 들지 않습니다. 스스로 생각하고 주체적으로 행동할 수 있게 되는 비결 같은 것은 없을까요?

부자 아저씨　그렇게 되려면 자네가 아이디어맨이 되는 수밖에 없어. 게으른 사람은 대부분 평소에 진지하게 생각하려 하지 않기 때문에 뇌가 메말라서 발상도 떠오르지 않게 되는 것이거든. 하지만 평소에 멋진 아이디어가 계속 떠오르게 되면 재미가 들려서 스스로 발상을 하거나 행동하는 것이 힘들게 느껴지지 않지. 아니, 그뿐 아니라 설사 다른 사람이 '이제 더 이상 아무것도 생각하지 말라'고 말려도 자주적으로 생각하거나 행동하고 싶어서 견딜 수 없는 정신상태가 갖추어지지.

요시이　네, 멋진 아이디어가 계속 떠오른다면 그렇게 되겠지요. 하지만 유감스럽게도 저는 그런 발상 능력이 현저하게 결여되어 있습니다. 예전부터 참신한 발상을 할 줄 아는 사람이 정말 부러웠거든요.

부자 아저씨　그런 걸 부럽다고 느낄 필요는 없어. 발상 능력을 갖추는 건 간단하니까. 지금부터 자네 자신이 그렇게 되겠다고 결심만 하면 되는 거야. 예를 들어 "나는 아이디어맨이다. 앞으로 멋진 아이디어가 끊임없이 샘솟을 것이다. 늘 아이디어가 떠올라 곤란한 정도가 될 것이다"라고 애퍼메이션을 하는 거야. 그리고 자신에게 도움이 되는 좋은 일만 일어날 것이라고 정해두는 거지. 그것만으로 자네와 자네 주변을 둘러싸고 있는 에너지가 확 바뀌게 될 거야.

요시이　그렇습니까? 확실히 애퍼메이션을 하면 말의 기세로 한때는 기분이 좋아질지도 모르겠습니다. 하지만 그것만으로 멋진 아이디어가 끊임없이 샘솟는다고는 믿기 어렵습니다. 뭔가 좀 더 확실한 방법은 없겠습니까?

부자 아저씨 기분을 고양시키는 게 가장 확실한 방법이야. 알겠나? 미간에 주름을 모으고 끙끙거려도 멋진 아이디어는 평생 떠오르지 않아. 마음이 안정되었을 때 비로소 번뜩이며 멋진 아이디어가 떠오르게 되는 것이지. 그렇게 되려면 '나는 언제 어디서든 초일류의 아이디어를 자유자재로 이끌어낼 수 있다'라는 마음의 여유와 확신이 필요하지. 기분을 고양시키면 멋진 아이디어를 순조롭게 이끌어내는 뇌의 회로가 열리게 되니까.

요시이 정말입니까? 그런 애매한 방법으로 뇌의 회로가 열리게 된다니 도저히 믿어지지 않습니다.

부자 아저씨 휴우, 정말 피곤한 친구야. 알았어. 그렇다면 뇌에 여유와 확신의 회로가 열리게 되는 구체적인 방법을 가르쳐주지. 멋진 아이디어를 이끌어내려면 지금 머리로 생각하고 있는 것을 일단 밖으로 끄집어내는 거야. 그렇게 하려면 생각하고 있는 것을 노트에 적는 방법이 가장 좋아. 자신의 머릿속에서만 발상을 쥐어짜는 사람도 있지만 인간의 뇌는 그 정도로 똑똑하지 않아. 그렇게 하면 즉시 잡념이 떠올라서 사고가 뒤죽박죽되거나 생각했던 것을 까맣게 잊어버리는 경우가 대부분이지.

요시이 자신의 생각을 노트에 적어서 '시각화'하라는 말씀이군요?

부자 아저씨 그렇지. 인간은 눈으로 봄으로써 자신의 생각을 비로소 의식할 수 있게 되니까. 그렇게 하면 문제점이나 개선점도 명백해지거든. 멋진 아이디어를 이끌어내려면 기억보다 기록이 효과적이야.

요시이 하지만 과연 제가 그걸 할 수 있을지 걱정입니다. 책상 앞에 앉아서 아무리 머리를 쥐어짜도 아이디어나 발상은 전혀 떠오르지 않고 즉시 귀찮아져 생각하는 것 자체를 포기하는 경우가 대부분이거든요.

부자 아저씨 그럴 때에는 외출을 해보라고.

요시이 네? 외출이요? 밖으로 나가라고요?

부자 아저씨 그렇지. 뭔가 앞이 막히는 느낌이 들 때에는 흐름을 바꾸어보는 거야. 외출을 해서 다양한 풍경을 보거나 다양한 소리를 듣거나 체감을 하거나 사람이나 동물, 자연과 교감해보는 거야. 그 순간순간이 자네에게 영감을 주는 귀중한 기회로 바뀌게 되지. 외출을 하면 한 번 크게 기지개를 켜고 깊게 심호흡을 하는 것도 잊으면 안 돼. 녹이 슨 머리와 몸을 상쾌하게 만드는 효과가 있으니까. 이렇게 자신의 오감을 모두 사용해서 아이디어나 발상을 떠올리려고 노력해보는 거야.

요시이 오감이요? 그 '오감을 사용하는 게 좋다'라는 말은 들어본 적은 있지만, 그 이미지를 정확하게 그리기는 어렵습니다. 오감은 어떻게 사용하면 효과를 실감할 수 있습니까?

부자 아저씨 평소에 최대한 많은 경험을 쌓는 것이지. 예를 들어 거리를 걷다가 사람들이 줄을 서 있는 모습을 보면 호기심을 가지고 그 줄에 합류해보는 거야. 대중이 모여 있는 장소에는 사람을 끌어들이는 요인이 반드시 존재하니까. 그 원인을 의도적으로 찾으려고 하면 좋은 정보를 포착하게 되고, 그것을 기점으로 새로운 아이디어도 탄생하게 되지.

요시이　그렇군요. 줄을 서 있는 행렬이라…. 뜻밖에도 가까이에 아이디어의 씨앗이 존재하네요. 그 밖에도 오감을 단련하기 위해 뭔가 좋은 방법은 또 없을까요?

부자 아저씨　얼마든지 있지. 슈퍼마켓이나 편의점에 가서 새로운 상품을 발견한다면 반드시 구입해보는 거야.

요시이　네? 그런 어린아이 같은 행동으로 오감을 단련할 수 있다고요?

부자 아저씨　어린아이 같은 행동이야말로 가장 감성이 높은 거야. 새롭게 발매된 주스나 과자를 발견하면 누구보다 빨리 먹어보라고. 계산대에서 돈을 지불하고 눈으로 포장이나 디자인을 확인하면서 손으로 뚜껑이나 포장지를 열고 내용물을 꺼내어 코로 냄새를 맡고 입으로 그 맛을 확인하는 것으로 오감을 자극할 수 있지. 오감은 이런 체험을 많이 하면 단련이 돼. 그때 상품개발자의 의도도 생각해보고.

요시이　네, 오감을 사용해서 체험해보고 생각해보면 멋진 아이디어를 만날 수도 있을 것 같은 느낌이 듭니다. 적어도 제로에서 발상하는 것보다는 더 많은 힌트를 발견할 수 있겠네요. 그리고 그것을 만든 사람의 입장이 되어서 생각해보는 것도 주체성을 키우는 훈련도 될 수 있을 것 같습니다.

부자 아저씨　호오, 자네답지 않게 꽤 훌륭한 분석인데? 좋아, 그에 대한 상으로 멋진 아이디어를 낳는 또 한 가지 방법을 가르쳐주지. 그건 스스로에게 적절한 질문을 던져보는 거야. 자네처럼 '멋진 아이디어를 내려면 어떻게 해야 좋은가?' 하는 애매한 질문으로는 아이디어가 떠오르기 어려워. 멋진 아이디어를 내려면 좀 더 구체적인 질문을 스스로에게 던져보아야 해. 예를 들어 '이 주스를 좀 더 많이 팔리게 하려면 무엇을 해야 할까?' '맛이나 가격, 디자인은 이것으로 충분한 것일까?' '나이가 많은 사람들에게 지금보다 더 많이 팔려면 어떻게 해야 좋을까?' '여성이나 아이들용으로 개발할 수는 없을까?' '목이 말라서 구입하는 것 이외에 다른 이유로 구입하도록 만들 수는 없을까?' '다른 상품과 조합해서 팔 수는 없을까?' '프리미엄 상품이나 한정 상품으로 판매할 수는 없을까?' '지난달 대비 50% 이상 매출을 늘릴 수 있는 효과적인 마케팅 방법은 없을까?' '이 상품을 좋아하는 사람은 기본적으로 어떤 위치와 상황에 놓여 있을까?'라는 식으로 구체적인 질문을 던지고 생각함으로써 새로운 아이디어나 발상을 낳을 수 있지.

요시이 　스스로에게 구체적인 질문을 던져보라고요? 그런 건 생각해본 적도 없습니다. 하지만 그런 질문을 되풀이하다 보면 멋진 아이디어가 떠오를 것 같습니다.

부자 아저씨 　다만, 질문할 때 주의해야 할 점이 있어. 계속해서 질문을 던지다 보면 얼마 지나지 않아 머리가 정체될 수 있거든. 인간의 뇌는 쉽게 질리기 때문에 생각할 때에는 반드시 시간을 제한해야 해. 5분이면 5분이라고 시간을 정해두고 그 시간 안에서 멋진 아이디어를 내겠다고 결심한 뒤에 노트에 적는 거야. 그렇게 하면 생산성도 올라가고 절묘한 아이디어가 나오기도 쉽지.

요시이 무조건 시간만 많이 들인다고 좋은 것은 아니군요. 말씀대로 제한시간을 설정해두면 완급조절도 되어서 멋진 아이디어가 떠오르기 쉬울 것 같습니다. 아이디어를 내는 데에도 여러 가지 방법이 있네요?

부자 아저씨 그렇지. 모든 일에는 반드시 법칙성이 있고 그에 어울리는 효율적인 방법이 존재하는 거야. 앞으로는 자네도 그런 법칙이나 방식을 따라 행동을 취하겠다고 마음먹어야 해. 아무 생각 없이 그저 같은 행동만 되풀이해봐야 지금까지와 크게 다르지 않은, 초라한 결과밖에 낼 수 없으니까.

부자 아저씨의 '찐' 부자 수업 – 인생의 절대 법칙

1. 머리로 생각한 것을 노트에 적어서 시각화한다.

2. 외출을 해서 경치나 소리를 체감하고 사람이나 자연과 교감을 나눈다.

3. 줄을 서 있는 행렬을 만나면 왜 사람들이 모이는 것인지 그 요인을 분석해본다.

4. 슈퍼마켓이나 편의점에서 신상품을 보면 구입하여 오감을 사용해서 느껴본다.

5. 4의 상품개발자의 의도나 노림수를 생각해본다.

6. 자신에게 구체적인 질문을 던진다.

7. 모든 일에 반드시 존재하는 법칙성을 찾아내어 활용한다.

요시이 물론입니다. 지금까지 저는 아무 생각도 없이 같은 행동만 되풀이해왔습니다. 이래서는 멋진 아이디어가 탄생할 리가 없겠지요? 가

르쳐주신 아이디어 창출 방법을 즉시 실천에 옮기도록 하겠습니다.

부자 아저씨   그래, 실천해봐. 지금까지와는 비교도 할 수 없을 정도로 멋진 아이디어들이 떠오를 테니까. 다만, 아이디어는 생각해내기만 한다고 끝이 아냐. 그 아이디어를 낸 이후가 더 중요하지.

결국 '생각하기 전에 움직이는' 사람이 성공한다

부자 아저씨　그건 떠오른 아이디어를 형태화하기 위해 적절한 행동을 하는 거야.

요시이　적절한 행동이요?

부자 아저씨　그래. 뭐, 어차피 자네는 또 '적절한 행동은 어떻게 하면 되는 것입니까?'라는 식으로 질문을 던지겠지?

요시이　아닙니다. 그건 이해할 수 있을 것 같습니다.

부자 아저씨　오호, 지금까지의 나의 수업 덕분에 어느 정도 진척이 있는 모양이군? 그럼 그게 뭔지 대답해보게.

요시이　네, 무조건 아무 의미 없이 행동하는 것이 아니라 목표를 설정하고 얻을 수 있는 결과를 생각한 뒤에 행동하는 것 아닙니까? 목표가 애매하고 성과도 얻지 못한다면 아무런 의미가 없을 테니까요.

부자 아저씨　뭐, 그렇게 생각할 수도 있겠지만 여기에서 내가 하고 싶은 말은 그런 게 아냐. 오히려 그 반대로 '생각하기 전에 행동한다'고 말해야 하겠지.

요시이 생각하기 전에 행동하라고요?

부자 아저씨 그래. 사람들 대부분은 아이디어가 떠오른 뒤에 막상 행동하는 단계에 이르면 '잠깐, 그런데 이걸 정말 내가 할 수 있을까?'라는 식으로 나약한 마음이 들어 '이걸 하면 내게 얼마나 도움이 될까?' 하고 이해득실을 따지면서 결국 행동할 수 없게 되지. 이래서는 처음부터 아무런 생각도 하지 않는 사람과 다를 게 없어. 애써 아이디어를 떠올렸으면 생각만 하고 있을 게 아니라 우선 행동해야 하는 거야. 행동하는 것에 의해 무슨 일이 발생한다면 그건 그때 가서 생각하면 되는 것이니까.

요시이 네, 확실히 그렇습니다. 일단 행동을 하겠다고 결정했다면 또 생각에 잠겨봐야 반복만 될 뿐이지요. 다만 일과 관련된 경우에는 아무래도 행동부터 앞세우다 보면 위험한 상황이 발생할 수도 있지 않겠습니까? 미리 장래의 일을 예상해보는 것도 비즈니스에서는 매우 중요한 지표가 된다고 생각합니다만….

부자 아저씨 아니, 일이라고 해서 근본적으로 다를 건 없어. 미래는 아무도 알 수 없는 것이니까. 아무리 우수한 마케터를 많이 보유하고 있는 대기업이라고 해도 프로젝트가 성공할 확률은 기껏해야 10~20% 정도에 지나지 않아. 어차피 십중팔구는 실패로 끝나니까 그 실패를 빨리 깨닫기 위해서도 행동하는 속도를 높여야 할 필요가 있지.

요시이   대기업의 프로젝트도 그렇게 많이 실패로 끝납니까? 실패할 확률을 좀 더 줄일 수는 없을까요?

부자 아저씨   실패할 확률을 줄이려면 자신의 감정에 솔직해져야 돼. "이 아이디어를 실행했을 때 나다움을 유지할 수 있을까?"라고 스스로에게 질문을 던져보고 가슴이 설레는 열정이 느껴지거나 "그래, 이건 틀림없어"라는 확신이 서며 편안한 마음이 드는 그런 일만 실행하는 거야. 자네가 그런 기분을 느낄 수 있는 일이라면 이 세상에서 자네의 사명이고 역할이 틀림없으니까.

요시이   이 인생에서 제가 해야 할 일이군요?

부자 아저씨   그렇지. 인간에게는 이 세상에 태어난 이유가 반드시 있어. 그건 자네가 태어나기 전에, 자네가 이 세상에서 이루겠다고 이미 결정한 일이야. 현세에서 우리는 미리 정해놓은 그 시나리오를 단지 충실하게 재현하는 데 지나지 않지.

요시이   네? 그렇다면 제가 일이 뜻대로 풀리지 않아 고민하거나 도박으로 빚을 지거나 우울증에 걸렸던 것도 모두 미리 정해진 시나리오를 재현한 것이었다는 말씀인가요?

부자 아저씨   그래, 그렇지.

요시이   그렇다면 너무 불합리한 것 아닙니까?

부자 아저씨   그렇지 않아. 만약 자네가 부잣집에서 태어났다거나 갑자기 일이 너무 술술 풀려버린다면 그것이야말로 이 세상에서 자네에게는 어떠한 진척도 발전도 바랄 수 없지 않겠나? 한번 자신의 인생을 진지하게 돌아보라고. 자네는 일이 뜻대로 풀리지 않고 빚 때문에 고통도 받았으니까 어떻게든 그것을 해결하려고 마음에 반발심이 생겼고, 영업이라는 자신에게 잘 맞는 직업을 발견하게 된 것 아닌가? 그런데 만약 부잣집에서 태어났다면 원래 게으른 자네의 마음이 더 비대해져서 결국은 몸을 망치는 결과를 낳았을걸. 인간은 고통이 발생하지 않으면 어지간해서는 바꾸려고 하지 않으니까. 그래서 신은 자네에게 그런 고통이나 괴로움을 느낄 수 있는 문제를 준 거야. 그 문제를 받아들이는 것으로 자네가 한층 더 진화하고 성장할 수 있도록 말이야.

요시이 그 말씀은 사명과 역할은 자신의 문제 안에 존재한다는 뜻인가요?

부자 아저씨 일반적으로는 그런 패턴이 많지만, 반드시 그렇다고 말하기는 어려워. 실제로 특별한 문제가 없어도 자신의 사명이나 역할을 깨닫는 사람이 있으니까.

요시이 특별한 문제가 없어도 자신의 사명이나 역할을 깨닫기 쉬운 사람은 어떤 사람입니까?

부자 아저씨 자신이 좋아하거나 자신 있는 걸 하고 있는 사람들이지. 이런 사람들은 의식, 무의식과 관련 없이 대부분 자신의 사명이나 역할 안에서 그 일을 신나게 즐기면서 살아가지. 진화나 성장과 함께 인생을 즐기는 것도 이 세상에 태어난 의미 중 하나야. 다만, 주의해야 할 부분도 있어. 아무리 자신이 좋아하고 자신 있는 일이라고 해도 자기만 열중하고 기뻐해서는 안 돼. 자기만족으로 끝나는 것이 아니라 그 일을 함으로써 자신뿐만 아니라 다른 사람도 행복을 느끼거나 즐거움을 느끼거나 풍요로움을 느낄 수 있는 그런 파급 효과가 있어야 해. 그래야 진정한 사명과 역할이라고 말할 수 있지.

요시이 그렇다면 사명과 역할에 따라 행동하다 보면 자신뿐 아니라 다른 누군가도 행복하게 만들 수 있다는 말씀인가요?

부자 아저씨 그렇지. 자신은 단지 좋아하는 일을 하고 있다고 생각하더라도 그것을 보거나 들은 사람들이 기뻐하거나 감사하거나 공감하는 존재가 될 수 있으니까. 그런 식으로 세상이나 사회까지도 자기 편으로 만들 수 있는 사람이 행복한 성공을 거두는 것은 당연하지.

부자 아저씨의 '찐' 부자 수업 – 인생의 절대 법칙

진정한 사명과 역할은 누군가를 위해 무엇인가를 하는 것이 아니다. 열정이 느껴지거나 마음의 평온을 느낄 수 있는 일이어야 한다. 그것은 자신이 좋아하는 것들 안에 있으며 그것을 하면 자신뿐만 아니라 다른 사람도 행복하게 만들 수 있다.

7교시

고객을 왕으로 모시면 돈은 달아난다

마음에 들지 않는
고객에게는 팔지 않는다

부자 아저씨　그렇다면 지금부터 실제로 자네의 일과 연결해볼까. 자네는 어떤 비즈니스를 하고 있지?

요시이　전화번호부 광고영업입니다. 그래서 회장님 회사의 직원에게 사기를 당할 뻔하지 않았습니까?

부자 아저씨　아, 그랬지. 자네를 만난 것도 우리 회사에서 감금되었기 때문이었지? 뭔가 먼 옛날의 이야기 같은 느낌이 드는군. 하하하!

요시이　웃을 일이 아닙니다. 저는 감금당했을 때 정말 무서웠으니까요.

부자 아저씨　뭐, 그 일은 좋은 공부를 했다고 생각하고 잊어버리게. 그 덕분에 나의 수업도 들을 수 있게 된 것이니까. 그런데 자네는 왜 우리 회사에 영업을 하러 들어왔지?

요시이　특별히 이유는 없습니다. 매달의 영업목표가 있기 때문에 그 지역의 회사는 닥치는 대로 찾아가서 영업활동을 했던 것뿐입니다.

부자 아저씨　무조건적인 방문영업이라…. 잘 들어. 유능한 영업사원이 되고 싶으면 방문영업 따위는 당장 그만둬. 매일 그런 비효율적인 일을 하고 다니면 아무리 체력이 좋아도 견디지 못해.

요시이　저도 가능하다면 이런 방문영업은 하고 싶지 않습니다. 모르는 사무실에서 냉정한 시선을 받으면서 얼굴 가득 미소를 띠고 영업을 하는 것은 정말 견디기 힘든 고통이거든요. 하지만 방문영업은 회사 상사의 명령이기 때문에 거역할 수 없습니다.

부자 아저씨　그렇다면 다음에는 상사가 "방문영업을 해봐"라고 말하면 "네, 알겠습니다"라고 말하고 회사에서 나와. 그리고 영업은 하지 말고 커피숍이나 사우나에 가서 충분히 휴식을 취하면서 자네 나름대로의 영업 전략을 세우는 데 전념하도록 해.

요시이　네? 저 나름대로의 영업 전략을 세우라고요? 영업 전략이라고 해도 무엇을 어떻게 세워야 할지….

부자 아저씨　우선 자네가 고객을 선택하는 거야. 마음에 들지 않는 고객에게는 팔지 않아도 돼.

요시이　네? 고객을 선택하라고요? 그건 무리입니다. 그런 짓을 하면 판매실적은 더 떨어질걸요.

부자 아저씨　휴우(깊은 한숨). 자네는 영업을 완전히 착각하고 있는 것 같군. 영업은 단순히 상품을 판다고 끝나는 게 아냐.

요시이　그렇지 않습니다. 영업은 상품을 판매하는 것이 목적입니다. 많이 판매할수록 상사도 기뻐하고 회사에서의 지위나 평판도 올라갈 뿐 아니라 급여도 상승하니까요. 우선 상품을 팔지 못하면 영업사원으로서의 역할을 다하지 못하는 것 아닙니까?

부자 아저씨 그럼 이번에 자네의 행동은 어떠했나? 고객을 선택하지 않고 우리 회사에 뛰어들어 영업한 끝에 사기를 당하고 협박을 당하고, 결국 시간만 낭비하지 않았나? 조금이라도 영업목표를 달성했나?

요시이 그야, 야쿠자는 예외이지요.

부자 아저씨 예외는 없어. 알겠나? 세상에는 상대해야 할 고객과 상대해서는 안 되는 고객이 있는 거야. 예를 들어 '1엔이라도 돈을 깎아야겠다'라는 옹졸한 고객이나 '돈을 지불했으니까 당신이 전부 알아서 해라'는 오만한 고객은 상대해서는 안 되는 고객의 전형이야. 그런 고객은 가격이 더 낮은 곳이 있으면 즉시 그쪽으로 옮겨갈 테고, 나중에 클레임만 걸어와서 자네의 노동생산성을 현저히 떨어뜨리는 존재가 될 수도 있거든.

부자 아저씨의 '찐' 부자 수업 – 인생의 절대 법칙

마음에 들지 않는 고객에게는 팔지 않는다. 세상에는 상대해야 할 고객과 상대하지 말아야 할 고객이 있다. 그중에서도 '1엔이라도 돈을 깎아야겠다'라는 옹졸한 고객이나 '돈을 지불했으니까 당신이 전부 알아서 해라'는 오만한 고객은 상대해서는 안 되는 고객의 전형이다. 그런 고객은 영업사원의 노동생산성을 현저히 떨어뜨린다. 유능한 영업사원이 되고 싶으면 자신이 상대하고 싶은 고객하고만 거래한다.

요시이 무슨 말씀을 하고 싶은 것인지 이해는 합니다만…. 그래도 역시 영업사원 쪽에서 고객을 선택한다는 건 그렇게 간단한 문제가 아닙니다. 가뜩이나 상품을 판매하기 어려운데 고객을 선택하기까지 한다면 아무도 상품을 구입하지 않을걸요.

부자 아저씨 그렇지 않아. 고객을 선택하면 상품을 팔 수 없다는 건 자네 생각일 뿐이야. 오히려 고객을 선택하는 쪽이 지금보다 훨씬 더 많은 상품을 팔 수 있어.

요시이 그렇습니까? 하지만 영업사원은 상대방에게 상품이나 서비스를 판매해야 하는 나약한 입장에 놓여 있는데 어떻게 고객을 선택할 수 있겠습니까? 그건 마치 노예가 왕에게 "배가 고프니까 식사를 준비해라"고 명령하는 것과 같은 것 아닙니까?

부자 아저씨 휴우(깊은 한숨). 영업사원이 노예라니, 착각도 적당히 해야지. 자네가 영업을 그런 식으로 생각하는 한, 유능한 영업사원은 영원히 될 수 없어. 잘 들어. 영업의 본질은….

'팔리는 영업사원'과 '팔리지 않는 영업사원'의 결정적인 차이

부자 아저씨 영업의 본질은 고객으로부터 돈을 받는 대신 동등하거나 그 이상의 상품을 상대방에게 제공하는 것을 말하는 거야. 이른바 고객과의 입장은 대등하고, 경우에 따라서는 영업하는 쪽에서 그 이상의 가치를 제공하는 것이라고 생각해야 돼.

요시이 그렇습니까? 적어도 우리 회사에는 고객과 대등한 입장에 서 있는 영업사원은 한 명도 없습니다만….

부자 아저씨 그게 자네 회사가 실적이 나쁜 이유야. 얼굴 가득 미소를 짓고 고객에게 굽실거리는 방아깨비 같은 영업사원들의 모습이 눈에 선하군. 고객과 대등하거나 그 이상의 입장에 설 수 없으면 절대로 유능한 영업사원은 될 수 없어.

요시이 뭐, 우리 회사가 실적이 좋지 않다는 점은 인정합니다만 다른 회사의 영업 역시 비슷하지 않겠습니까? 고객으로부터 돈을 받는 이상, 영업사원은 약자의 입장에 설 수밖에 없다고 생각합니다.

부자 아저씨 아무래도 자네의 머릿속에는 '영업사원=고객의 노예'라는 도식이 확실하게 각인되어 있는 것 같군. 그 잘못된 믿음이 행동에도 반영되어서 실적을 올릴 수 없다는 사실을 빨리 깨달아야 해.

요시이 그렇다면 유능한 영업사원의 머릿속은 어떻게 이루어져 있습니까?

부자 아저씨 자네와는 정반대이지. 노예는커녕 자신의 상품이나 서비스가 상대방에게 도움이 된다는 강한 자부심과 자존심이 넘치고 있으니까 고객으로부터도 신뢰를 얻을 수 있는 것이고, 당연히 실적이 좋은 것이지.

요시이 그런 식으로 자신과 회사의 상품에 자존심을 가질 수 있다면 정말 좋겠지요. 하지만 그게 쉽지 않습니다.

부자 아저씨 어려울 것도 없어. 그게 아니라면 자네 회사는 고객에게 전혀 도움이 되지 않는 사기 상품이라도 판매하고 있나?

요시이 그렇지 않습니다. 평판이 좀 나쁘기는 하지만, 어느 정도 고객에게 도움은 된다고 생각합니다. 다만 그렇다고 해서 달리 대체할 수 있는 상품이 없을 정도로 대단하다는 확신까지는 가질 수 없습니다.

부자 아저씨 뭐 확신까지 가질 필요는 없어. 처음에는 단지 자신과 상품을 받아들이는 것만으로 충분해. 전에 내가 "믿음의 대상은 본인이 확신할 수 없거나 논리적으로 납득할 수 없는 것이어도 상관없다"라고 말했지? "이것으로 정말 괜찮을까?" 하는 애매함이나 "아무래도 잘못

될 것 같은 느낌이 들어"라는 위화감까지 모든 것을 받아들이는 것을 총칭해서 믿는다고 하는 거야. 한번 믿고 받아들일 수 있다면 시간이 지나면서 그 사고방식이 정착되고, 그게 확신으로 바뀌는 순간이 반드시 찾아오는 것이니까.

요시이   하지만 믿음을 받아들이는 것은 저 같은 부정적인 사람에게는 더할 나위 없이 힘든 일입니다. 아무리 받아들이려 해도 저 자신을 믿을 수 없거든요.

부자 아저씨   그럴 때에는 "내게는 가치가 있다"라고 소리 내어 말로 표현해보는 거야.

요시이   그렇게 한다고 해서 무슨 의미가 있습니까?

부자 아저씨   '언령'에 대해 말하지 않았나? 고대로부터 말에는 영혼이 깃들어 있어서 입 밖으로 내뱉으면 그것이 그대로 현실화된다고 말이야. 실제로 확신한 것이 현실로 나타나기 쉽다는 건 자네도 경험한 적이 있지 않나? 예를 들어 '이번 시험은 점수가 나쁠 것 같아'라거나 '다음 일에서 실수를 할 것 같아'라고 생각하면 정말 그런 일이 발생하지 않았나?

요시이   네, 그런 적이 많았던 것 같습니다. 신기하게도 그런 나쁜 예감일수록 적중되는 경우가 많았거든요.

부자 아저씨   나쁜 예감만이 아냐. '강하게 확신한 것이 현실로 창조'되는 건 우주의 대원칙이니까. 말로 표현하면 자신의 내부에 존재하는 확신을 보다 부드럽게 유도하는 결과를 낳거든. 그때까지 추상적인 하나의 개념에 지나지 않았던 사고를 말로 표현하는 순간, 구체적으로 표면화되어 이미지를 그리기 쉬워지면서 자신뿐만 아니라 주변에도 강한 영향을 끼치게 되니까. 그래서 말로 표현하면 빠른 속도로 그 말대로 현실이 되어가는 거야.

요시이 흐음, 정말 모든 것이 그럴까요? 단지 말로 표현하는 것만으로 현실화된다고 생각하기는 어렵습니다.

부자 아저씨 언령의 힘을 의심하면 안 돼. 물론 자네의 경우는 상당히 뿌리 깊은 부정적 사고에 지배를 받아왔으니까 다음의 두 가지 말도 첨부하는 게 좋을 거야. "내게는 가치가 있어"라는 말 이후에 "이런 건 간단해. 오히려 좀 더 큰일도 처리할 수 있어" "마지막에는 잘 될 운명이야! 최고야!"라는 식으로 덧붙여 봐. 이 세 가지 말에는 모두 자존심이나 자기 긍정감을 대폭 올려주는 효과가 있는데, 그중에서도 마지막의 '최고야!'는 가장 강력한 문구야. 기쁠 때에는 '최고야!'라고 말하면서 크게 기뻐하면 행복이 몇 배나 강화돼. 반대로 부정적인 일이 발생했을 때도 '최고야!'라고 약간 자학적으로 중얼거리면 맥이 빠져서 웃을 수 있게 되지. 그 웃음으로 분위기가 부드러워지고 마음에 여유도 생기게 되는 거야. 그렇게 되면 부정적으로 느꼈던 일도 '그렇게 고민할 정도는 아닌 사소한 문제' 정도로밖에 느껴지지 않게 되거든. 이런 식으로 눈앞의 사건에 좌우되는 게 아니라 늘 현실을 자신이 컨트롤할 수 있는 상황에 놓아둘 수 있게 되면 어떤 일이건 처리할 수 있을 것 같은 느낌이 들지 않겠나? 뭐, 걱정하기보다는 일단 저질러 보는 거야.

우선, 이 세 가지 말을 실제로 말로 표현해보고 그때의 감정을 맛보라고.

요시이   네, "내게는 가치가 있어"라는 말 이후에 "이런 건 간단해. 오히려 좀 더 큰일도 처리할 수 있어" "마지막에는 잘 될 운명이야! 최고야!"

부자 아저씨   어때? 어떤 기분이 드나?

요시이   확실히 긍정적인 말을 하니까 기분도 좋아지는 것 같고 지금까지 어렵다고 느껴졌던 일들도 왠지 해낼 수 있을 것 같습니다.

부자 아저씨   그렇지? 말에는 에너지가 깃들어 있으니까. 실제로 말로 표현하면 누구나 공명하게 되지. 앞으로는 무슨 일이 있을 때마다 언령을 사용해서 자신에게 힘을 주는 훈련을 해보라고. 그때마다 체내의 에너지가 활성화되면서 그 후에 발생하는 사건들이 자네에게 은총으로 바뀌는 것을 실감할 수 있을 거야.

요시이   사건이 은총으로 바뀐다면 당연히 시도해볼 가치가 있지요. 그리고 그런 식으로 생각하면 고객으로부터 돈을 받는다는 것에 대한 저항감도 상당히 옅어질 것 같습니다. 이것만으로도 영업이 쉬워질 것 같네요.

부자 아저씨   저항감은커녕 영업을 하지 않으면 자네가 가지고 있는 좋은 상품이나 서비스를 전할 수 없게 되어 세상에 손실을 끼치는 결과가 나오지. 알겠나? 앞으로는 영업을 일이라고 생각하지 말라고. 자네가 가지고 있는 상품이나 서비스로 한 명이라도 더 많은 사람에게 도움을 주는 것이 자네의 사명이고 역할이라고 믿고, 고객을 위해 가치 있는 것을 제공한다고 생각해야 돼.

요시이　영업을 일이라고 생각하지 않고 상대방에게 도움이 되는 가치 있는 것을 제공해준다고 생각하라고요? 그렇게 생각하면 계산적인 생각이 옅어지고 마음도 넓어지는 느낌이 들기는 할 것 같습니다.

부자 아저씨　그렇지? 영업을 일이라고 생각하니까 이기심이나 욕심이 얼굴을 내밀어 오히려 실적을 올릴 수 없는 결과를 낳는 거야. 일이 아니라 '상대방에게 가치와 기쁨을 제공하는 내 인생 그 자체다'라고 생각하면 고객과도 이해득실을 초월한 확고한 신뢰 관계를 맺게 되고, 그 이후 고객은 자네가 권하는 상품이라면 어떤 것이건 믿고 구입하게 되겠지.

부자 아저씨의 '찐' 부자 수업 – 인생의 절대 법칙

영업을 일이 아닌 인생이라고 생각한다. 자신의 상품이나 서비스로 한 명이라도 더 많은 사람에게 도움을 주는 것이 자신의 사명이고 역할이라고 믿고 늘 상대방을 위해 가치 있는 것을 제공하기 위해 노력한다. 고객과 이해득실을 초월한 신뢰 관계를 맺게 되면 그 이후 고객은 어떤 상품이나 서비스라도 믿고 구입해준다.

요시이　호오(깊은 감탄). 영업은 인생 그 자체라고요? 이것도 역시 스케일이 큰 말이군요. 솔직히 아직 거기까지의 자각이나 각오는 부족하지만 언젠가 그렇게 될 수 있도록 노력해보겠습니다.

부자 아저씨　걱정하지 마. 나의 가르침을 받고 그렇게 되지 못한 사람은 한 명도 없으니까. 자네도 앞으로 틀림없이 그렇게 될 거야. 그리고 또 한 가지, 영업을 하는 데 매우 중요한 게 있어. 지금부터 그 부분에 대해서 이야기해보도록 하지.

고객과 장기적으로
'좋은 관계'를 구축하려면?

요시이 영업을 하는 데 매우 중요한 부분이요? 이것도 흥미가 느껴지는데요. 어떤 것입니까?

부자 아저씨 그건 고객을 고객으로 대하지 않고 소중한 친구라는 생각으로 상대하는 거야.

요시이 고객을 친구라고 생각하고 상대하라고요? 친구처럼 편하게 말을 놓고 상대하라는 건가요?

부자 아저씨 그게 아냐. 영업사원들 중에는 가끔 그런 매너를 모르는 사람들이 있는데 그런 행동은 상대방으로부터 신뢰를 잃을 뿐이야. 자네도 영업사원이라면 말투와 복장에는 특별히 신경을 쓰는 게 좋아.

말이 거친 부자 아저씨에게 그런 말은 듣고 싶지 않았지만 반론을 하기도 성가셔서 그냥 받아들이기로 했다.

요시이   아, 네. 그렇게 하겠습니다.

부자 아저씨   그리고 질문 하나. 자네는 어떤 경우에 친구에게 상품이나 서비스를 권하나?

요시이   그야, 실제로 제가 그 상품을 사용해보고 좋다고 느꼈을 때이지요. 역시 친구에게도 도움이 되어야 하니까요.

부자 아저씨   그렇지? 일반적으로 사람들의 사고방식은 모두 그럴 거야. 하지만 이게 비즈니스가 되면 그 생각이 사라져 버리지. 어떻게든 상대방이 구입하게 해서 자신이 이득을 보기 위해 기술적인 영업용 화술을 연마하거나 묘한 마케팅 수법으로 심리를 조작해서 돈을 버는 데에만 집중하게 되거든.

요시이   네, 확실히 그런 경향이 있습니다. 하지만 영업은 일 자체가 판매이고, 그렇게 해서 회사나 경제도 성립되는 것이니까 어쩔 수 없는 것 아니겠습니까?

부자 아저씨   아니, 그렇지 않아. 사회나 경제는 그런 사기 수법들만으로 구성되는 게 아냐. 물론 일부에서는 그런 풍조도 엿볼 수 있지만, 그런 사람들은 한 번의 거래로 본성이 드러나서 즉시 배제되지. 영업의 본질은 한 번만 팔면 끝이 아니라 그 후에도 지속적으로 고객과 연결되어 상대방을 배려하면서 함께 진화하고 성장해가는 것이니까.

요시이   영업의 본질이 고객과 지속적으로 연결되어 함께 진화하고 성장해가는 것이라고요? 네, 한 번만 팔고 끝이어서는 안 되지요. 그럴 경우, 영업을 할 때마다 시장이 점점 좁아져서 영업사원은 더 이상 설

곳이 없을 테니까요.

부자 아저씨   그래, 그런 상태에 빠지지 않기 위해서도 영업사원은 고객과의 신뢰 관계를 심화시켜야 하는 거야.

요시이   고객과의 신뢰 관계를 심화하려면 어떻게 해야 합니까?

부자 아저씨   신뢰 관계를 심화하려면 '이걸 하면 ○○씨가 기뻐할 거야'라거나, '확실히 전에 ◎◎씨는 이런 걸 좋아한다고 말했어'라거나, '이건 ▲▲씨에게 딱 어울릴 것 같은데?'라는 식으로 늘 상대방에게 흥미와 관심을 가지고 우선적으로 생각하는 습관을 들여야지. 자신을 소중하게 생각해주는 사람을 신뢰하지 않는 사람은 없으니까. 하지만 인간은 항상 상대방만을 생각하면서 살 수는 없어. 자기도 모르는 사이에 이기심이 발동해서 자신의 이익을 우선하게 되는 것도 부정할 수 없지.

요시이   네, 저 같은 사람은 늘 그렇습니다. 이기심을 억제하고 상대방과 우호적인 관계를 지속하려면 어떻게 해야 할까요?

부자 아저씨   상대방을 세상에 하나밖에 없는 친구라고 생각해. 아무리 이기심이 강한 자네라고 해도 친구가 되면 자신이 어느 정도 희생하더라도 도움을 주거나 도와주고 싶은 마음이 들지 않겠나? 적어도 터무니없는 영업용 화술로 상품을 구입하게 만들지는 않을 거야. 그런 사람의 마음이나 낌새는 상대방에게 반드시 전달되니까. 고객도 자신을 가족처럼 생각하는 그런 영업사원을 깊이 신뢰하게 되고 '좋은 관계'가 장기적으로 지속되는 것이지.

부자 아저씨의 '찐' 부자 수업 – 인생의 절대 법칙

고객을 소중한 친구라고 생각하고 상대한다.

영업사원은 비즈니스가 되면 상대방이 상품을 구입하게 해서 자신이 이득을 취하기 위해 영업용 화술을 연마하거나 묘한 마케팅으로 심리를 조작하려 한다. 하지만 그것은 영업의 본질이 아니다.

고객을 유일무이한 친구라고 생각해야 한다. 친구가 되면 자연스럽게 자신이 어느 정도 희생을 하더라도 도움을 주거나 도와주고 싶다는 마음이 생긴다. 그 마음은 상대방에게 반드시 전달되기 때문에 고객도 가족 같은 마음으로 나를 생각해준다. 그 결과, 영업사원을 깊이 신뢰하게 되고 '좋은 관계'가 장기적으로 지속된다.

요시이　맞는 말씀입니다. 상대방을 진심으로 생각하면 잠자코 있어도 신기하게 그 마음이 전달되지요. 눈앞에 있는 사람이 자신을 존중해주면 당연히 기분이 좋아지고요. 영업사원도 평소에 그런 성의 있는 행동을 취하는 것이 긍정적이고 기분도 좋아질 수 있다고 생각합니다.

부자 아저씨　그렇지. 상대방이 기뻐하거나 고마워하면 긍지와 자신감도 생겨서 자신의 일을 더욱 좋아하게 되니까. 이런 선순환이 갖추어지면 재미있는 현상이 발생해. 지금까지 결점이라고만 생각했던 자신의 이기심이 장점으로 바뀌기 시작하는 거야. '사람들을 좀 더 기쁘게 해주고 싶어' '사람들에게 더 많은 감사를 듣고 싶어'라는 욕구가 강해져서 '상대방에게 도움이 되려면 어떻게 해야 좋을까?' 하고 자주적으로 생각하는 습관이 갖춰지기 시작하지. 지금까지는 '귀찮다'라고 생각했던 영업 자료도 고객이 이해하기 쉽게 전달하기 위해 정성 들여 정리하거나 스킬을 향상하기 위한 공부도 자진해서 시작하는 등 자신의 일에 한층 더 관심을 기울이고 노력하게 돼. 고객에게 그런 세련된 영업사원은 그 무엇과도 바꿀 수 없는 귀중한 존재이지.

요시이 그렇군요. 그건 그야말로 회장님이 앞서 말씀하셨던 "일이 아니라 인생이라고 생각하라"는 가르침과 일치하는군요. 알겠습니다. 앞으로는 가능하면 눈앞의 고객을 소중한 친구라고 생각하고 상대하도록 노력하겠습니다.

부자 아저씨 그래. 그리고 그 상대는 고객뿐 아니라 회사 동료, 관리인이나 미화원, 관련 업자에게도 적용해보라고. 물론, 일과 관련이 없는 사람도 상관없어. 슈퍼마켓이나 편의점 점원, 음식점 아주머니 등 일상에서 자네가 상대하는 모든 사람을 그런 마음으로 대해 봐. 그렇게 하면 인생이 180도 바뀔걸. 내가 보증하지.

같은 업종과 다른 업종 회사의
성공 사례를 훔쳐라!

요시이　그런 식으로 늘 좋은 기분으로 있을 수 있는 사람에게는 좋은 일도 많이 일어나겠군요? 다만 영업의 경우, 약간의 문제도 발생합니다. 아무리 자신이 친구라고 생각하고 상대한다고 해도 처음 만나는 고객은 다른 대부분의 영업사원과 마찬가지일 것이라고 생각해서 관계를 형성하기 쉽지 않습니다. 고객과 인연을 만드는 첫 계기는 어떻게 마련하면 좋겠습니까?

부자 아저씨　그런 경우에는 상대방에게 이득이 되는 것을 줘야지. 나아가 자네의 일과 관계가 있고 상대방도 관심이 있는 것을 줘야 돼.

요시이　저의 일이라면, 전화번호부 광고영업과 관계가 있는 것 말씀인가요?

부자 아저씨　그렇지. 그중에서도 특히 상대방의 곤란한 부분을 해소해주는 게 가장 효과적이지. 예를 들어 자네의 전화번호부 광고를 필요로 하는 고객이 밤에 잠을 잘 수 없을 정도로 고민한다거나, 평소에 신경 쓰고 있는 문제 같은 건 없을까?

요시이 　전화번호부 광고를 사용하는 사람들이 곤란해하는 것이요? 흐음, 즉시 떠오르지는 않는데요.

부자 아저씨 　뭐든지 의지하려고만 하지 말라니까. 그래 가지고 어떻게 영업활동을 하는지 이해할 수 없군. 잘 생각해봐. 평소에 고객이 클레임을 걸어온다거나 상담을 하러 온 그런 것들 말이야.

요시이 　아, 그런 것이라면 고객으로부터 '광고 요금을 좀 싸게 해달라'는 말은 자주 들었습니다.

부자 아저씨 　그건 안 돼. 아무리 계약을 성사시킨다고 해도 가격을 인하하면 수익이 줄어들잖아. 비즈니스는 수익이 전부이니까 가격 인하는 절대로 안 되는 거야. 가격 이외에 고객으로부터 자주 들어오는 클레임이나 상담은 뭐 없나?

요시이 　클레임이나 상담이요? 클레임이라면 오늘 회장님 회사가 트집을 잡았듯 '광고를 냈는데 고객으로부터 문의가 들어오지 않는다'라는 불만은 자주 들었습니다.

부자 아저씨 　그럴 때 자네는 어떻게 하나?

요시이 　광고 문구를 바꾸기를 권합니다. 전화번호부 광고 중에는 같은 업종인데 다른 회사를 압도적으로 제칠 정도로 반응이 좋은 광고 문구가 반드시 있습니다. 같은 업종에 종사하는 타사의 광고 문구를 자신의 회사에 응용하면 고객들의 문의가 증가하는 경우가 많기 때문에….

부자 아저씨 오, 그거 좋은 방법이군. 그러니까 성공한 광고 문구를 훔치는 것이군?

요시이 뭐, 결론은 그런 것입니다만, 훔친다고 표현하면 듣기가 좀….

부자 아저씨 그렇지 않아. 배움의 어원은 흉내 낸다는 데에서 온 것이니까. 운동선수나 기술자들도 처음에는 일류의 기술을 훔쳐서 실력을 쌓은 거야. 훔친다는 건 가장 짧은 시간에 성공을 거둘 수 있는 최고의 기술이지. 그런 문구를 자네가 직접 가르쳐주면 어떻겠나?

요시이 훔친다는 게 기술이라니, 정말 표현하기 나름이군요. 어쨌든 제가 그런 문구를 가르쳐준다고 저의 영업 실적이 좋아지겠습니까?

부자 아저씨 당연하지. 전화번호부에 실린 광고의 문의가 증가하면 회사의 매출도 올라가지 않겠나? 그런 방법을 가르쳐주었는데 기뻐하지 않을 사람이 세상에 존재한다고 생각하나?

요시이 네, 뭐 그걸 가르쳐줄 수 있다면 기뻐하는 사람도 많이 있겠지만… 저는 무리입니다. 지금까지 경영 공부도 해본 적이 없기 때문에 그런 컨설턴트 같은 일은 도저히 감당할 수 없습니다.

부자 아저씨 컨설턴트를 그렇게 고상하게 생각할 필요는 없어. 게다가 자네가 제로 상태에서 고도의 컨설팅 계획을 세우는 것도 아니고. 이미 실적을 내고 있는 광고 문구가 있으니까 그걸 잠깐 빌리면 되는 거야. 이 정도라면 중학생도 할 수 있지 않겠나?

요시이 네. 그거라면 전화번호부 광고 중에는 성공한 사례가 풍부하니까 얼마든지 가능합니다. 컨설팅을 하는 회사에 맞춰 광고 문구를 약간만 바꾸면 되니까요.

부자 아저씨　그리고 아까 자네는 같은 업종에 종사하는 타사의 광고 문구라고 말했지만 다른 업종의 성공 사례도 응용할 만한 것들이 많이 있을 거야. 예를 들어 우리 회사의 경리사무 담당자는 파견회사에서 고용했는데 이 파견회사의 제안이 꽤 흥미를 끌었지. 영업사원이 "일주일 동안 무료로 파견사원을 고용해보지 않겠습니까?"라고 제안했거든.

요시이　네? 파견사원을 무료로 고용해보라고요?

부자 아저씨　그래. 회사가 파견사원을 고용할 때의 문제 중 하나는 그 파견사원의 스킬이나 성격이 자신의 회사에 적합한지 알 수 없다는 거야. 또 우리 회사의 경우, 설사 파견회사와 계약을 맺는다고 해도 파견사원이 그만두고 싶어 하는 경우도 많지. 그런 문제를 해소하기 위해 일주일 동안 무료로 시험적으로 고용할 수 있는 기간을 설정해두고 회사와 파견사원 양쪽이 서로를 충분히 경험한 뒤에 계약하면 된다는 그런 제안을 한 것이었지.

요시이　무료로 시험 삼아서라…. 통신판매 회사에서 흔히 사용하는 마케팅 기법이군요. '상품이 마음에 들지 않으면 전액 환불해주겠다'는 보증을 하고 판매하는 마케팅 기법 말입니다. 하지만 파견회사에서 그런 제안을 한다는 말은 들어본 적이 없습니다.

부자 아저씨　같은 업종에 종사하는 다른 회사가 하지 않은 제안이기 때문에 임팩트가 있는 것이지. 게다가 다른 업종의 광고 문구를 훔친다고 해도 특별히 문제가 될 것도 없고. 전화번호부 광고에 적용할 만한 성공한 회사의 사례가 많지 않겠나?

요시이 네, 다른 업종의 성공 사례라도 상관이 없다면 정말 많은 샘플이 있습니다.

부자 아저씨 그걸 충분히 활용하는 거야. 어때, 이것으로 실천적인 초일류 컨설턴트가 완성되었지?

요시이 네, 놀랐습니다. 저도 모르는 사이에 이렇게 많은 자산을 갖추고 있었다니…. 갑자기 전망이 밝아지는 느낌이 듭니다. 그 정도라면 저도 얼마든지 컨설턴트가 될 수 있을 것 같습니다.

부자 아저씨 그래, 컨설턴트는 몇 년 정도 사회에서 진지하게 일해본 경험만 있다면 누구나 할 수 있는 거야. 오히려 테크닉보다는 셀프이미지가 더 중요하지. 오늘부터 자네는 스스로를 전화번호부 광고 영업사원이 아니라 초일류 광고 컨설턴트라고 생각하고 영업해보라고. 동시에 고객에게도 자네에게 광고를 구입하면 엄청난 반응을 보이는 광고 문구를 컨설팅받을 수 있다고 인식시키는 거야. 그렇게 하면 설사 광고요금을 다른 회사보다 약간 높게 책정한다고 해도 자네에게 광고를 구입하고 싶어 하는 고객들이 밀려들 테니까.

부자 아저씨의 '찐' 부자 수업 – 인생의 절대 법칙

자신이 이미 갖추고 있는 과거의 자산을 활용한다.

몇 년 정도 진지하게 사회에서 일해본 경험이 있는 사람이라면 이미 몇 가지 귀중한 자산을 가지고 있기 때문에 그걸 찾아내서 크게 활용한다. 그때는 셀프이미지가 중요하다.

'나는 이런 존재다'라고 작은 틀에 갇혀 있지 말고 '나는 충분한 자산을 갖춘 가치 있는 사람이다'라고 인식하면 상품이나 서비스를 구입하거나 함께 무엇인가를 하고 싶어 하는 사람들이 나타난다.

긴급성으로 고객의
흥미를 유발한다

요시이 영업목표를 올리려면 무료 오퍼만으로 되는 건가요?

부자 아저씨 그 오퍼가 타깃으로 삼는 고객의 '밤에 잠도 잘 수 없을 정도의 고민'에 대응할 수 있는 것이라면 충분하지. 다음에 해야 할 일은 자네가 그런 매력적인 오퍼를 가지고 있다는 사실을 어떻게 상대방에게 전달하는지야. 예를 들어 그 오퍼를 캐치카피한 다이렉트메일이나 전단지로 만들 수 있다면 흥미를 느끼는 고객들이 모여들겠지.

요시이 캐치카피요? 전단지나 다이렉트메일 등에서 가장 먼저 쓰여 있는 제목 같은 선전문구 말씀이군요? 물론, 캐치카피가 마음에 와 닿으면 그 상품에 대해 좀 더 자세히 알고 싶어지겠죠. 하지만 그런 매력적인 캐치카피를 어떻게 만듭니까?

부자 아저씨 캐치카피의 기본은 긴급성과 압축에 있어. 캐치카피를 '[긴급] ○○ 때문에 고민하는 ◎◎님에게'로 해보는 거야. 예를 들면 '[긴급] 최근 갑자기 명함의 글씨가 보이지 않게 된 40대 남성들에게'라거나 '[긴급] 지금 당장 5킬로그램을 빼고 싶은 30대 후반 여성분에게'라는 느낌으로 말이야.

요시이 긴급이요? 특별히 긴급한 내용이 아닌데 '긴급'이라는 단어를 사용해도 됩니까?

부자 아저씨 그래, 긴급성을 연출한다는 데 의미가 있어. 사람은 긴급성이 없으면 움직이지 않는 존재이니까. 그리고 '긴급'이라는 단어를 사용하면 다이렉트메일의 문장도 긴급해져야 할 필요성이 있지. 이것에 의해 문장에 약동감이 생기고 다이렉트메일을 끝까지 읽는 효과도 기대할 수 있게 되거든.

요시이 그렇군요. 긴급성이 들어 있는 내용을 생각해봐야겠군요. 그 이후의 ○○은 고객의 고민, ◎◎에는 타깃 고객을 넣으면 되는 것이죠?

부자 아저씨 그렇지. ○○은 고민 이외에도 장래의 이상이나 희망 등 고객이 원하는 것을 넣으면 돼. 그리고 타깃 고객은 압축하면 할수록 반응을 보일 확률도 높아지지.

요시이 40대 남성이나 30대 후반의 여성처럼 연령을 압축하는 이유가 거기에 있군요?

부자 아저씨 그렇지. 물론 나이에만 얽매일 필요는 없어. 고객의 직종이나 업종도 좋고, 살고 있는 지역이나 판매 기간에 한정성을 가지게 하는 것도 좋아. 예를 들어 자네의 경우, '고객을 늘리고 싶은 분에게'보다는 '신규 고객을 현재보다 2.5배로 늘리고 싶은 광고 영업자들에게'

라는 캐치카피가 마음에 더 와 닿지?

요시이　네, 그쪽이 당연히 더 강하게 와 닿습니다. '고객을 늘리고 싶은 분에게'만이라면 너무 막연해서 '정말로 내게 도움이 될까?' 하는 의문이 듭니다.

부자 아저씨　그래, 긴급성을 가지게 해서 상대방의 고민이나 이상을 조사한 뒤에 타깃의 마음에 박힐 수 있는 제안을 할 수 있다면 흥미를 느끼지 않는 사람은 없으니까. 가만히 있어도 고객 쪽에서 문의가 들어오게 되겠지.

부자 아저씨의 '찐' 부자 수업 – 인생의 절대 법칙: 팔릴 수 있는 캐치카피 양식

'[긴급] ○○ 때문에 고민하는 ◎◎님에게', 또는 '○○이 되고 싶은 ◎◎님에게'라는 식으로 고객의 고민이나 이상을 조사한 뒤에 긴급성을 가지게 하고 압축한다.

이때 대상을 압축하여 '이건 내게 꼭 필요해'라는 식으로 상대방의 마음에 와 닿게 한다면 문의가 증가하게 된다.

(예) [긴급] 최근 갑자기 명함의 글씨가 보이지 않게 된 40대 남성들에게

　　　[긴급] 지금 당장 5킬로그램을 빼고 싶은 30대 후반 여성분에게

요시이　캐치카피가 중요하군요. 그리고 내용이 깊습니다. 이런 양식이 있으면 흉내 내기도 어렵지 않을 것 같습니다. 감사합니다. 이것으로 저도 유능한 영업사원이 될 수 있을 것 같습니다.

부자 아저씨　휴우(한숨), 자네 아직도 세상을 너무 쉽게 보는군. 여기까지

는 서막에 지나지 않아. 이제 간신히 영업의 출발선에 서게 된 거라고. 지금부터 영업에서 절대로 빼놓을 수 없는 본질에 대해서 이야기하도록 하지.

세일즈레터(Sales letter)에는
정직함을 담는다

요시이　영업에 빼놓을 수 없는 본질이요? 그게 무엇입니까?

부자 아저씨　이봐, 자네는 틈만 있으면 다른 사람에게 의존하려는 체질로 돌아가려는 것 같아. 우선 자신의 머리로 생각해보는 게 중요하다고 백 번 이상은 말한 것 같은데.

요시이　아뇨, 백 번까지는 아닌 것 같습니다. 죄송합니다. 한시라도 빨리 영업의 본질을 알고 싶어 초조해졌습니다. 우선 제 머리로 생각해봐야겠지요? 그게…. 상대방의 고민, 또는 이상을 알아내서 그 부분을 부추기면 고객도 자극을 받아 구입하게 되는 것 아닙니까?

부자 아저씨　그건 안 돼. 지난 몇 년 동안 그런 방법으로 영업한 사람들이 많았어. 하지만 고객의 불안이나 욕망을 이용하는 방법으로 상품을 판매했더라도 상품이나 서비스가 그 수준에 도달해 있지 않아서 즉시 실체가 드러나 고객들이 등을 돌려버렸지.

요시이   그렇다면 한두 번 반응이 없더라도 굽히지 않고 몇 번이나 영업을 시도해보거나 다이렉트메일을 보내는 방법은 어떻습니까? '영업은 거절당했을 때부터 시작된다'는 말도 있으니까요.

부자 아저씨   안 돼, 안 돼. 그런 영업은 역효과만 낼 뿐이야. 자네라면 원하지 않는 걸 자꾸 권한다고 사겠나?

요시이   그도 그렇군요. 흐음, 그렇다면 뭘까요? 아, 알았다! 영업용 화술을 연마하는 것이지요? 서점에서도 '고객이 이렇게 말하면 이런 식으로 답변하라'는 화술을 다룬 서적을 많이 볼 수 있지 않습니까?

부자 아저씨   노, 노. 인간의 감정은 각양각색이야. 반응 역시 사람에 따라 다르기 때문에 아무리 영업용 화술을 연마한다고 해도 그런 건 실전에서는 전혀 도움이 안 돼.

'노, 노'는 또 뭔가. 아까부터 열심히 부족한 지혜를 짜내고 있는데도 부자 아저씨의 거듭된 부정에 점점 초조해졌다.

요시이   그럼 영업의 본질이 대체 뭡니까? 무조건 생각해보라고만 하지 마시고 이제 답변을 좀 해주십시오.

부자 아저씨   그래, 알았어. 가르쳐주지. 다이렉트메일에 자네의 상품이나 서비스를 사용해보고 기뻐하거나 만족했던 고객의 목소리를 게재하는 거야. 영업사원인 자네가 아무리 장점을 열거해도 고객들은 어차피 영업사원의 선전 문구라고 생각하기 때문에 신용을 얻을 수 없어.

그런 상태에서 'AIDMA의 법칙'이나 'PASONA의 법칙'*을 사용한 영업용 메일을 아무리 보내보아야 "또 이상한 광고 문구를 사용해서 변변치 못한 물건을 팔려고 하는군. 이런 사람에게는 절대로 속지 말아야 돼"라는 식으로 상대방의 불신감과 경계심만 부풀릴 뿐이야. 그런 지저분한 테크닉을 사용하는 것보다는 다이렉트메일에 이미 자네 회사의 상품이나 서비스를 사용한 경험이 있는 기존 고객의 감상을 가능하면 많이 게재해보는 거야. 영업사원인 자네의 의견보다 제삼자의 감상이 객관성도 있고 신용을 얻기도 쉬우니까.

요시이 네, 확실히 통신판매의 영업용 메일 등에도 기존 고객들의 목소리가 반드시 게재되지요. 저도 그런 내용을 확인하고 구매하는 경우가 많습니다. 아, 하지만 안 됩니다. 우리 회사에서는 이 방법은 사용할 수 없습니다. 우리 회사에는 고객의 후기가 한 통도 들어오지 않으니까요. 고객의 사용 후기가 없으니 게재를 할 방법이 없지 않겠습니까?

부자 아저씨 여전히 발상이 빈곤해. 그야 당연하지. 고객은 한가하지 않아. 아무리 상품이나 서비스에 마음이 움직여도 일부러 감상문을 쓰려고 하지는 않아. 따라서 자네가 먼저 고객이 사용 후기를 쓰도록 유도해야지.

요시이 고객에게 '감상문 좀 써주십시오'라고 부탁하라는 말씀인가요?

---

* 심리학에 근거하여 고객의 구매를 촉진하는 영업용 메일의 형태
• **AIDMA의 법칙:** Attention(주목을 끈다), Interest(관심, 흥미를 이끌어낸다), Desire(욕구를 이끌어낸다), Memory(기억을 상기시킨다), Action(행동하게 만든다)
• **PASONA의 법칙:** Problem(문제를 제시한다), Agitation(문제점의 근거, 이유를 제시한다), Solution(문제점의 해결책을 제안한다), Narrow down(한정성, 긴급성을 준다), Action(행동하게 만든다)

부자 아저씨 뭐, 그런 것이지. 단, '사용 후기를 좀 써주십시오'라는 식으로 부탁해서는 좋은 사용 후기는 절대로 받을 수 없어. 예를 들어 자네의 상품을 마음에 들어 했던 고객이라도 그걸 멋지게 설명할 수 있는 언어능력까지 갖추고 있다는 보장은 없으니까. 좋은 사용 후기를 받으려면 자네 쪽에서 연구를 더 해야 할 필요가 있어.

요시이 무엇을 어떻게 해야 하는데요?

부자 아저씨 예를 들면 말이야. 자네가 과거에 기뻐했던 고객(A씨)의 말을 기억해내고 "전에 A씨로부터 ○○○○(전에 기뻐했던 내용을 구체적으로 쓴다)이라는 말씀을 들었는데 고객님은 어떻게 생각하십니까?"라는 식으로 물어보거나, 미리 이후에 구매와 연결될 수 있는 감상문을 준비해두고 "제로 상태에서 사용 후기를 쓰는 건 성가신 일이기 때문에 견본 몇 가지를 준비해두었습니다. 이걸 바탕으로 고객님께서 느낀 점을 작성해주시지 않겠습니까?"라고 부탁해보는 거야.

요시이 그렇군요. 그런 견본이 있으면 고객도 감상문을 작성하기 쉽겠네요. 좋은 감상문을 받을 수 있다면 신규고객을 확보하는 데 큰 도움이 될 것 같습니다. 확실히 좋은 방법입니다. 즉시 감상문의 형식을 몇 가지 만들어봐야겠습니다.

부자 아저씨 단 한 가지 주의해야 할 점이 있는데, 자네가 고객인 척 가짜 사용 후기를 만들어서는 안 된다는 거야. 가끔 그런 나쁜 짓을 하는 업자를 볼 수 있는데 사람에게는 실체를 알아보는 잠재의식이라는 능력이 있어. 읽는 사람은 그런 가짜 문장에서 전해지는 미묘한 위화감을 민감하게 간파하고 매우 기분 나빠 하지. 어디까지나 견본은 형식으로 준비해야 하고, 영업용 메일에 게재하는 감상문은 고객이 직접 작성한 것을 사용해야 해.

요시이　하지만 그래서는 이후의 판매 효과를 기대할 수 있겠습니까? 회장님도 "고객은 설사 상품이나 서비스가 좋다고 생각해도 그걸 멋지게 설명할 수 있는 언어 능력까지 갖추고 있다는 보장은 없다"라고 말씀하시지 않았습니까? 애매한 사용 후기를 받기는 했는데 신규고객을 확보할 수 없다면 아무런 의미가 없는 것 아니겠습니까?

부자 아저씨　그러니까 처음에 기본적인 형식을 견본으로 건네주라는 것이지. 고객은 자네가 만든 호의적인 예문을 보면서 그 문맥을 따라 좋은 의견을 써주면 되는 거야.

부자 아저씨의 '찐' 부자 수업 – 인생의 절대 법칙

반향이 있는 영업용 메일을 만들려면 '기존 고객의 목소리'를 넣는다. 아무리 영업사원이 장점을 늘어놓아도 고객은 '어차피 영업사원의 선전문구에 지나지 않는다'라고 생각하면 신뢰를 얻을 수 없다.

기존 고객에게 의뢰해서 상품이나 서비스를 사용한 감상문을 받도록 한다. 단, 기존 고객 대부분은 상품이나 서비스에 만족한다고 해도 그것을 언어화하는 능력까지 갖추고 있다는 보장이 없다. 감상문을 받을 때에는 미리 호의적인 의견을 이끌어낼 수 있는 형식(감상문의 견본)을 준비해두는 것이 좋다.

요시이　그렇다면 저는 가능하면 고객에게 장점이나 유익한 점을 느끼게 하는 견본을 작성해서 제시해야 하겠군요?

부자 아저씨　아니, 반드시 그렇지는 않아. 그중에는 '미국 전역이 감동!'이라는 식으로 마치 B급 영화의 선전문구 같은 사용 후기도 있는데, 이래서는 역효과야. 미사여구만 늘어놓는 사용 후기는 누가 보아도 자기 상품을 좋게만 평가해달라는 의도가 드러나 있으니. 영업용 메일은 가능하면 공명정대하게 고객으로부터의 의견을 숨김없이 소개하는 것이 반응도 좋아.

요시이　하지만 아무리 숨김없이 소개하는 것이 좋다고 해도 상품이나 서비스의 단점을 드러낸다면 구매의욕이 줄어들지 않겠습니까? 영업은 어느 정도 과장이나 포장이 필요하다고 생각합니다.

부자 아저씨　그 반대야. 예를 들어 '가격이 비싸다' '발송이 늦다' '디자인이 부족하다'라는 식으로 처음에 결점을 지적했다고 해도 그 이후에 '가격이 비싼 만큼 품질이 뛰어나다' '발송이 늦은 이유는 그만큼 인기가 있기 때문이다' '디자인은 부족하지만 기능성이 탁월하다'라는 식으로 보완된다면 고객은 그 상품에 실물 이상의 가치를 느끼게 되지.

요시이　그렇군요. 확실히 장점이나 유익한 점만 늘어놓은 의견보다는 어느 정도 나쁜 의견도 섞여 있는 것이 신빙성이 있어서 설득력이 높아지겠군요.

부자 아저씨　그래, 인간은 정직함이 최고니까. 결점도 쓸데없이 감추려고 하기보다는 전부 드러내는 쪽이 '이 회사는 자기들의 단점도 모두 공개하는 공명정대한 회사다'라는 평판을 얻게 되어 고객과의 신뢰관계가 깊어질 수 있어.

부자 아저씨의 '찐' 부자 수업 – 인생의 절대 법칙

영업용 메일은 정직하고 공명정대하게 작성한다.

미사여구만 늘어놓은 영업용 메일은 상대방으로부터 신용을 얻기 어렵다. 영업용 메일에는 단점도 게재하도록 한다. 예를 들어 '가격이 비싸다', '발송이 늦다' '디자인이 부족하다'라고 작성했다면 이후에 '가격이 비싼 만큼 품질이 뛰어나다' '발송이 늦은 이유는 그만큼 인기가 있기 때문이다' '디자인은 부족하지만 기능성이 탁월하다'는 식으로 보완된다면 고객은 그 상품에 실물 이상의 가치를 느끼게 된다.

부자 아저씨로부터 '정직함'이나 '공명정대'라는 말을 듣는다는 건 마치 강도에게 설교를 듣는 것 같은 기분이 들었다. 하지만 당연히 그런 기분을 겉으로 드러낼 수는 없었다.

요시이　네, 네. 명심하겠습니다.

부자 아저씨　응? 자네 뭔가 하고 싶은 말이 있나? 하고 싶은 말이 있으면 숨김없이 솔직하고 분명하게 말하라고. 공명정대하게 말이야.

뭐, 뭐야? 어떻게 알았지? 어쨌든 이 기분은 감춰야 해….

요시이　아, 아닙니다. 정말 큰 공부가 되었습니다. 앞으로는 정직함을 저의 신조로 삼고 살겠습니다.

부자 아저씨　좋았어. 그럼 이제부터 영업의 본질에 대해 이야기해보도록 하지.

응? 이게 영업의 본질이 아니었나?

누구나 세일즈로 성공할 수 있는
최고의 사고법

요시이   네, 부탁드립니다. 영업의 본질은 무엇입니까?

부자 아저씨   대답을 하기 전에 질문 하나. 자네는 평소에 영업을 어떻게 생각하고 있나?

요시이   영업이요? 글쎄요, 영업은 힘들지요.

부자 아저씨   그리고?

요시이   영업은 고객에게 강제로 상품을 팔아야 하니까 스트레스가 많이 쌓입니다.

부자 아저씨   그렇군. 그 밖에 또?

요시이   힘든 만큼 돈은 되지 않습니다. 이익의 대부분을 회사에서 가져가니까요.

부자 아저씨   불만이 끝없이 나올 것 같군. 그런데 결국 현실을 모두 자네 스스로 만들어내고 있다는 걸 알고 있나?

요시이   네? 무슨 말씀입니까? 저는 단지 영업의 실체에 대해 이야기하고 있을 뿐입니다. 제가 신도 아니고 현실을 스스로 만들어낼 수 있을 리가 없지 않습니까?

부자 아저씨   아냐, 자네가 실체라고 생각하고 있는 그 현실에서의 사건들은 모두 자네의 사고가 만들어내고 있는 환상에 지나지 않아. 자네의 부정적 사고가 강력하게 결합해서 생각대로 부정적인 사건을 만들어내는 거야.

요시이   네? 정말이요?

부자 아저씨   정말이라니까. 생각한 것이 현실이 되는 게 이 세상의 본질이니까. 자네가 영업을 힘들다고 생각하기 때문에 그대로 힘들어지는 것이야. 그리고 고객에게 강제로 상품을 판매해야 한다고 생각하니까 그것에 대해 스트레스가 쌓이는 것이지. 힘든 만큼 돈은 되지 않는다고 생각하기 때문에 이익의 대부분을 회사에 빼앗기게 되는 거야.

요시이   그렇다면 어떻게 하면 현실을 좀 더 긍정적이고 이상적으로 만들 수 있을까요?

부자 아저씨   간단해. 생각한 것이 현실이 되는 것이니까 자네의 경우에는 지금 생각하고 있는 나쁜 사고를 모두 반대로 바꾸면 돼. 우선 '영업은 간단한 것이다'라고 생각하는 거지. 그리고 '고객에게는 무리해서 판매하지 않고 좋은 상품만 권하고 있기 때문에 늘 감사를 받고 있다' '계약을 하는 만큼 돈이 들어오기 때문에 금방 부자가 될 것이다' '영업은 최고다! 이렇게 좋은 비즈니스는 없다. 나는 정말 행복한 사람이다'

라는 생각으로 일하는 거야. 그렇게 하면 지금 생각한 것들이 모두 현실이 되어 나타날 거야.

요시이 아니, 저도 애퍼메이션의 효과는 인정하지만 역시 그 말씀은 좀 무리가 있습니다. 현실이 그렇게 쉽게 풀릴 리가 없고, 지금 말씀하신 것들도 모두 거짓이지 않습니까?

부자 아저씨 거짓이 아냐. 현실은 모두 자네의 생각이 만들어내는 거라니까. 현실적으로 절대로 있을 수 없는 일이라고 생각하니까 그렇게 되지 않는 것이고, 모든 것을 거짓이라고 생각하니까 전부 믿을 수 없는 것 아닌가? 현실적으로 발생하고 있는 일들과 지금 자네의 심리상태를 잘 비교해보라고. 거기에는 단 1밀리미터의 오차도 없을 테니까.

요시이 흐음…. 뭐, 진지하게 생각해보면 그렇게 말할 수도 있겠군요.

부자 아저씨 그렇게 말할 수 있는 게 아니라 100% 그런 거야. 오늘부터 부정적이 생각이 떠오르면 의식적으로 즉시 반대로 생각하도록 노력해보라고. 자네가 모든 일을 긍정적으로 포착할 수 있게 되면 현실도 점차 자네의 사고에 동조하게 되면서 긍정적으로 바뀔 테니까.

요시이 아니, 그렇게 말씀하셔서도 간단한 문제는 아닙니다. 아무리 의식적으로 반대의 상황을 생각하려 해도 눈앞에서 나쁜 일이 발생하고 있으면 아무래도 부정적인 생각이 들 수밖에 없으니까요.

부자 아저씨 이것 봐. 또 나쁜 쪽으로 생각하니까 부정적인 결과가 나오잖아. 늘 그런 식으로 힘든 현실만 만들어내는 것도 쉽지 않은 일이야. 자네 혹시 마조히스트인가?

요시이　무슨 그런 심한 말씀을…. 알겠습니다. 그렇다면 속는 셈 치고 좋은 걸 생각해보겠습니다. 일단 애퍼메이션을 해봐야겠지요? "영업은 간단한 것이다" "고객에게는 무리해서 판매하려 하지 않고 좋은 상품만 권하고 있기 때문에 늘 감사를 받고 있어 즐겁다" "노력하는 만큼 돈이 들어오고 보람도 있다" "영업은 최고다!" "이렇게 좋은 비즈니스는 또 없다" "나는 정말 행복한 사람이다…." (기분을 느껴본다.) 보세요, 역시 거짓이지 않습니까? 전혀 즐거운 기분이 들지 않습니다. 오히려 너무 현실과 동떨어져서 허무한 느낌이 듭니다.

부자 아저씨　그건 자네의 방식이 잘못 되어서야. 나는 생각한 것이 현실이 된다고 말했어. 생각이라는 건 감정을 담아야 비로소 발동하는 것이지. 입으로 아무리 좋은 말을 해도 마음이 깃들어 있지 않으면 그건 생각한 것이 아니야. 생각을 유도하는 핵심은 감정이야. 감정이 다 다른 곳에 현실이 탄생하거든. 현실적으로 자네의 감정이 깃들어 있는 '그런 건 무리야. 전혀 즐거운 기분이 들지 않아'라는 생각은 지금 확실히 현실을 만들어내서 그 말 그대로의 상태가 되어 있지 않나?

요시이　네, 듣고 보니 그 감정은 확실히 유도되었네요. 하지만 잠깐만요. 그렇다면 저의 이 비참한 현실은 모두 저의 생각에 의해 이 세상의 현상으로 눈앞에 나타났다는 말씀입니까? 마치 혼자 연출하고, 혼자 연기하는 일인극처럼요?

부자 아저씨　그렇지. 그게 이 세상의 본질이니까. 불쌍한 일인극을 연기하고 싶지 않으면 앞으로는 가능하면 자신에게 어울리는 긍정적이고 이상적인 현실을 선택하라고. 그렇게 하려면 마음속을 항상 좋은 감정으로 가득 채우고 늘 좋은 기분을 유지해야 해.

요시이 좋은 감정이요? 항상 그런 상태로 있을 수 있다면 더할 나위 없이 이상적이겠죠. 하지만 원래 부정적인 제가 그런 마음을 갖출 수 있겠습니까?

부자 아저씨 걱정하지 마. 좋은 감정 상태는 누구나 가질 수 있으니까. 처음에는 어렵게 느껴지겠지만 이런 사고법에 익숙해져서 지속한다면 즉시 비결을 파악하게 돼. 애당초 자네는 나쁜 것을 끌어당기는 힘이 다른 사람들보다 훨씬 강하니까 그만큼 잠재의식도 강하다고 할 수 있어. 좀 더 스스로에게 자신감을 가지고 자신의 미래를 믿어보라고. 언제든지 모든 일을 긍정적으로 생각하고 좋은 기분을 유지하면서 행동한다면 지금까지와는 반대로 앞으로는 좋은 일만 일어나게 될 테니까.

부자 아저씨의 '찐' 부자 수업 – 인생의 절대 법칙

이 세상은 환상이다. 현실은 모두 자신이 마음을 담아 강하게 생각한 것이 눈앞에 나타나는 것이다. 부정적인 것만 생각하는 사람은 의식적으로 그 반대인 긍정적인 것을 생각하도록 노력해야 한다. 그렇게 하면 눈앞의 사건이 긍정적으로 변한 사고와 동조하여 긍정적으로 바뀌기 시작한다. 늘 마음속을 좋은 감정 상태로 만들고 좋은 기분을 유지하면 자신이 생각한 대로 이상적인 현실이 만들어진다.

8교시

돈은 부정을 긍정으로 바꾸는 자에게 미소 짓는다

'이 세상의 고민'이
사라지는 이야기

요시이   지금까지 나쁜 일만 끌어당기고 있었던 건 저 자신이 무의식중
에 그런 상태를 바랐기 때문이라는 것이지요?

부자 아저씨   뭐, 바랐다기보다는 두려워하고 있었다고 말하는 쪽이 더
맞을지도 모르겠군. 아무리 어리석다고 해도 "신이여, 이번 달에도 영
업목표를 달성하지 못해 회사에서 쫓겨나게 해주십시오"라고 바라지
는 않았을 테니까. 안 그런가?

요시이   당연하지요. 그런 걸 바라는 사람이 어디에 있습니까?

부자 아저씨   그렇다면 자네는 신에게 어떤 걸 바라겠는가? 일단 일과
관련해서 바라는 것을 말해보게.

요시이   일과 관련된 바람이요? 글쎄요…. "부디 이번 달에는 영업목표
를 달성할 수 있게 해주세요"가 아닐까요? 보통 영업사원이라면 누구
나 그런 걸 바라지 않겠습니까?

부자 아저씨 뭐, 그렇겠지. 그래서 대부분의 영업사원은 영업목표를 달성하지 못하지만.

요시이 네? 왜 바라는데 실적을 달성하지 못하는 것이지요? 신이니까 바라는 게 이루어지도록 응원해줄 텐데요…. 아니면 신은 우리의 바람 따위에는 귀를 기울이지 않는, 피도 눈물도 없는 존재인가요?

부자 아저씨 무슨 말이야. 신이 그렇게 무정할 리가 없지. 신은 오히려 자네가 보다 나아질 수 있도록 늘 최선의 기회를 주고 있어.

요시이 정말이요? 저는 그런 호의를 느껴본 적이 없는데요….

부자 아저씨 이봐, 그 책임은 모두 자네에게 있는 거야. 자네가 늘 아무 생각 없이 멍한 상태로 지내면서 '신의 호의를 느끼자'라고 의식을 집중하지 않는 거야. 때문에 아무리 멋진 기회가 주어진다고 해도 전혀 깨닫지 못하는 거지. 다만, 자네가 신의 호의에 의식을 집중하지 못하는 데에는 과학적인 이유도 있으니까 어쩔 수 없는 일이기는 하지.

요시이 신의 호의에 의식을 집중하지 못하는 과학적인 이유가 있다고요? 그게 무엇입니까?

부자 아저씨 뇌의 제어 시스템 문제야. 인간의 뇌에는 슈퍼컴퓨터 이상의 센서가 갖추어져 있어서 1초에 4천억 비트의 정보를 얻을 수 있어. 하지만 실제로 그것을 사용하려고 하면 몸과 마음이 그 상태를 따라가지 못해 과열되어 버리지. 비유해보면 최고급 슈퍼엔진을 탑재한 고물 자동차 같은 거야. 그런 상태가 되지 않도록 뇌가 신경을 써서 1초에 얻을 수 있는 정보를 2천 비트 이내로 억제하지. 그러니까 자네는 늘 주체적으로 기회를 잡기 위해 안테나를 세워두지 않으면 제어 시스템이 작용해서 신의 호의를 놓치게 되는 거야.

요시이 의식을 집중하지 않으면 정보를 놓치게 된다고요? 뇌에 그런 제어 시스템이 있다는 건 몰랐습니다. 신에게 지금까지 깨닫지 못해서 죄송하다고 사과하고 싶네요.

부자 아저씨 지금이라도 알았으면 됐어. 이해하네.

요시이 회장님에게 사과하는 건 아닙니다. 아! (갑자기 큰소리를 지른다.)

부자 아저씨 뭐야? 자네는 가끔 그런 식으로 괴성을 지르는데, 이번에는 뭐야? 뭔가 깨달았다는 거야?

요시이 죄송합니다. 지금 중요한 사실을 알았습니다. 뇌가 신경을 쓰고 있는 시스템을 사용해서 평소에 좋은 쪽으로만 의식을 집중하면 그 이외의 나쁜 것은 뇌가 자동으로 제어해서 문제가 존재하지 않게 된다고 말할 수도 있지 않겠습니까?

부자 아저씨 그렇지. 평소에 행복한 일이나 혜택받고 있는 일에 의식을 집중해서 감사하면서 살면 지금까지 별 느낌 없이 지나쳤던 사건들 중에도 자신이 성장할 수 있는 기회가 많이 있었다는 사실을 깨닫게 되지. 그것을 간파하고 포착하는 것도 평소에 마음을 열고 눈앞의 기회를 의식하고 있는지, 그렇지 않은지에 달린 문제이니까 당연히 의식하면서 살아야겠지?

요시이 네, 앞으로는 항상 제게 발생하는 사건의 행복한 측면과 풍요롭게 느끼는 부분을 의식하도록 노력하겠습니다. 그렇게 하면 이제 저의 눈앞에는 부정적인 일들이 전혀 발생하지 않겠군요?

부자 아저씨   아니, 너무 앞서가지 말라고. 부정적인 일들은 누구에게나 반드시 발생하는 거야.

요시이   네? 그렇습니까? 거짓말이라도 좋으니까 나쁜 일은 전혀 발생하지 않을 것이라고 말해주면 불안감도 사라질 텐데….

부자 아저씨   안됐군. 나는 태어나서 지금까지 한 번도 거짓말을 해본 적이 없어. 알겠나? 사랑과 증오, 빛과 그림자, 태양과 달, 기쁨과 슬픔처럼 이 세상의 현상에는 모두 양면성이 있어. 한쪽만으로 성립되는 건 물리적으로도 있을 수 없지. 그러니까 좋은 일만 발생하고 나쁜 일은 전혀 발생하지 않는 건 불가능한 현상이지. 하나의 사건에는 좋은 것과 나쁜 것이 혼재되어 있으니까. 나아가 신이 자네의 성장을 바라고 일부러 나쁜 현상이 발생하도록 시련과 곤경을 주는 경우도 있어.

요시이   아니, 굳이 거기까지 배려해주지 않아도 되니까 가능하면 시련이나 곤경은 없는 게 좋겠습니다.

부자 아저씨   어리석군! 그러니까 자네는 아무리 시간이 지나도 안 된다는 거야. 이제 슬슬 진심으로 자신을 바꾸겠다는 결단을 내리지 않으면 정말로 돌이킬 수 없는 상태에 놓이게 된다고.

요시이   네, 그건 저도 충분히 알고 있습니다. 어떻게 하면 저 자신을 바꿀 수 있을까요?

부자 아저씨   이제는 눈앞에 어떤 시련이나 곤경이 발생한다고 해도 깨끗하게 모든 것을 받아들이는 거야. 슬프거나 후회되거나 괴롭거나 울고 싶을 정도로 고통스러워도 결코 그 상황에서 도망치지 말고 일단 그 감정에 철저하게 빠져보는 거야.

요시이　하지만 그렇게 했다가 너무 큰 충격 때문에 다시는 일어설 수 없게 되는 것 아닙니까?

부자 아저씨　괜찮아. 인간의 뇌는 꽤 강해서 아무리 기분 나쁜 일이 있어도 시간이 지나면 점차 기억이 희미해지면서 결국에는 잊어버리니까. 예를 들어 자네는 3년 전에 고민했던 문제인데, 지금도 그것 때문에 곤란한 그런 문제가 있나?

요시이　아뇨, 그런 건 없습니다. 애당초 3년 전에 어떤 일이 있었는지조차 기억이 나질 않습니다.

부자 아저씨　하하하! 기억 용량이 평균 이하인 자네는 3년은커녕 3일만 지나면 전부 잊어버릴지도 모르지. 세상에서 발생하는 문제는 대부분 그런 거야. 시간이 지나면 사라져 버리는 시시한 것들뿐이야. 괴롭다고 느끼는 것은 문제가 발생한 최초의 순간뿐이니까 일단 그걸 받아들이는 거야. 그리고 아무리 사소한 것이라도 상관없으니까 그 안에 존재하는 긍정적인 측면을 발견하기 위해 노력해보는 거야.

요시이　긍정적인 측면이요?

부자 아저씨　그래, 예를 들어 '이번 달은 영업목표를 달성하지 못할 것 같다'라는 현실이 나타나면 '이 문제를 극복한다면 앞으로 나의 자신감은 부쩍 올라가고 성장하게 될 거야'라는 느낌으로 말이지. 그렇게 하면 인간의 뇌는 자동검색장치처럼 뇌가 스스로 움직여서 '그렇다면 이 문제를 극복하기 위해 무엇을 해야 할까?'라는 긍정적인 질문을 내보내지. 그럼 그 질문에 대한 해답을 생각한 후 행동하면 돼. 지금의 질문을 예로 든다면 '영업이나 마케팅 공부를 한다' '커뮤니케이션 능력이나 정신적인 측면을 단련한다' '이전에 실적이 좋았던 영업 방식을 다시 도입해본다' '아직 시도해본 적이 없는 마케팅 노하우를 시도해본다' '과거에 구입해준 고객에게 다시 한번 연락해본다' '고객을 소개해줄 사람은 없는지 생각해본다' '이미 이 문제를 해결한 사람이 어딘가에 존재하는지 조사해보거나 찾아가 본다'는 식이 되겠지.

요시이   그렇군요. 확실히 그런 식으로 생각하면 시련이나 문제도 나쁜 것만은 아니네요. 오히려 자신이 진화하고 성장하기 위한 최고의 선물이라고 말할 수 있을 것 같습니다.

부자 아저씨   그래. 내가 말한 대로지? 신은 자네가 좋아지도록 늘 최선, 최적의 기회를 주고 있는 거라니까. 그때마다 자네가 이렇게 긍정적인 질문을 던진다면 이 세상에 해결할 수 없는 문제는 완전히 사라지게 되는 거야. 과거의 역사를 보아도 그래. 매년 세계 각국에서 다양한 문제들이 발생하지만 그때마다 누군가가 개선책을 생각해내서 멋지게 해결되지. 인간은 태곳적부터 그런 사이클로 진화해오고 성장해온 거야. 유일하게 손을 쓸 방법이 없는 사태는 애당초 자신의 문제가 무엇인지 모르는 상태이지. 이 상태는 다음에 무엇을 어떻게 해야 좋을지 전혀 예상할 수 없으니까 말이야. 그러니까 눈앞에서 문제가 발생했다는 것은 축복이라고도 할 수 있어. 문제가 발생했다는 것은 해결책도 동시에 존재한다는 것이니까.

부자 아저씨의 '찐' 부자 수업 – 인생의 절대 법칙

시련이나 문제는 자신이 진화하고 성장하도록 돕는 신으로부터의 선물이다.

눈앞에 어떤 시련이나 곤경이 나타난다고 해도 결코 피하거나 도망치지 말고 일단 모든

것을 받아들인다. 현상에는 양면성이 있기 때문에 문제에도 반드시 긍정적인 측면이 있

다. 긍정적인 측면을 발견해서 자신에게 긍정적인 질문을 던지면 뇌가 스스로 움직여 가

장 적합한 해답을 내보낸다. 인간은 태곳적부터 그런 사이클로 진화해오고 성장해왔다.

문제가 발생했다는 것은 해결책도 동시에 존재한다는 것이다.

아 유 필링
굿?

요시이 앞의 질문으로 돌아가서 일에 관해서 신에게 기도하는 경우 '부디 영업목표를 달성하게 해주십시오'라는 바람이 이루어지지 않는 이유는 무엇입니까? 진심으로 원해도 안 되는 건가요?

부자 아저씨 신에게 기도하든지, 무엇인가를 끌어당기든지 간에 가장 중요한 건 현 시점에서 느끼는 '자신의 솔직한 마음'이야. 이 감정이 긍정적이라면 긍정적인 것을 끌어당기게 되고, 부정적이라면 부정적인 것을 끌어당기게 되는 것이지. 이건 이해할 수 있겠지?

요시이 네, 인생의 절대 법칙이지요? 그런데 '영업목표를 달성하게 해주십시오'는 저의 솔직한 생각을 바라는 것인데, 왜 이런 기도는 이루어지지 않습니까?

부자 아저씨 '부디 영업목표를 달성하게 해주십시오'라는 바람을 현재 상태로 치환하면 '지금 저는 영업목표를 달성할 수 없어서 힘듭니다'

라는 뜻이겠지?

요시이　그렇지요. 그래서 '영업목표를 달성하게 해주십시오'라고 기도하는 것 아닙니까?

부자 아저씨　그게 잘못된 거야. 신에게 보내는 통신수단은 늘 말보다 감정이 우선되니까. 자네의 그 기도는 현재의 '영업목표를 달성하지 못해서 힘들다'라는 부정적인 감정이 신에게 그대로 전달되어 시간이 지나도 실적을 달성하지 못하고, 계약을 따내지 못하는 상태가 이어지게 되는 거야.

요시이　아니, 그건 어쩔 수 없는 것 아닙니까? 현실적으로 지금 영업목표를 달성하지 못해서 곤란한 상황에 놓여 있는데, 이 상태에서 긍정적인 감정을 가질 수는 없지요.

부자 아저씨　어쩔 수 없다고 포기한다면 아무리 시간이 지나도 현실에서는 실적을 달성하지 못한 상태만 이어질 뿐이야. 자네는 그래도 상관없나?

요시이　아니, 그래서는 곤란하지요…. 그렇다면 이런 상태에서 긍정적인 감정을 가지려면 어떻게 해야 합니까?

부자 아저씨　설사 현재 문제가 있다고 해도 거기에 집착하거나 그것 때문에 초조해하지 말아야 해. '나는 지금 계속 계약을 성사시키고 있고 영업목표도 충분히 달성하고 있다'라고 확신하면서 여유 있는 태도로 기도하는 거야. 예를 들면 이런 느낌이지. '오늘도 고객으로부터 계속 상담 요청이 들어와 영업실적이 오르고 있다' '나는 비즈니스도 인생도 정말 잘 풀리고 있어. 정말 감사합니다'라고 확신을 가지고 상한 어조로 기도하는 거야.

요시이　아니, 그건 무리입니다. 현실적인 문제로 지금 실적을 달성하지 못해서 곤란한 상황인데….

부자 아저씨　그래도 그런 긍정적인 말로 기도할 수는 있잖아? 자네도 말은 할 줄 알지 않나?

요시이　물론 그야 그렇습니다만…. 그런 긍정적인 말로 기도한다고 정말로 계약을 하게 된다고는 생각하기 어렵습니다.

부자 아저씨　그렇지 않아. 인간은 정말로 원하는 현실이 있는 경우, 말로 표현함으로써 그 현실을 선점할 수 있어. 예를 들어 자네가 음식점에 가서 오므라이스를 먹을 생각이라면 '오므라이스 주세요'라고 주문하지? 이때 자네가 아무 말도 하지 않으면 아무것도 나오지 않아. 그리고 자네가 원하는 음식과 다른 것, 즉 '라면 주세요'라고 말하면 자네가 원하는 오므라이스는 절대로 나오지 않겠지?

요시이　네, 그야 오므라이스를 주문하는 경우에는 그렇지만…. 하지만 오므라이스와 영업은 분명히 다르다고 생각합니다.

부자 아저씨　여전히 복잡한 친구야. 그러니까 자네는 무능한 영업사원인 채로 있을 수밖에 없어. 헤매고 있지만 말고 시키는 대로 순수하게 시도해보는 게 어때? 인간은 신과 달라서 말에 속기 쉬우니까 계속해서 긍정적인 말을 하다 보면 감정에도 반드시 변화가 올 거라고.

요시이　그렇다면 한번 그렇게 기도해보겠습니다. "오늘도 계약 요청이 계속 들어와 실적이 계속 오르고 있습니다." "비즈니스도 인생도 정말 잘 풀리고 있습니다." "지금 그야말로 계약이 쇄도하는 상태입니다." "일이 즐거워서 견딜 수 없을 정도입니다." "정말 감사합니다."

부자 아저씨 좋아, 지금 기분이 어때?

요시이 (진지하게 감정을 음미한 후) 네, 아까의 애퍼메이션과 마찬가지로 기도를 해보니까 기분이 어느 정도 고양된 느낌입니다. 하지만 그렇다고 해도 역시 이것만으로 영업목표를 달성할 수 있을 것이라고 생각되지 않습니다.

부자 아저씨 물론 기도만으로는 부족하지. 우선 녹이 슬어서 움직일 수 없게 된 자네의 감정을 재가동시켜야 할 필요가 있어. 몇 번이나 말했듯 지금 자신의 감정에 가장 가까운 것이 현실로 다가오게 되어 있으니까 신에게 기도해서 기분이 고양되면 그 감정을 그대로 유지하고 영업에 나서는 거야. 영업 방식은 아까 가르쳐주었지? 이 세상에는 문제에 대한 해결 방법은 얼마든지 있어. 그중에서 지금 자네가 할 수 있는 모든 걸 시도해보라고. 그렇게 하면 상황도 개선될 거야. 그렇지 않나? 지금까지 아무것도 시도해보지 않았기 때문에 할 수 없었을 뿐, 무엇인가를 시도해보면 당연히 좋아지고 나아지지. 궁극적으로 영업이라는 건 상품이나 서비스가 무엇이건 상관없어. 눈앞의 고객은 상품이나 서비스를 구입하려는 것처럼 보이지만 사실은 그렇지 않아. 고객은 영업사원인 자네의 현재 상태를 구입하는 것이라고.

요시이 영업사원인 저의 현재 상태를 구입한다니, 무슨 의미입니까?

부자 아저씨　말 그대로야. 이건 자네가 고객의 입장에서 생각해보면 알수 있어. 아무리 좋은 상품이나 서비스를 제안한다고 해도 그 영업사원이 전혀 믿을 수 없는 사람이거나 왠지 분위기가 나쁘게 느껴진다면 자네는 그 영업사원에게 상품을 구입할까? 아마 주저하게 될 거야. 반대로 영업사원이 늘 기분 좋은 미소 띤 얼굴로 밝은 에너지가 넘치는 사람이라면 어떨까? 적어도 그 영업사원의 이야기에 귀를 기울이게 되지 않을까?

요시이　네, 뭐 그건 확실히 그렇습니다.

부자 아저씨　성공 철학 중에 '생각한 것이 현실이 된다'가 있는데, 이것을 좀 더 정확히 표현하면 몸과 마음으로 느낀 것으로 발산되는 파동이 현실을 만들어내는 원천이 된다는 뜻이야. 자네라는 원자가 발생시키는 에너지가 같은 종류의 에너지를 가지고 있는 다른 원자를 유인하는 작용을 한다는 것이 이 세상의 원리 원칙이라고. 이건 최신 양자물리학 연구에서도 보고된 내용이야.

요시이　호오, 마치 만유인력의 법칙 같은 규칙이 있는 것입니까?

부자 아저씨　그렇지. 어떤 것에도 원리 원칙에 바탕을 둔 확실한 규칙은 있어. 그러니까 무슨 일이 있어도 자네의 현재 심리상태를 좋은 쪽으로 유지하는 게 가장 중요해. 자네가 늘 기분 좋은 에너지로 가득 차 있으면 좋은 것들이 끌려오고, 나쁜 상태라면 유감스럽게도 나쁜 에너지를 가진 것들만 끌려오게 되는 거야. 이 규칙에 예외는 없어. 생각한 대로 미래를 창조하고 싶으면 자네가 이상적인 에너지를 선점해야 돼. 신에게 기도하는 건 그런 최고의 컨디션을 만들기 위한 계기에 지나지 않아.

요시이   신에게 기도하는 게 자신의 바람을 이루기 위해서가 아니라 긍정적인 자신을 만들기 위해서라는 말씀입니까?

부자 아저씨   그렇지. 애당초 자신이 긍정적인 존재라면 일일이 신에게 기도하지 않아도 대부분의 바람은 실현시킬 수 있어. 그렇게 하기 위해서 자네는 어떤 경우에도 긍정적인 기분을 유지해야 돼. 그건 나무들이 무성하고 맑은 공기로 가득 찬 숲속을 우아하게 산책하거나, 기분 좋은 따뜻한 온천에 몸을 담그고 편안하게 안정을 취하는 그런 이미지야. 자기 자신이 늘 좋은 감정상태에 있으면 자네의 눈앞에는 좋은 일, 좋은 사상들만 나타나게 되는 것이니까.

부자 아저씨의 '찐' 부자 수업 – 인생의 절대 법칙

신에게 기도하는 이유는 바람을 이루기 위해서가 아니라 긍정적인 자신을 만들기 위해서다. 몸과 마음으로 느낀 것으로 발산되는 에너지는 같은 종류의 에너지를 유인하는 작용을 한다.

무슨 일이 있어도 늘 좋은 에너지를 갖추기 위해 노력해야 한다. 자기 자신이 늘 좋은 기분으로 가득 차 있으면 눈앞에는 좋은 일, 좋은 사람들만 나타나게 되며 모든 일이 호전된다. 그런 상태가 되면 일일이 신에게 기도하지 않아도 대부분의 바람은 자연스럽게 이루어진다.

부정적인 감정을 순식간에
제거하는 '갓 워크(God work)'

요시이 지금까지 저는 막연히 '끌어당긴다는 건 마법처럼 무슨 일이 일어나는 것일까?'라고 생각하고 있었는데 원자가 같은 종류의 원자를 자석처럼 끌어당긴다는 회장님의 설명을 듣고 비로소 이해할 수 있었습니다. 좋은 일이건 나쁜 일이건 발생하는 일들은 모두 저 자신이 만들어내고 있었다는 사실을 이해하게 되니까 눈앞이 밝아진 느낌입니다.

부자 아저씨 그렇기 때문에 '지금 자신의 생각. 말. 행동은 올바른 것인지' '혹시 필요 이상의 에고나 이해득실. 두려움. 불안 같은 건 없는지'를 항상 점검하는 자세가 매우 중요하다는 거야.

요시이 그렇군요. 그 부분에 대해서도 반론은 없습니다만 인간은 나약한 존재이니까 자신도 모르게 에고가 고개를 내밀어 이해득실을 따지거나 두려움이나 불안감에 휩싸이게 되는 것도 피할 수 없는 현상이라고 생각합니다. 그런 충동을 억제하기 위해 뭔가 좋은 방법이 있으면 도움이 될 것 같습니다.

부자 아저씨 좋아, 딱 좋은 방법을 가르쳐주지. 에고나 이해득실을 따지고 싶어지거나 두려움이나 불안감이 느껴진다면 지금부터 전하는 이 방법을 해보는 거야.

요시이 에고나 이해득실, 두려움이나 불안감을 없애기 위한 방법이 있습니까? 그것이야말로 제게 가장 필요한 것입니다.

부자 아저씨 그래. 다만 미리 말해두는데 에고나 이해득실, 또는 두려움이나 불안감은 모두 나쁜 것만은 아니라는 거야. 신이 주는 것에 나쁜 것은 존재하지 않아. 에고나 이해득실이 있기 때문에 큰 성공이나 성장을 할 수 있는 것이고, 두려움이나 불안감이 행동하는 데 강한 동기 부여가 되기도 하니까.

요시이 네, 그렇군요. 무엇이건 경험하는 것이 가장 중요하다고 생각합니다. 다만, 제 경우 신이 준 그런 감정을 적절하게 활용하지 못하고 지나치게 빠져드는 경향이 있습니다. 늘 능동적으로 밝게 행동할 수 있는 사람이 되기 위해 부디 부정적인 감정을 제거할 수 있는 방법을 가르쳐주십시오.

부자 아저씨 호오, 자네답지 않게 멋진 마음가짐이군. 뭔가를 배울 때에는 그렇게 배워야 할 이유를 확실하고 명확하게 설정하고 주체적으로 의견을 구하는 게 좋아. 그렇게 하면 배운 내용을 훨씬 더 많이 흡수할 수 있고, 실천한 이후의 효과도 더 많이 기대할 수 있으니까. 그럼 시작해볼까. 이것을 '갓 워크'라고 부르지. 우선 어떤 사건에 의해 부정적인 기분이 들면 부정적으로 느껴지는 부분에 손을 대고 건져내는 이미지를 그리는 거야. 일반적으로 부정적인 감정은 마음으로 느끼는 것이지만 사람에 따라서는 머리나 복부 근처에서 느끼는 경우도 있지. 자신이 가장 강하게 느끼는 부분에 손을 대고 그것을 건져내듯 시도해보는 거야. 다음에 그렇게 건져낸 부정적인 감정을 색깔이나 형태, 감촉이나 냄새 등 오감으로 느낄 수 있는 이미지로 구현해서 언어로 표현하는 거야. 예를 들어 지금 자네가 뭔가 집착한다고 느꼈다면 '내 안의 집착은 검고 무겁고 질척질척하고 시큼한 음식물쓰레기 같은 냄새가 난다'라는 식으로 시각이건 후각이건 뭐든지 상관없으니까 가장 이미지를 그리기 쉬운 방법으로 구현해서 내레이션을 하는 것이지. 그리고 그렇게 구현한 것에 이름을 붙여 의인화해서 그 감정을 충분히 맛본 뒤에 하늘을 향해서 감사와 함께 던져버리는 거야.

요시이 아, 약간 혼란스러워졌는데 이 작업을 함께 해주실 수는 없겠습니까?

부자 아저씨 좋아. 끌어안고 있는 감정이 집착이니까 일단 이름을 '착'이라고 하지. "착아. 지금까지 집착이 무엇인지 충분히 맛보게 해주어서 정말 고마워. 이제 충분히 맛보았으니까 더 이상 필요 없어졌어. 그러니까 안녕." 이렇게 말로 표현한 뒤에 그 이미지를 구체화한 것을 하늘을 향해 휙! 던져버리고 이별하는 거야. 이것으로 기분이 상쾌해지면 끝이야. 그런데 이 정도로는 기분이 풀리지 않는 집착이 매우 강한 사람도 있을 수 있어. 그런 경우에는 하늘에 던진 집착에 폭탄이나 다이너마이트를 장치했다고 상상하고 그걸 폭발시켜 가루로 만들어버리는 거야. 그 후에 하늘에서 폭발해서 가루가 된 집착의 파편이 모습을 바꾸어 이번에는 자네에게 긍정적인 기분을 느끼게 하는 것으로 구현되는 이미지를 그려보는 것이지.

요시이　긍정적인 기분을 느끼게 하는 것이라니, 예를 들면 어떤 이미지입니까?

부자 아저씨　흐음, 예를 들면 '황금색으로 빛나는 가볍고 반짝이며 말로 표현할 수 없는 달콤한 향기가 나는 것으로 바뀌었다'라는 느낌이지. 그것이 하늘에서 자네를 향해 내려와 몸 안으로 들어오는 이미지를 그린 다음에 손으로 배에서 가슴 근처까지 슥 쓰다듬듯 문지르는 거야. 동시에 심호흡을 하면서 긍정적인 감정을 몸속에 깊이 물들게 하는 것이지. 이 일련의 의식으로 자네가 끌어안고 있던 집착은 깨끗하게 제거되고, 그 대신 긍정적인 감정이 몸과 마음에 가득 차게 될 거야.

부자 아저씨의 '찐' 부자 수업 – 인생의 절대 법칙

1. 어떤 사건으로 부정적인 기분이 들었다면….

2. 몸에서 부정적인 감각이 가장 강하게 느껴지는 부분에 손을 대고 그것을 건져내는 이미지를 그린다.

3. 그렇게 건져낸 부정적인 감정을 색깔, 형태, 감촉, 냄새 등 오감으로 느낄 수 있는 이미지로 구현화해서 언어로 표현한다(예: 내 안의 집착은 검고 무겁고 질척질척하고 시큼한 음식물쓰레기 같은 냄새가 난다).

4. 그 감정을 맛보면서 구현한 것에 이름을 붙여 그것에 대해 생각하는 감정을 말로 표현하면서 감사와 함께 결별을 선언한다(예: 착아, 지금까지 집착이 무엇인지 충분히 맛보게 해주어서 정말 고마워. 이제 충분히 맛보았으니까 더 이상 필요 없어졌어. 그러니까 안녕).

5. 언어로 표현했으면 그 이미지를 구체화시킨 것을 하늘을 향해 던져버린다.

6. 던져버린 부정적인 감정(집착)이 그대로 하늘 높이 올라가 우주 끝까지 날아가버린다 (기분이 상쾌해졌으면 이것으로 종료).

7. 집착이 너무 강해서 아직 기분이 풀리지 않는다면 그 부정적인 감정에 폭탄이나 다이너마이트를 장치했다고 상상하고 그것을 폭발시켜 가루로 만든다.

8. 하늘에서 가루로 부서진 부정적인 감정의 파편들이 완전히 바뀌어 긍정적인 기분을 느끼게 하는 이미지로 구현하여(예: 그 긍정적인 감정은 황금색으로 빛나는 가볍고 반짝이며 말로 표현할 수 없는 달콤한 향기가 난다) 그것이 하늘에서 자신을 향하여 내려와 몸속으로 뛰어드는 이미지를 그린다.

9. 손으로 배에서 가슴 근처(자신이 가장 긍정적인 이미지를 느끼기 쉬운 신체 부위)를 쓰다듬듯 문지르면서 크게 심호흡을 하고 몸과 마음에 긍정적인 감각을 가득 채운다.

10. 자신의 내부에서 끌어안고 있던 부정적인 감정이 제거되고 긍정적인 감정을 느낄 수 있게 될 때까지 이 과정을 반복한다.

※'갓 워크'를 좀 더 자세히 알고 싶은 사람은 다음의 동영상을 참고하기 바란다.

→ https://www.youtube.com/watch?v=Kzy_mWRAU14

※구글에서 '吉江勝'라고 검색하면 1페이지에 나와 있는 유튜브 영상을 확인할 수 있다.

모든 인간은
태양이다

요시이 그렇군요. 이 방법은 효과가 있을 것 같습니다. 이미지화하는 능력이 별로 없는 저도 이 수순을 밟는다면 부정적인 기분을 제거할 수 있을 것 같습니다.

부자 아저씨 그래, 이 방법은 인간의 오감에 호소하도록 설계되어 있으니까. 다른 어떤 이미지 훈련보다 실행하기 쉬울 거야. 앞으로 부정적인 일이 발생하면 반드시 이 의식을 한번 시도해보라고. 그때 '이걸 하면 내 몸속의 부정적인 감정이 모두 사라지고 긍정적인 기분으로 바뀔 수 있다'라고 강하게 믿는 것도 효과적이야. 그렇게 하면 이 방법의 효과가 기하급수적으로 커지게 되니까. 횟수를 거듭할 때마다 정밀도도 높아지고 더 익숙해지면 부정적으로 느껴지는 부분을 손으로 슥 문지르는 것만으로 즉시 기분 좋은 상태로 바뀔 수 있을 거야.

요시이 네, 갓 워크로 마음을 정돈한 뒤에 지금까지 회장님에게 배운 것을 실천하면 앞으로는 어떤 일이라도 할 수 있을 것 같습니다.

부자 아저씨 할 수 있을 것 같은 느낌이 아니라 우리는 어떤 일이든 할 수 있어. 모든 인간은 이 지구상에서 신이 창조한 최고의 걸작이니까. 모두가 태양처럼 밝게 빛나는 존재이고, 할 수 없는 일은 아무것도 없어. 다만 우리는 그것을 전부 잊어버리도록 프로그래밍되어 이 세상에 태어났지. 때문에 자신에 대해 자신감을 가질 수 없거나 자기부정적인 느낌, 무가치한 느낌을 받는 경우도 있지만 본래 그런 식으로 자신을 비하하는 것 자체가 난센스야. 그건 하늘을 향해 침을 뱉거나 태양을 향해 욕을 하는 것과 같은 어리석은 행위니까.

요시이 인간은 신이 창조한 최고 걸작이지만, 그것을 잊어버리도록 프로그래밍되어 태어났기 때문에 자신감을 갖기 힘들 수 있다는 말씀까지는 그런대로 이해할 수 있습니다. 하지만 그것이 하늘을 향해 침을 뱉거나 태양을 향해 욕을 하는 것과 같은 어리석은 행위라는 말씀은 무슨 뜻인지 잘 모르겠습니다.

부자 아저씨 그걸 이해하려면 우선 태양을 알아야 할 필요가 있어. 인간과 마찬가지로 태양도 신이 창조한 최고 걸작 중 하나로 이 지구상에 없어서는 안 되는 존재이지. 태양은 늘 어디에서나 모든 사람에게 공평하게 빛을 주지? 태양 덕분에 식물이나 동물, 인간 등 지구상의 모든 생물이 생명을 유지할 수 있는 거야. 만약 태양이 없으면 이 세상은 존재할 수 없을걸. 그런 완벽한 존재이면서 아무것도 부족한 것이 없는 태양이 자신을 비하하거나 자학을 할까?

요시이   아니요. 아마 그렇지 않겠지요?

부자 아저씨   '아마'가 아냐. 자학 따위는 절대로 하지 않아. 태양은 자신이 이 세상에 없어서는 안 될 완벽한 존재라는 사실을 잘 알고 있기 때문이야. 그래서 태양은 늘 하늘 높이 떠올라 자신만만하게 빛을 뿌리며 즐거워하는 것이지.

요시이   하지만 그렇다고 해서 우리들의 세상은 실제로 매일 맑기만 한 것은 아니지 않습니까? 흐린 날도 있고 폭우가 쏟아지는 날도 있어요. 그래도 태양은 자신의 존재에 자신감을 잃지 않을까요?

부자 아저씨   그건 구름 아래에 있는 지상 세계에서의 이야기이지. 설사 지상에서는 날씨가 흐리거나 비가 쏟아져 내린다고 해도 태양 자체는 구름 위에서 늘 화려하게 빛나지. 우리도 그런 태양과 같은 존재야. 사람들 각자가 완벽한 존재이고, 무엇 하나 부족한 것이 없는데 그걸 몇 겹이나 되는 구름으로 덮어 감추거나 차단하지. 그 구름은 누가 만들까? 구름을 만드는 존재는 자기 자신이야. '나는 할 수 없어' '나는 가치가 없어' '나는 아무도 필요로 하지 않아'라는 식으로 믿어버리기 때문에, 사실은 모두 태양처럼 완벽하고 없어서는 안 되는 존재이지만 그걸 믿지 못하는 것이지. 그러니까 늘 '무엇인가 부족하다' '이게 필요하다' '그렇게 하기 위해 이것을 공부해야 한다'라는 식으로 파이팅하고 노력하면서 이상적인 사람이나 무엇인가가 되기 위해 기를 쓰면서 살아가고 있어. 하지만 사실 그런 건 필요 없어. 우리는 모두 태양처럼 각자 무엇 하나 부족할 것 없는 유일무이한 완벽한 존재이니까. 다만

한 가지 필요한 것은 '진정한 자신'으로 돌아가기 위해 필요 없는 사고에 지배당하거나 집착하지 않는 것, 단지 그것뿐이야.

요시이　불필요한 사고에 지배당하거나 집착하지 않도록 하려면 어떻게 해야 합니까?

부자 아저씨　자네 '전후제단(前後際斷)'이라는 말을 알고 있나?

요시이　'전후제단'이요? 무슨, 나무를 재단하는 방법 같은 건가요?

부자 아저씨　자네에게 이런 질문을 하는 내가 어리석지. 잘 들어. '전후제단'이란 전제가 되는 과거와 이후의 미래가 단절되어 있는 상태를 말하는 거야. 중요한 건 과거나 미래에 대한 생각 때문에 고민하지 말고 오직 눈앞의 한 가지 사건에만 집중하라는 것이지.

요시이　아, 그 말이라면 들어본 적이 있습니다. 소프트뱅크의 감독이자 세이부라이온스나 요미우리 자이언트에서도 활약한 구도 기미야스(工藤公康) 투수나 한신타이거즈 출신 해설자인 시모야나기 쓰요시(下柳剛) 투수가 즐겨 사용했던 말이지요.

부자 아저씨　뭐, 야구선수 같은 운동선수들은 눈앞의 순간적인 승부에 생활이 걸려 있으니까 이 말을 즐겨 사용하는 경우가 많겠지. 가라테 선수나 유도선수, 레슬러, 종합격투기 선수들 중에서도 많은 사람이 이 말을 좌우명으로 삼고 있다고 하더군. 그런데 자네는 '전후제단'이라는 말의 유래를 알고 있나?

요시이　그게… 아마 미야모토 무사시(宮本武蔵)가 다쿠안 소호(沢庵宗彭) 스님에게 들은 말이라는 글을 읽은 적이 있는 것 같은데….

부자 아저씨 　아니, 좀 더 오래 된 이야기야. 14세기 중반에 병력이 별로 없었던 구스노키 마사시게(楠木正成)가 강력한 병력을 보유한 아시카가 다카우지(足利尊氏)와 싸우기 전에 사사를 받고 있던 중국의 승려 명극초준(明極楚俊)에게 "사느냐, 죽느냐의 갈림길에 놓였을 때 마음을 어떻게 가져야 합니까?"라고 물었지. 즉 공포나 불안감을 이겨내기 위한 마음가짐을 물었는데 명극초준이 '양쪽 머리를 모두 잘라내고 칼 한 자루에 집중할 뿐'이라고 대답한 것이 유래라고 알려져 있지.

요시이 　'양쪽 머리를 모두 잘라내고 칼 한 자루에 집중할 뿐'이라니, 그게 무슨 뜻입니까?

부자 아저씨 　그게 '전후제단'이야. 명극초준이 구스노키 마사시게에게 "전후를 잘라내고 지금 이 상황에 집중해야 한다. 그렇게 하면 너의 칼은 하늘에 의해 엄청난 위력을 발휘하게 될 것이다"라고 조언해준 것이지.

요시이 　호오, 전국시대의 무장들도 끌어당김의 법칙을 사용했군요? 확실히 강하게 마음먹고 눈앞의 상황에만 집중할 수 있으면 불안감이나 망설임도 제거할 수 있으니까 훨씬 더 강력한 힘을 발휘할 수 있을 것 같습니다.

부자 아저씨 　그래, 대부분의 사람이 원하는 만큼의 성과를 내지 못하는 이유는 지나치게 많은 생각을 하거나, 아직 발생하지도 않은 미래의 문제 를 고민하기 때문이야. 모든 것은 전후제단하고 지금 현재의 상황에 의식을 집중해서 살아간다는 각오를 하는 것이 인생을 보다 편하고 즐겁게 살 수 있는 최고의 비결이야.

부자 아저씨의 '찐' 부자 수업 – 인생의 절대 법칙

자신이 완벽한 존재였다는 사실을 기억해낸다.

모든 사람은 이 지구상에서 신이 창조한 최고 걸작이다. 우리 인간은 모두 태양처럼 밝게 빛나는 존재이며, 할 수 없는 것 따위는 아무것도 없다. 다만, 인간은 그것을 전부 잊어버리도록 프로그래밍되어 있다. 그렇기 때문에 자신에 대해 자신감을 가질 수 없거나 자기부정, 무가치 등의 감각을 느끼고 늘 '뭔가 부족하다' '이것이 필요하다' '그렇게 하기 위해 이것을 공부해야 한다'라는 식으로 이상적인 무엇인가가 되기 위해 애를 쓴다.

사실은 그럴 필요가 없다. 유일하게 필요한 것은 '진정한 자신'으로 돌아가기 위해 쓸데없는 생각에 지배당하거나 집착하지 않는 것이다. 모든 것을 '전후제단'하고 지금 눈앞의 현실에 집중해서 살아가는 것이 인생을 보다 편하고 즐겁게 살 수 있는 최고의 비결이다.

요시이 　네, 그런 생각으로 현재를 살아간다면 쓸데없는 생각에 지배당하거나 집착하지 않을 것 같습니다. 이렇게 하면 '진정한 자신'으로 돌아갈 수 있는 것이지요?

부자 아저씨 　유감스럽지만 그것만으로는 아직 부족해. 이것들은 어디까지나 사고방식에 지나지 않으니까. '진정한 자신'으로 돌아가려면 또 한 가지 반드시 실행해야 하는 게 있어.

'진정한 자신'으로
돌아가기 위해 해야 할 일

요시이　그건 뭡니까?

부자 아저씨　자신의 사명대로 사는 거야.

요시이　사명이요? 그렇다면 그런 사명을 체현하기 위해 저는 천직을 찾아야 할까요?

부자 아저씨　아니, 그렇게 찾아본다고 해도 사명은 평생 찾을 수 없어.

요시이　네? 자신의 영혼이 추구하는 천직을 만나는 것이 사명을 발견하는 것이라고 생각했습니다만….

부자 아저씨　사명을 그런 식으로 생각하는 사람들이 많지. 천직을 만나면 현재의 고민이 모두 해결되고 매일이 장밋빛으로 바뀐다는 환상을 가지고 있는 사람들 말이야. 그런 사람들은 어떤 직업에 대해서도 '이건 내가 해야 할 일이 아냐'라고 이직을 반복하거나, '어딘가에 반드시 나의 천직이 있을 거야'라고 사명만 찾는 여행을 하지. 그중에는 정말로 태국이나 인도 같은 곳으로 여행을 떠나는 사람도 있어. 하지만 그건 사명에서 더욱 멀어지는 바람직하지 못한 행동이야.

요시이   그럼 사명을 발견하려면 어떻게 해야 합니까?

부자 아저씨   진심으로 마음을 담아 자신이 지금 하고 있는 일에 집중하는 거야.

요시이   지금 하고 있는 일이라면, 저를 예로 든다면 전화번호부 광고영업 말씀입니까?

부자 아저씨   그렇지.

요시이   하지만 그렇게 하는 것은 지금까지 회장님에게 배운 '인생의 절대 법칙'에 반하는 것 아닌가요? 실행했을 때 가슴이 설레고 열정이 끓어올라 '그래, 이거야. 틀림없어'라는 평온함이 느껴져야 저의 사명 아닙니까? 하지만 저는 지금 하는 일에서 그런 열정은 느낄 수 없습니다. 그리고 실제로 회장님도 "샐러리맨은 그만두고 좀 더 큰돈을 벌 수 있는 일을 하라"고 말씀하시지 않았습니까? 컨설턴트가 되는 방법까지 가르쳐주셔서 저도 진지하게 생각하고 있었습니다.

부자 아저씨   지레짐작 하지 마. 그건 어디까지나 자네가 현재 하고 있는 일을 완수한 이후의 이야기야. 전에 내가 "모든 인간은 태어나기 전에 자신이 해야 할 일을 정해놓고 이 세상에 온다"고 말했지? 우리가 이 지상에서 하는 일은 이미 정해져 있기 때문에 굳이 천직을 찾지 않아도 되는 거야. 원래 해야 할 일을 하지 않는 사람은 한 명도 없으니까. 모든 사건은 자신이 '진정한 자신'으로 돌아가기 위해, 발생해야 하기 때문에 발생하는 하나의 현상에 지나지 않아.

요시이   네, 그건 기억합니다만 아무리 생각해도 전화번호부 광고영업이 저의 천직이라고는 생각할 수 없습니다. 제게 적합한 또 다른 무엇인가가 있다고 생각합니다.

부자 아저씨   아니, 그렇지 않아. 지금 하고 있는 일이 지금의 자네에게 가장 적합한 일이야. 잘 들어, 이 경우 '지금의 자네'라는 점이 핵심이라고. 지금 하는 일을 자신의 천직이라고 생각할 수 없다는 건 거기에 사명에 이르기까지의 오차가 존재한다는 거야. '또 다른 무엇인가가 있을 것이다' '도저히 천직이라고 생각할 수 없다' '이건 내가 할 일이 아니다'라는 위화감이나 초조감, 불쾌감 등은 모두 그 오차가 원인이지. 지금 하는 일을 진지하게 처리하면 반드시 그 오차를 해소하기 위한 학습이나 깨달음을 얻게 될 거야. 예를 들어 처음에는 하기 싫은 일이었지만 계속하는 동안에 재미있어지거나, 뜻밖의 측면에서 보람을 느끼게 되어 충실감을 맛보게 되거나, 생각지도 못한 사람이나 기업으로부터 의뢰나 권유를 받게 되는 경우가 발생하는데 이것을 '하늘의 조치'라고 하지. 하늘의 조치를 따라 자네가 학습이나 깨달음을 얻을 때마다 '진정한 자신'으로 돌아가기 위한 길이 점차 윤곽을 드러내게 되는 거야.

요시이   아, 그렇군요(깊이 납득한다). 사명이라는 게 다른 어딘가에 존재하는 것이 아니라 그런 식으로 이끌어내는 것이군요?

부자 아저씨   그렇지. 인생에서 발생하는 사건에는 모두 의미가 있어. 대부분의 경우, 그건 자신의 일을 통해서 메시지처럼 전해지지. 하지만 사람들 대부분은 이 구조를 모르기 때문에 지금 하고 있는 자신의 일에 불평불만을 가지거나 짜증을 느끼거나 간단히 그만둬서 학습이나 깨달음을 얻을 기회 자체를 놓치게 되는 거야. 그렇기 때문에 아무리 시간이 흘러도 같은 과제나 문제가 반복적으로 주어지고 인생에 완전히 농락당하게 되는 거지. 잘 들어. 모든 사건은 좋은 것도, 나쁜 것도 없어. 주어진 현상은 모두 자신이 이 세상에 태어나기 전부터 실행하겠다고 결정한 것이니까 깨끗하게 받아들이고 그것을 담담하게 실행하면 다음 단계가 반드시 찾아온다고. 사명은 외부에서 찾는 게 아니라 자신의 내부에 존재하는 것임을 이해한다면 그 후에도 잇달아 등장하는 다양한 힌트에 이끌려 어느 순간 정신을 차렸을 때 자신이 납득할 수 있는 천직을 만나 진정한 사명을 완수하면서 살게 될 거야.

요시이　천직을 만나 사명을 완수하면서 살려면 지금 하고 있는 일에 최선을 다해 노력하면 되는 것이군요?

부자 아저씨　아니, 노력이라고 표현하면 뉘앙스가 다르지.

요시이　회장님도 "사명을 발견하려면 진심으로 마음을 담아 자신이 지금 하고 있는 일에 집중해야 한다"고 말씀하시지 않았습니까?

부자 아저씨　그래, 그렇게 말했지. 하지만 '노력하라'고는 하지 않았어. 오히려 노력하지 않아도 다른 사람보다 편하게 할 수 있는 일을 선택하는 쪽이 자신의 사명에 가까이 다가갈 수 있지. 예를 들어 자네는 '광고 문안 작성하는 걸 좋아한다'고 말했지? 좋아한다는 건 그 일을 다른 사람보다 편하게 할 수 있다는 거야. 누가 보아도 적성에 맞지 않는, 다른 사람보다 더 많은 노력과 인내를 해야 하는 일을 좋아한다고 표현하는 사람은 거의 없지 않나? 그렇다면 지금처럼 노력해서 영업하는 것보다는 '고객을 모을 수 있는 광고 문안'을 가르치는 TB(티처 비즈니스)의 자세로 영업하는 쪽이 훨씬 더 많은 성과를 올릴 수 있겠지. 그 후에 영업을 통해서 실적을 쌓은 경험을 컨설턴트가 되어 전하는 것도 좋은 방법일 거야. 내 경우 건실한 사람에게 일반적인 부동산 영업을 하는 것보다 약간 위험한 사람들을 상대로 이유 있는 물건들을 판매하는 쪽이 훨씬 수익이 크지. 그 돈을 다시 이유 있는 사람들에게 빌려준다면 이자수익도 올릴 수 있으니까. 이처럼 사람들 각자는 개인의 특성에 맞는 일이 준비되어 있어. 그건 노력하지 않아도 할 수 있는 일, 즉 자신이 좋아하고 자신 있는 일인 경우가 많아. 지금 하고 있는 일, 또는 과거에 했던 일 중에 자신이 무리 없이 즐겁게 지속할 수 있는 일은 무엇인지 생각해보라고. 진정한 사명이나 역할은 대부분 그 안에 숨겨져 있으니까.

부자 아저씨의 '찐' 부자 수업 – 인생의 절대 법칙

자신의 사명을 찾으려면 지금 자신이 하고 있는 일을 전력을 기울여 진지하게 수행해야 한다. 모든 사람은 태어나기 전에 이 지구상에서 자신이 해야 할 일을 이미 정해놓았다. 본래 해야 할 일이 아닌 일을 하고 있는 사람은 한 명도 없다.

지금 하고 있는 일을 자신의 천직으로 생각하기 어렵다는 건 거기에 사명에 이르기까지의 오차가 존재한다는 뜻이다. 지금 하고 있는 일을 진지하게 완수하면 반드시 그런 오차를 해소할 수 있는 학습이나 깨달음을 얻게 된다. 그렇게 학습이나 깨달음을 얻을 때마다 '진정한 자신'으로 돌아가기 위한 길이 점차 윤곽을 드러낸다.

사명은 외부에서 찾는 것이 아니라 자신의 내부에 존재하는 것이라고 이해한다면 그 후에도 잇달아 나타나는 다양한 힌트에 이끌려 어느 순간 정신을 차렸을 때 자신이 납득할 수 있는 천직을 만나 진정한 사명을 완수하면서 살게 된다.

파산 직전의 남자에서 돈의 사랑을 받는 사람이 되다

눈을 떠보니 모든 사태가 호전되어 있었다!

부자 아저씨와의 수업은 아마 거기에서 끝난 듯하다. '아마'라는 애매한 표현을 한 이유는 내가 어느 틈엔가 잠이 들어 있었기 때문이다. 어디까지가 꿈이고 어디부터가 현실인지 잘 기억이 나지 않는다.

나는 얼마나 긴 시간 동안 잠이 들어 있었던 것일까? 머리가 맑고 기분도 상쾌한 느낌이다. 마치 고민이나 걱정은 전혀 없는, 매일이 즐겁기만 했던 소년 시절로 돌아간 기분이다. 부자 아저씨가 가르쳐준 수많은 법칙이 내게 의욕과 용기, 자신감과 확신을 주었기 때문일 것이다.

그런데 여기는 어디일까?

눈에 익은 풍경과 인물이 눈앞에 떠올랐다. 여기는 롯폰기에 있는 부자 아저씨의 사무실로, 눈앞에 앉아 있는 사람은 부자 아저씨가 아니라 사장인 이누이였다.

이누이 아, 선생님 이제 깨셨습니까?

응, 선생님? 누구에게 한 말이지?
이 사람이 지금 나를 놀리고 있나?

요시이 저, 제가 잠이 들었었나요?

이누이 뭡니까, 선생님. 잠만 주무실 생각입니까. 오늘은 한 달에 한 번 컨설팅을 해주시는 날인데 선생님이 일이 바빠서 너무 피곤하다고, 잠깐 좀 쉬고 싶다고 소파에 눕지 않으셨습니까. 그건 그렇고, 정말 피곤하신 것 같더군요. 꽤 오랜 시간 동안 잠이 드셨으니까요.

요시이 네? 제가 그런 말을 했다고요? 아, 이거 정말 실례했습니다. 광고 때문에 피해만 끼쳐 놓고….

이누이 피해를 끼치다니 무슨 말씀입니까. 선생님이 만들어주신 광고는 여전히 엄청난 효과를 발휘하고 있습니다. 광고가 게재된 이후 고객들의 전화가 끊이지 않고 있습니다. 상품이 너무 잘 팔려서 빨리 보내드리지 못해 고객들께 피해를 드리고 있기는 합니다만….

이누이의 말을 듣고 나는 귀를 의심했다. 잠에서 깨었더니 현실이 완전히 바뀌어 있었다. 내가 만든 광고가 엄청난 히트를 쳤을 뿐 아니라, 나는 영업사원으로서가 아니라 컨설턴트로서 정기적으로 이누이의 회사에 컨설팅을 하러 오고 있다는 것이었다.

이누이도 야쿠자가 아니라 어엿한 건강식품 회사의 사장인 듯하고, 사무실에도 나를 감금했던 젊은 사람들의 모습은 전혀 보이지 않는다. 뿐만 아니라 평범한 샐러리맨으로 보이는 몇 명의 남녀가 진지하게 일을 하고 있었다.

그건 그렇고 부자 아저씨는 어디로 간 것일까?

요시이　저, 야마모토 회장님은 어디에 계십니까?

이누이　네? 야마모토 회장이라니, 누구를 말씀하시는 것인지요? 저희 회사에는 회장이 없는데요.

요시이　그럴 리가…. 풍채가 좋은 예순이 넘어 보이는 회장님입니다. 아까 사장님이 이 회사의 회장님이라고 소개해주시지 않았습니까?

이누이　아닙니다, 선생님. 아직 잠이 덜 깨신 것 같네요. 이 회사 대표는 저 한 사람뿐이고 회장은 존재하지 않습니다.

생각지도 못한 답변에 머릿속이 혼란스러웠다. 이누이의 말에 의하면 나는 전화번호부 광고 영업사원에서 컨설턴트로 변신하여 상당히 폭넓은 비즈니스를 전개하고 있다고 한다.

국내외를 합쳐 수십 개 이상 기업의 컨설팅과 연수를 주최하고, 비즈니스 서적도 몇 권 출판했는데 나름대로 잘 팔려 지금은 일정하게 월 5백만 엔의 수입을 벌고 있다는 것이다. 전국 각지에서 세미나와 강연회도 개최하고 가끔 미디어나 매스컴 등에도 코멘테이터로서 출연하고 있다고 한다.

잠에서 깨기 전에는 무능한 영업사원이었는데 잠에서 깨었더니 일도 인생도 모든 것이 호전되어 있었다.

지금까지 나는 꿈을 꾼 것일까? 아니, 어쩌면 지금이 꿈속의 세계인지도 모른다. 너무 혼란스러워 머리가 어지러웠다. 집으로 돌아가 상황을 정리해야 할 것 같았다.

요시이   저, 아직도 피로가 가시지 않은 것 같습니다. 오늘은 이만 실례해야 할 것 같습니다.

이누이   네, 건강을 해치면 안 되니까 빨리 댁으로 돌아가시지요. 오늘은 충분히 휴식을 취하십시오.

이누이의 사무실을 나오자 입구 근처에 눈에 익은 자동차가 주차되어 있었다. 그것은 부자 아저씨의 집에 갈 때 탔던 고급 외제 자동차였다. 운전기사도 그때의 40세 전후 남자로 내 얼굴을 보더니 익숙한 동작으로 자동차 문을 열고 나를 마중하기 위해 밖으로 나왔다. 이누이는 자동차까지 내 가방을 들고 배웅해주었을 뿐 아니라, 돌아갈 때 멋지게 포장된 선물까지 건네주었다.

이누이　선생님, 이건 사모님이 좋아하시는 그라마시뉴욕의 마롱 케이크입니다.

정중한 응대에 감사의 인사를 해야 했지만 내게 아내가 있다는 사실이 더 놀라워서 순간적으로 말을 잃어버렸다. 대신 운전기사가 선물을 받아 들고 "감사합니다. 가스미 사모님이 좋아하겠네요"라고 말했다.

자동차에 타자 회장님의 냄새가 풍기는 듯했지만 그의 모습은 보이지 않았다. 나는 머뭇머뭇 운전기사에게 "저, 내 아내의 이름이 가스미입니까?"라고 묻자 운전기사는 "무슨 말씀입니까, 사모님 성함을 잊으셨습니까?"라며 웃음을 지어보였다. 부자 아저씨도 마음에 걸렸지만 상황을 정확하게 이해할 수 없는 상태였기 때문에 더 이상 질문은 하지 않았다.

'이 차에서는 매번 기분 나쁜 침묵에 휩싸이네'라고 생각한 순간, 차 안의 라디오에서 신카이 마코토(新海誠) 감독의 영화 〈너의 이름은(君の名は)〉의 OST '전전전세(前前前世)'가 흘러나온 것은 우주가 나의 그런 생각을 이해해주었기 때문인지도 모른다.

15분 정도 달리자 본 적이 있는 하얀색의 호화로운 저택이 눈앞에 나타났다. 예상대로 자동차는 그 앞에서 멈추었고, 나는 가스미에게 줄 케이크를 들고 집 안으로 들어갔다.

문패에는 커다란 글씨로 '야마모토(山本)'라고 쓰여 있었다.

부자 아저씨의 '마지막 수업'

거실로 들어서자 조금 전까지 부자 아저씨가 앉아 있던 갈색 소파에 가스미로 보이는 여성이 앉아 있었다. 가스미는 예상보다 아름다운 여성으로 나이는 27~28세 정도로 보였다. 기품 있는 노란색 원피스를 산뜻하게 차려 입었는데 유흥업에 종사하는 여성으로는 보이지 않았다.

가스미　고생했어요. 오늘은 일찍 왔네요.

요시이　다녀왔어. 머리가 좀 혼란스러워서….

가스미　네? 혼란스럽다니, 무슨 일 있었어요?

요시이　아, 아니. 두통이 약간 있어서 일찍 왔어.

가스미　그랬군요. 그럼 2층으로 가서 쉴래요?

요시이　아니, 집으로 돌아오니까 약간 좋아진 것 같아. 자, 이거 선물. 클라이언트에게 받은 마롱 케이크야.

가스미　아, 그라마시뉴욕의 마롱 케이크, 이거 정말 맛있는데! 같이 먹어요.

기쁜 표정을 지으며 가스미는 이누이에게 받은 케이크를 들고 잰걸음으로 주방으로 향했다. 정말 이 케이크를 꽤나 좋아하는 듯하다.

가스미　아, 아빠가 방에 계신데 좀 불러줄래요? 마롱 케이크, 같이 먹게요.

요시이　응? 아빠…?

가스미에게 아빠라면 내게는 장인? 예상 밖의 새로운 등장인물 때문에 다시 머릿속이 혼란스러워졌지만, '아, 혹시 장인이?' 하는 기대감이 머리를 스쳤다. 거실 옆에 있는 방을 노크하고 안으로 들어서자 어린아이처럼 미소를 띤 부자 아저씨가 기다리고 있었다.

요시이　역시 회장님이셨군요?
부자 아저씨　회장이 아냐. 이 세상에서는 자네 장인이라고.
요시이　회장님이 장인이라니 도저히 이미지가 그려지지 않습니다.
부자 아저씨　하지만 자네가 나였다는 식의 어처구니 없는 SF 드라마 같은 라스트신보다는 훨씬 낫지 않나?
요시이　회장님이 장인이라는 것도 SF 드라마보다 나을 건 없는데요….
하지만 제가 회장님이 아니었다는 데 마음이 놓이는 것은 사실입니다.

부자 아저씨와는 수십 년 동안 만나지 못한 느낌이 들어서 대화를 할 수 있게 되었다는 것 자체가 너무 기뻤다. '이제 두 번 다시 못 만나는 것일까?' 하는 생각이 마음 한편에 있었기 때문이다.

요시이　어쨌든 다시 만나뵙게 되어서 정말 다행입니다. 아직 배우고 싶은 것들이 많이 있거든요.

부자 아저씨 뭐야, '인생의 절대 법칙'이라면 이미 충분히 자네에게 가르쳐주었을 텐데. 그러니까 지금 이렇게 화려한 성공을 거둔 것 아닌가? 전화번호부 광고영업을 할 때와는 비교도 할 수 없을 정도로 멋진 양복을 걸치고 있는데 뭐.

확실히 지금 입고 있는 양복의 원단은 영업사원이었을 때와는 비교도 할 수 없을 정도로 고급이다. 아마 가격도 한 자릿수, 어쩌면 두 자릿수는 더 비쌀 것이다. 기뻐해야 할 일이지만 왠지 순수하게 기뻐할 수가 없었다. 뭔가 달랐다. 잠에서 깨어난 이후에 줄곧 이어지는 이 위화감을 어떻게든 부자 아저씨를 상대로 해소하고 싶었다.

요시이 네, 회장님의 가르침 덕분에 지금의 저는 꽤 성공한 것 같습니다. 옷도 차도 일도 파트너도 모두 이상적이어서 과거에 그토록 바랐던 꿈과 목표가 모두 이루어진 것 같습니다.

부자 아저씨 그럼 다행이군. 나도 딸의 결혼 상대가 자네여서 마음이 놓였어.

요시이 아, 가스미가 회장님 딸이었지요? 저는 회장님이 좋아하는 유흥업소 종업원이라고만 생각했습니다.

부자 아저씨 어허, 함부로 그런 추측을 하다니. 성공을 해도 본성은 상스러운 영업사원 그대로인가?

요시이 그건 듣기에 조금 거북합니다. 확실히 무능한 영업사원이기는 했지만 상스럽다는 말은 한 번도 들어본 적이 없습니다.

부자 아저씨 자네, 이상한 부분에 얽매이는 경우가 있어. 무능한 것이나 상스러운 것이나 비슷한 거야. 그런 상스런 영업사원도 이렇게 성공했으면 된 거 아닌가? 그렇게 바랐던 컨설턴트도 되었고 말이야.

요시이 네, 배우고 싶은 게 바로 그겁니다. 저는 줄곧 '성공하면 행복해질 수 있다'라고 생각했습니다. 하지만 전혀 가슴이 설레지 않습니다. 아무리 좋은 양복을 입고 고급 외제차를 타도, 또 아무리 호화로운 저택에 살고 있고 아름다운 아내가 있다고 해도 남의 일처럼 '흐음, 이런 것이구나'라는 느낌만 들 뿐입니다. 성공을 하면 얻을 수 있다고 생각한 기쁨이나 즐거움, 감사나 감동 같은 마음을 울리는 감정을 전혀 느낄 수 없습니다. 그렇게 원하고 바랐던 것들을 모두 손에 넣었는데 왜 이렇게 마음에 충족감이 느껴지지 않을까요?

부자 아저씨 이것이야말로 속일 수 없는 인간의 진정한 감정이기 때문이지.

요시이 네? 무슨 말씀이시죠?

부자 아저씨 우리는 성공을 추구하는 것 같지만 사실은 그렇지 않아. 야구를 하는데 전부 홈런, 볼링을 하는데 전부 스트라이크, 골프를 치는데 전부 홀인원, 스마트폰 게임을 하는데 전부 클리어하는 식으로 최고 수준이 되면 더 이상 재미없다고 생각하지 않겠나? 인생도 마찬가지야. 성공을 하고 싶기는 하지만 좀처럼 거기까지 도달하지 못하는 고통이나 괴로움, 답답함, 초조함, 고민, 갈등이 존재하기 때문에 그곳에 도달했을 때의 기쁨이나 감동이 더할 나위 없이 아름답고 멋지게 느껴지는 것이지. 원래 모든 인간은 이 쾌감을 맛보고 싶어서 태어난 것인데, 먹고살기 힘든 이 세상에서 생활하다 보면 자기도 모르게 그 점을 잊어버리고 성급해져서 쉽고 간단하게 성공하기를 바라는 거야. 하지만 어떤가? 잠에서 깨어났더니 모든 것이 손에 들어와 있는 이 상황. 아무런 감정도 느낄 수 없는 인스턴트 같은 이런 성공은 시시하고 감동도 없지? 우리는 성공에 이르기까지의 기쁨과 슬픔, 그 모든 것을 포함한 '그야말로 지금 이 순간 살아 있다'라는 역동적인 체험을 해보고 싶어서 이 세상에 태어난 거야. 그건 자신의 손으로 시작해서 골에 도달하기까지의 과정에서만 맛볼 수 있는 귀중한 체험이지.

요시이   그 말씀은 지금의 저보다 빚 때문에 고통받고 우울증까지 걸린 데다 영업목표도 제대로 달성하지 못하고 야쿠자에게 감금당했던 그 시절의 제가 더 행복했다는 말씀인가요?

부자 아저씨   아니, 그런 건 아냐. 어느 쪽이 행복하고 어느 쪽이 불행하다는 말이 아냐. 이 세상에서 발생하는 모든 현상은 천국에서 자네가 신과 대화를 나누어 결정한 것들이기 때문에 모든 것이 옳고 모든 것이 OK라는 거야. 행복한 것은 물론이고, 설사 그때는 불행하게 느껴졌다고 해도 눈앞의 사건에는 모두 명확한 의미가 있지. 그 해석은 항상 다른 누구도 아닌 자기 자신이 해야 해. 인생은 눈앞에서 발생한 사건, 행복한 것, 불행한 것, 특별한 것, 또는 아무것도 아닌 것까지 모두 포함해서 '그것을 자신이 어떻게 해석하는가?'를 신과 다투는 게임이라고 할 수 있지. 규칙은 매우 간단해. 자신의 판단이 옳으면 일이 순조롭게 돌아가서 일단 그 게임은 종료되고 새로운 게임이 시작되지. 만약 판단이 잘못되었다면 사건에 대한 해석을 바꾸어 일이 잘 풀릴 때까지 그 게임을 지속하면 되는 거야.

요시이   그렇군요. 결국 우리는 어떤 사건이 발생하더라도 그것을 받아들이고 긍정해야 하는 것이군요. 그 말은 행복을 추구할 필요가 없다는 뜻인가요?

부자 아저씨   아, 부자는 부자가 되겠다는 생각을 하지 않는 것처럼 행복한 사람은 행복해지려는 생각을 하지 않아도 돼. '나는 행복하다'라는 사실을 알기만 하면 되는 거야. 모든 사건은 발생해야 하기 때문에 발생하는 것이지. 만약 부정적인 사건이 발생했다고 해도 감정을 흐트러뜨리거나 무리하게 저항하지 말고 '그래, 이럴 수도 있는 거야'라고 태연하게 받아들인 이후에 '다 잘 될 거야'라고 긍정적으로 생각하는 거지. 그리고 '뭐, 그렇지 않더라도 상관은 없어' 하는 마음으로 집착을 버리고 '마지막에는 잘 풀릴 운명이니까, 최고야!'라고 여유 있게 생각하면 완벽한 거야.

부자 아저씨의 '찐' 부자 수업 – 인생의 절대 법칙

인생은 눈앞에서 발생한 사건을 '자신이 어떻게 해석하는가?'를 신과 다투는 게임이다.

자신의 판단이 옳으면 일이 순조롭게 돌아가서 일단 그 게임은 종료되고 새로운 게임이

시작된다. 만약 판단이 잘못되었다면 일이 잘 풀릴 때까지 그 게임을 지속하면 된다. 도

중에 포기하지 않고 게임을 지속하면 다른 모든 게임과 마찬가지로 마지막은 잘 풀리게

되어 있다. 이 인생 게임을 마음껏 즐기는 것이 이 세상에서 당신이 해야 할 진정한 사명

이고 역할이다.

이때 인생의 본질을 게임에 비유해서 설명하는 부자 아저씨의 모습은 정말 멋졌고 내 마음을 강하게 울렸다. 게임과 연결하여 미스터 칠드런 (Mr.Children)의 '시소게임~ 용감한 러브송~(『シ―ソ―ゲ―ム～勇敢な恋の歌 ~)'이라도 BGM으로 흘러나왔다면 한층 감정적이 되었을 것이다. 이 정 도라면 '사실은 회장이 나였다'라는 라스트신도 나쁘지 않았을 것이라고 생각하고 있을 때 거실 쪽에서 가스미의 목소리가 들렸다.

가스미 마롱 케이크 준비 됐어요. 나와서 같이 먹어요.
부자 아저씨 그래, 나간다! 아빠가 간다!

마지막까지 익살스런 화법으로 대답을 하고 묘한 텐션으로 방을 나가 는 부자 아저씨의 모습을 보면서 '역시 회장님이 내가 아니어서 다행이 야'라고 크게 가슴을 쓸어내렸다.

인생은 눈앞에서 발생한 일을 '어떻게 해석하는지'를 신과 다투는 게임

끝까지 읽어주신 독자 여러분께 감사를 드린다.

마지막은 픽션으로 끝냈지만 이 이야기의 주인공인 '부자 아저씨'는 실제로 존재하는 인물이다. 이야기의 첫머리에 소개했듯 내가 부자 아저씨의 사무실(부동산회사)에 감금되었던 일이 계기가 되어(이 장면은 실화다) 그 후 이 회사로 이직하게 되었다. 그리고 나는 부자 아저씨 밑에서 2년 동안 일했다. 나는 부자 아저씨에게서 배운 '인생의 절대 법칙'을 거의 그대로 답습했다. 이 이야기에 등장하는 '요시이'처럼 영업사원에서 현재는 경영컨설팅업과 몇 개 회사의 경영자로서 매일매일을 바쁘고 즐겁게 일하며 보내고 있다.

이 법칙을 알기 전에는 일도 인생도 전혀 안정되지 못해(빚 때문에 우울증에 걸려 회사를 그만둔 이야기도 모두 실화다) 지금처럼 이상적인 라이프스타일을 살게 될 것이라고는 꿈에도 생각해본 적이 없었다. 이 법칙은 그 정도로 실천적이고 파워가 넘치는 것이다. 때문에 이 책에 정리한 51가지 법칙을 지금 다시 한번 펼쳐보고 실제로 당신의 일이나 인생에서 사용할 수 있는 것들을 실천해주기 바란다.

마지막으로 감사 말씀을 드리고 싶다.

이 책의 편집을 담당해주신 야마토출판사의 다케시타 사토시(竹下聡) 편집장과 처음 이 책을 기획해준, 지금은 세상을 떠난 편집자 I씨에게 감사를 드린다. 이 책은 출판하기까지 많은 우여곡절이 있었다. 6년 전에 나의 메일매거진에 연재했던 소설을 편집자 I씨가 보고 마음에 들어 "이거 재미있으니까 꼭 출간합시다!"라고 연락해온 것이 계기가 되어 기획이 시작되었다.

그러나 당시 I씨는 베스트셀러를 많이 배출한 편집자로 다수의 출판기획을 담당하고 있었고, 나 역시 해외의 컨설팅 사업을 시작한 때였다. 때문에 원고를 전혀 진행하지 못했다. 그 후 3년이 지나 이 책의 기획도 완전히 잊고 있었을 때 다시 I씨로부터 "이제 시간적 여유가 생겼으니까 출판을 시작해보지요"라고 연락이 왔고, 집필을 재개하게 되었다. 하지만 그 직후에 I씨가 갑자기 세상을 떠났다(합장).

아직 젊은 나이였는데 마른하늘에 날벼락이었다. '이것으로 이 기획자체는 완전히 날아갔구나'라고 생각했다. 그런데 또 커다란 변화가 일어났다. 내 꿈속에 세상을 뜬 I씨가 갑자기 나타나서 꿈속에서 I씨는 "요시에 씨, 함께 책을 낼 수 없어서 유감이었지만 지금이야말로 이 책의 메시지가 필요합니다. 세상을 위해서라도 이 책을 반드시 출판해주십시오"
라고 세 번째로 출판을 권했다. 그리고 그다음 주(다른 기획 때문이었지만)에
이 책의 편집을 담당해준 다케시타 편집장과 만나 이 이야기를 했고, 즉
시 진행되어 이렇게 출간하게 되었다. 다케시타 편집장은 글이 늦은 내
게 늘 가장 적합한 타이밍에 절묘한 조언들을 보내주었다. 다케시타 편
집장이 없었다면 이 책을 세상에 선보일 수 없었을 것이고, I씨와의 약속
도 지키지 못했을 것이다. 이번에 처음으로 함께 일을 하게 되었는데 우
연히 비슷한 상황에 놓여 있다는 사실을 알고(내용이 길어서 생략) 큰 격려
를 받았다(다케시타 편집장님, 감사합니다!).

본문에도 있지만 발생하는 모든 일에는 의미가 있다. 6년 전에 기획이
시작된 이 책을 지금 여러분이 읽고 있다는 사실 역시 의미가 있다. 인생
은 눈앞에서 발생하는 현상을 '자신이 어떻게 해석하는가?'라는 것을 신
과 다투는 게임이다. 그 사건들에는 좋은 것도, 나쁜 것도 없다. 여러분이
어떻게 받아들이느냐에 따라 좋게도, 나쁘게도 바뀔 수 있다. 부디 눈앞의
사건에서 자신이 기분 좋게 성장할 수 있는 좋은 감정 상태가 될 수 있는
길을 발견하여(이것이 대전제다! 실행 방법은 각 법칙과 방법들을 읽어보기 바란다) 인
생을 보다 풍요롭고 가치 있고 빛나게 만들기 바란다. 이 책이 조금이라
도 그 계기가 될 수 있다면 저자로서 더 이상의 기쁨은 없을 것이다.

요시에 마사루